楞嚴經講記

——第十輯

——平實導師　述

ISBN　978-986-6431-16-6

以離念靈知心爲眞如心者，是落入意識境界中，與常見外道合流，名爲佛門常見外道；以六識之自性（見性、聞性、嗅性、嚐性、觸知性、警覺性）作爲佛性者，是與自性見外道合流，名爲佛門自性見外道。近代佛門錯悟大師，不外於此二類人之所墮。

以六識論而主張蘊處界緣起性空者，與斷見外道無二；彼等捨壽時若能滅盡蘊處界而入無餘涅槃，彼涅槃必成斷滅故，名爲佛門斷見外道。此類人恐生斷見之譏，隨即益以「意識細心常住」之建立，則返墮常見之中；一切粗細意識皆「意、法因緣生」故，不脫常見外道範疇。此等人，皆違聲聞、緣覺菩提之實證，亦違佛菩提之實證，即是應成派中觀之邪見也。

《楞嚴經》既說眞如心如來藏，亦同時解說佛性之內涵，並闡釋五蘊、六根、六塵、六識、六入全屬如來藏妙眞如性之所生，附屬於如來藏妙眞如性而存在及運作。如來藏心即是第八識阿賴耶識，妙眞如性即是如來藏心體流露出來之神妙功德力用，諸菩薩目之爲佛性。

此經所說法義，迥異諸經者，謂兼說如來藏與佛性義，並將蘊處界入等一切法攝歸如來藏妙心與其功德力用之中。其中法義甚深、極甚深，謂言詞古樸而極簡略，亦謂其中妙義兼含地上菩薩之所證，絕非明心後又眼見佛性之菩薩摩訶薩所能意會，何況尚未實證如來藏之阿羅漢？更何況未斷我見之應成派及自續派中觀師？其餘一切落入意識境界之當代禪宗大法師，皆無論矣！有大心之眞學佛而非學羅漢者，皆應深入熏習以求實證之。

目次

第十五輯：

自　序

《楞嚴經講記》是依據公元二〇〇一年夏初開講《楞嚴經》時的錄音，陸續整理爲文字編輯所成，呈獻給讀者。期望經由此經的講經記錄，利益更多學佛人，藉以生起對大乘法教的仰信，願意景行景從而發起菩薩性；亦藉此書熏習大乘法義，漸次建立正知正見，遠離常見外道意識境界，得斷我見。同時可由深入此書中所述法義的如實理解，了知常住眞心之義，得離斷見外道邪見；進而可以明心證眞，親見萬法都由如來藏中出生，成爲位不退之實義菩薩，親自觀察所證如來藏阿賴耶識心體，絕非常見外道所墮之神我。並能現觀外道所墮神我，實由其如來藏所出生之識陰所含攝，不外於識陰範疇。乃至緣熟之時可以眼見佛性，得階十住位中，頓時圓成身心世界如幻之現觀，不由漸修而成，一時圓滿十住位功德，或能得階初行位中，頓超第一大阿僧祇劫三分有一。如是利益讀者，誠乃平實深願。

然而此經之講述與整理出版，時隔九年，歲月淹久，時空早已轉易；當時爲令學人速斷我見及速解經中如來藏妙義而作簡略快講，導致極多佛性義理略而未說，亦未對部分如來藏深妙法義加以闡釋，已不符今時印書梓行及流傳後世之考量，不符大乘法中菩薩廣教無類及顯示勝妙眞如佛性義理之原則。是故應當加以深入補述，將前人所未曾言之如來藏深妙法義中，可以梓之於文者，以語體文作了大幅度增刪，令讀者（特別是已悟如來藏者）得以前後再三閱讀思惟而深入理解經義。由此緣故，整理成文之後，於潤色之時特地作了補述及大幅度增刪，令讀者得以一再閱讀深思而理解之，藉以早日轉入菩薩位中，遠離聲聞種性；並能棄捨聲聞法義之侷限，成眞菩薩。此外，本講記是正覺同修會搬遷到承德路新講堂時所講，當時新購講堂之錄音設備尚未完善，更無錄影設備，是故錄音時亦有數次漏錄情況，只能在出版前另以語體文補寫，一併呈獻給讀者。

大乘經中所說法義，單說如來藏心體者，已經極難理解，是故每令歷代名聞諸方之大師難以理解，更何況《楞嚴經》中非唯單說如來藏心，實亦兼涉佛性之實證與內涵。如來藏心體對六塵離見聞覺知，而如來藏的妙眞如性—佛性—則對六塵不離見聞覺知，卻不起分別，亦非識陰覺知心之見聞覺知；欲證如來藏心體及眼見佛性者，修學方向與實證條件差異極大，苟非一一實證者，縱使讀懂此經文義，亦無法實證之。何況此經文句極爲精鍊簡略，今時人之文言文造詣亦低，何能眞實理解此經眞義？而欲證知經中所說如來藏心與佛性義，欲求不起矛盾想者，極難、極難矣！特以佛性之實證、內涵、名義，古今佛教界中所述紛紜，類多未知佛性、或未實證眼見佛性現量之凡夫所說者；如斯等人或讀此經，必然錯會而誤認六識之見聞知覺性爲常住之佛性；以是緣故，亦應講解此經而令佛教界廣爲修正舊有之錯誤知見。

然而此經中有時亦敘述如來藏具足令人成佛之體性，如同世親菩薩所造《佛性論》之意涵，並非《大般涅槃經》中世尊所說十住菩薩眼見佛性，亦非此經中所說佛性——妙眞如性——現量境界之實證眞義；由是緣故，凡未親證如來藏又未眼見佛性者，往往誤會此經中所說十八界六入等境界相即是佛性境界，墜入六識之見聞知覺性中。是故九年前講述此經時，已依此經所說佛性眞義而略述之，並依此經所說第二月眞義，略加旁述佛性之理；然未盡說，預留讀者將來眼見佛性之因緣，故已隱覆佛性密意而略述佛性之義。藉此覆護佛性密意之宣演佛性方式，促使讀者將來明心之後更有眼見佛性之因緣，得以漸次成熟；或於此世、或於他世，得以一念相應而於山河大地之上，親見自己的佛性，頓時成就世界身心如幻之肉眼所見現量境界，不由漸修而得，一念之間頓時圓成第十住滿心位之身心世界如幻現觀。

又，地上菩薩由無生法忍功德所成就之眼見佛性境界，能由如來藏直接與眾生心相應；雖然凡夫、賢位眾生之心仍不知已被感應，但地上菩薩往往已經於初次相見之時，即已感應其如來藏所流注之種子，由此而知彼眾生往世曾與菩薩結下善緣或惡緣。未離胎昧之已入地菩薩眼見佛性時，具有如是功德，故能由此直接之感應，作出對彼凡夫位、賢位等菩薩應有之開示與因應，此即是三地以下菩薩隨順佛性以後，在無宿命通、天眼通之情形下，仍能妥善因應眾生根性之緣由所在。如是，諸地菩薩於眼見佛性之後所得智慧，迥異十住菩薩之眼見佛性境界智慧，非十住位至十迴向位菩薩所知。一切未眼見佛性而已明心之賢位菩薩，更未能知此。

至於尚未明心而長處無明長夜中之意識境界凡夫菩薩，更無論矣！皆名凡夫隨順佛性。聲聞種性僧人及諸外道，總將識陰六識之見聞知覺性錯認爲佛性，據以誣謗十住菩薩之眼見佛性境界，何況能知諸地菩薩所隨順之佛性智慧境界？唯能臆想而妄加誹謗爾。然諸佛所見佛性，又異於十地、妙覺、等覺；謂諸佛眼見佛性後，成所作智現前，能以五識各自流注而成就無量利益眾生之事，化身無量無邊，非等覺及諸地菩薩所能臆測。故知眼見佛性者，層次參差不一，各各有別，少聞寡慧者並皆不知，乃至已經眼見佛性之十住菩薩仍不能具知也！如是眼見佛性境界，則非此經之所詳述者；故我世尊已於別經再作細說，以令圓滿化緣，方得取滅而以應身方便示現進入涅槃。如斯佛道意涵，深邃難知，苟非已有深妙智慧者，難免誤會而成就大妄語，或因難信而生疑，以致施以無根誹謗，未來捨壽後果堪憂；是故平實於此序文中預爲說之，以警來茲，庶免少聞寡慧凡夫閱後惡口謗法，捨壽之後致遭重報。

此外，時值末法，每有魔子魔民身披佛教法衣演述常見、斷見外道法，轉易佛門四眾同入常見外道、斷見外道知見中；更有甚者，身披法衣而住於如來廟堂之中，實行印度教外道性力派－坦特羅「佛教」－譚崔瑜伽男女雙身合修之意識貪觸境界，夜夜乃至白晝公然宣淫於寺院中，成爲彼等眾人寺院中的公開祕密，唯獨淺學信徒不知爾。如是邪說邪行，已經廣行於末法時代之學密佛教寺院中，台灣海峽兩岸亦皆已普及，極難扭轉其勢，豈符世尊法教眞義而不違佛制戒律？身披僧衣而廣行貪淫之行，墮落識陰境界中，豈能相應於眞心如來藏離六塵貪愛之清淨境界？眼見如斯末法現象，平實不能不喟嘆末法眾生之福薄：屢遇如是宣揚外道法之邪師而不自知，更隨之暗地實修雙身法而廣違佛戒，日日損減自己每年布施眾生、供養三寶所得福德。

更有甚者，一心追隨邪師而認定邪法爲正法，不知邪師每每身現好相，佯爲實證及清淨之人；學人由無明所罩故，以護法之善心而與邪師共同造下破法之愚行，將了義勝妙之正法謗爲外道神我、外道自性見；亦將弘揚正法之賢聖謗爲外道、邪魔，坐令邪師勢力增廣，導致邪法弘傳益加普及。是則因於無明及名師崇拜，以善心而造惡業；然猶不能自知眞相，每以壞法及謗賢聖之惡行得以成就，而沾沾自喜爲護法大功焉，實可憐憫。今此經中，佛陀對此廣有開示，讀者若能摒棄以前追隨名師所聞之先入爲主觀念，客觀地深入此書中，一一比對佛語而能深細檢驗；然後一一加以深思，並依本經所說蘊處界功能本質及生滅性之現量加以現觀，即可遠離既有之邪見而轉入正知正見之中；若能正確了知之後，益以正確之護法善行而積功累德，何愁此世無有實證如來藏而悟入大乘菩提之機緣？乃至福厚而極精進者，亦得眼見佛性而圓滿十住位之世界身心如幻現觀。

末後，令平實不能已於言者：對於中國佛門中已存在百年及密宗已存在數百年之宗喀巴外道法因緣觀及菩提道次第，亦應由此經義而廣破之。謂百年來常有大法師遵循日本學術界中少數人的錯誤觀點，一心想要以學術研究所得取代佛法特重實證的經中教義；而日本近代此類所謂佛學學術研究者，本質仍屬基督教信仰者急於**脫亞入歐**而提升日本在國際上之學術地位，想要與歐美學術界分庭抗禮；於是出之以嘩眾取寵方式而極力批判佛教，冀離中國佛教而且上於中國佛教，於是乃有批判中國傳統佛教如來藏教義之舉——三十年前日本「批判佛教」學派於焉誕生。於是專取四阿含文字表相法義，並扭曲四阿含法義，宣演外道六識論爲基調之因緣觀，取代佛教四阿含所載八識論之因緣觀，自謂彼之謬論方屬眞正佛法，主張一切法**因緣生**故無常，誣指中國傳統佛教如來藏教義爲外道神我。然而，如來藏屬第八識，能出生外道神我，而法界中亦無一法可破壞之，此是一切親證如來藏者皆可現觀而證實之現量；外道神我則屬第六意識或識陰六識，被如來藏所生，乃生滅法；一主一從，二者天差地別，焉可等視齊觀？由此證知日本袴谷憲昭、松本史朗創立批判佛教之學說，純屬無明所言戲論，並無實義。

六十年來台灣佛教則由印順及其派下門人，奉行印順源自天竺密宗之宗喀巴六識論應成派中觀，採用基督教信仰者反對實證之西洋神學研究方法，曲解四阿含中所演八識論因緣觀正理，刻意否定中國禪宗法教之如來藏妙義，貶爲野狐禪及外道神我；藉此表相建立其不落「俗套」而異於傳統佛教之「超然、不迷信」假象，然後佛光山、法鼓山、慈濟追隨印順而奉行之。

然而印順派之思想本質，乃外道六識論之因緣觀，近承日本不事修證之學術研究學說，遠紹宗喀巴、阿底峽、寂天、月稱、佛護等六識論諸凡夫論師；謂彼等因緣觀外道如是主張：純由根、塵作爲因緣，即能出生六識：不必有本識如來藏持種，只藉六根六塵作爲因緣即能出生六識。又主張意識常住不壞，公然違背聖教。如是外道因緣觀，全違法界現量—違背現象界中可以現見之事實—諸法不自生、不他生、不共生、不無因生之事實，全違龍樹中觀之教示。

而印順派所闡釋之因緣觀、應成派中觀，正屬龍樹所破之他生與共生之外道因緣觀；復又違背四阿含中處處隱說、顯說之八識論因緣觀——由第八識如來藏藉所生根塵爲因緣，出生識陰六識（詳見拙著《阿含正義》七輯之舉述），本質正屬外道六識論邪見之因緣觀。今此《楞嚴經》中更出之以五蘊、六入、六界、十二處、十八界皆屬如來藏妙眞如性所出生之深入辨正，以九處徵心八還辨見之細膩法義，令知「識陰六識不能自生，根不能獨生識，塵不能獨生識，根塵不能共生識，虛空不能無因生識」等正理，完全符契四阿含諸經所說義理，而更深入闡述正義。如是深入辨正已，阿含聲聞道所述佛門因緣觀正理即得以彰顯，突顯佛門八識論因緣觀異於印順及宗喀巴之外道六識論因緣觀所在，則佛門學人即可遠離外道因緣觀邪見，疾證聲聞菩提乃至佛菩提，終不唐捐諸人一世之勤修也！

佛法特重智慧，是故成賢證聖而入實義菩薩位中，世世悅意而修菩薩道；或者捨壽後速入三塗永為凡夫而受苦難，多劫之中常與眞實菩提絕緣，世世苦修仍不得入門，茫然無措；如是二類迥異之修學果報緣因，端在當前一念之中：**是否願意客觀分辨，及實地理解諸方名師與平實所說法義之異同所在，不依道聽塗說而盲從之，實即憑以入道或下墮之樞紐及因由也！**願我佛門四眾弟子皆能冷靜客觀而深入比較及理解，然後理智而不盲從地作出抉擇。審能如是，則此世即已建立修學佛道之正確方向；從此一世開始，佛道即能快速而悅意地修學及實證，非唯永離名義菩薩位，亦得永斷三塗諸惡因緣，眞成實義菩薩，何樂不為？

此書既然即將開始潤色而準備梓行，於潤色前不免發抒感想、書以為文；由是而造此序，以述平實心中感慨，即為此書印行之緣起。

佛弟子　平實　敬序於竹桂山居

時值公元二〇〇八年　春分

第十輯：

《大佛頂如來密因修證了義諸菩薩萬行首楞嚴經》卷六

（上承第九輯未完內容）

「見性雖洞然，明前不明後；四維虧一半，云何獲圓通？鼻息出入通，現前無交氣；支離匪涉入，云何獲圓通？舌非入無端，因味生覺了；味亡了無有，云何獲圓通？」這三首偈，總共有十二句；第一首偈的四句，是說阿那律陀從眼根的能見之性下手修證圓通，其實無法證得佛菩提的圓通智慧。先講眼根，眼根具有能見之性；這能見之性，雖然可以洞見一切色塵，但是有個缺點：明前不明後。通常也不會特地看上方下方，當你明前而不明後時，從眼見的功德來說，就已經虧損了一半，所以文殊菩薩說：「見性雖洞然，明前不明後；四維虧一半，」所以人家如果想從後面給你一記悶棍，你是看不見而提防不了的，所以說：明槍易躲，暗箭難防。如果別人要從背後射你一箭，你是提防不了的，因爲見性雖然能對前方洞然，可是只能明前而不明後。所以說，四維所攝的東西南北已經虧了一半，功德是不足的，所以見性的功德並不遍滿，想要從眼根能見之性裡面獲得圓通本根是很困難的。

文殊菩薩這個評論是在講評阿那律陀，他會從能見之性來探究本質，是因爲雖然眼根壞了，藉著天眼通也可以看見種種色塵。可是不論一般藉肉眼所產生的見性，或藉勝義根產生的天眼通的見性，都同樣是有侷限的，沒有辦法像三百六十度的電影一般照出全部色塵；你們之中誰眞的有天眼通，敢出來否定嗎？否定不了。因爲天眼通所見時，也是一樣「明前不明後」。所以雖然有天眼通，別人一樣可以暗算他，因爲後面還是看不見，也是必須入定才能看得見。或許有人想：「那我用天眼通專門看後面，我不用眼根的浮塵根來看。」那他又會看不見前面了，這時假使有人從前方來一記悶棍，照樣打暈過去。所以說能見之性，在四維裡的東西南北四方之中，一定少掉一半，本身的功德已經不具足了，想要從能見之性來獲得圓通本根，還是很困難！而且，阿那律陀從見性的本質去探究的結果，一定會落入聲聞解脫道的緣生性空之中，只能證得聲聞果；想要在佛菩提道中證得圓通智慧，是不可能的；因爲所觀行的範圍都在能見之性與眼根之內，只會悟得緣生性空而無法悟得萬法的本根，怎能獲得諸法根本的圓通智慧呢？所以文殊菩薩評論說：

「云何獲圓通？」

第二首偈的四句義理，是評論周利槃特迦的觀鼻息法門。文殊菩薩說：觀察鼻息的呼出與吸入時，固然是內外互通的，然而在出息與入息之間是沒有氣息相交接的；既然是支離而不能出入時都互相涉入不斷的法性，就是不能遍一切時都具足存在的支離法性，又怎麼可能從觀察鼻息之中獲得諸法圓通的智慧呢？

從鼻根的呼吸中想要悟得圓通智慧確實很難，因為「鼻息出入通」，鼻息只有在出與入的時候是通暢的，可是出氣後還沒開始入息時則是暫停的，入息後還沒有開始出氣之前也是暫停的，所以說「現前無交氣」。既然出入息是在每一次轉換出入息時，都沒有氣息的出入，所以不是遍一切時恆常而可觀行的。事實上，也沒有人可以一孔出息、一孔入息的，全都是出息時兩邊鼻孔都同時出息，而入息時也一樣是兩邊鼻孔同時入息，也都是出入互相交換時沒有氣息出入的，所以在出入息之間，「現前無交氣」。

既然是這樣支離不全的，不能遍一切時有息出入，就是支離而不能使出息涉入入息中，也不能使入息涉入出息中，所以出入息不可能互相涉入，那就不可能遍一切時都有出入息。也就是說，不可能有出息時同時又有入息，所以說「支離匪涉入」，就不是遍時都有出入二息，那麼想要藉出入息來證得諸法圓通的智慧，還眞的是困難！所以周利槃特迦所證的，只能說是二乘菩提解脫果的圓通法，無法實證大乘菩提的圓通，因此 文殊師利菩薩仍然不肯贊同周利槃特迦的觀鼻息圓通法門。

文殊菩薩第三首偈的四句偈是說：舌根並非眞的有所入，因爲舌根沒有理由可以獨自產生舌入，而是因爲先有味塵才能出生舌入的覺了性；假使味塵亡失了，舌入也就了無所有，所以舌入仍然是生滅法；那麼牛呞比丘藉舌入來修證圓通智慧，是不可能成就的。事實上也是如此，牛呞比丘只能證得阿羅漢果，無法證得如來藏，所以他上來報告圓通法門時，是還沒有悟得如來藏的。因此 文殊菩薩作了這樣的結論：依憑味塵才能存在的不圓滿法性，如何能獲得圓通智慧呢？牛呞比丘所說的舌入圓通，是從舌入的本質來作觀行的；這其實只能探究舌根、味塵、舌入的虛妄性，只能獲得解脫道修行者所證的舌入緣生性空，無法證得諸法本根的如來藏心，當然無法獲得法界實相圓通的智慧。

舌根能夠涉入味塵中加以了別，顯然必須先有物質的味道，才能涉入而了別成功，因此說「**舌非入無端**」，所以舌入不可能憑空而有，不可能在不接觸食物之時而了別出食物的味塵。不管是山珍或是海味，如果不是舌根接觸而涉入味塵中，是無法了知食物味道的。所以，舌根與舌識的覺了，先決條件是要有味入，舌識、舌根才能覺了，所以「**因味生覺了**」；但是吃過以後味道又不見了，所以「**味亡了無有**」，那時舌根還能了知什麼味道呢？舌入也就暫告消失了！既然舌入是無常的，不是恆遍一切時的存在，要從這裡面獲得圓通智慧是很困難的，所以牛呞比丘從舌入而悟得的圓通，只能是二乘法解脫果的圓通法，依大乘法中的圓通法而言，他並無圓通可言。

「**身與所觸同，各非圓覺觀；涯量不冥會，云何獲圓通？知根雜亂思，湛了終無見；想念不可脫，云何獲圓通？**」

文殊菩薩繼續評論身入與意入，但是把耳根的耳入暫時略而不說，因為耳入是要留在最後來評論的。這是因為耳根的圓通法門是祂所要讚歎的法，也是 世尊特地要 觀世音菩薩說出來的圓通法門，所以 文殊菩薩就留到最後才說，在這裡就跳過去不說了。文殊菩薩評論說：

「**身與所觸同，**」身根的覺知性是與所覺知的觸塵同時存在的；「**各非**

圓覺觀」是必須和合相觸而不分離時才能產生觸覺，所以身根與觸塵各自都無法圓滿產生觸覺。「涯量不冥會」，身根與觸塵都有邊涯現量的限制，同樣不能在相離時互相了知對方，只能獨自體會觸覺；這就是說，身入是藉身根與觸塵和合相雜來產生身入的，互相分離時就無法產生身入了，因此並不是遍一切時都恆在不滅的法性，也不能遍及一切界，所以 文殊菩薩的結論是質問：「云何獲圓通？」如何能由身入的觀行而獲得圓滿通達的智慧呢？

有很多人誤會了身根的浮塵根，比如吃得胖胖的就猶如一個水桶，瘦瘦的就像個竹竿，總之就是身體；但這只是浮塵根，不是身根的眞根。身根的眞根是勝義根，勝義根在腦部掌管觸覺的部分，這才是眞正的身根。這個勝義身根和內相分觸塵同樣是以合而知，離則不知。既然這樣，就不是圓滿的覺知，那麼在身根範圍內作身根覺知的觀行，終究是被限制在身根、觸塵、身識中，如何能夠獲得遍滿十八界法中的圓通妙法呢？

意思是說，身根和觸塵都有涯際。涯，就是邊際；量，是說被侷限；所以身入的觀行範圍是有邊際、有侷限的。既然身入所觀行的範圍有邊際、有侷限，所以想要從身入來觀行，結果只會觀行到身入的虛妄性，很難在觀行中突然觸證到如來藏妙眞如性——很難證悟佛菩提。這樣的觀行方法，想要觸證自心如來還眞的困難，所以說「涯量不冥會」，那要如何獲得圓滿通達諸法的本根呢？所以修行者若是從身入下手求證，不免落入身入有關的身根、觸塵、身入虛妄中，就成爲二乘菩提的觀行內容，不是佛菩提道。

接下來的四句偈是講意知根，文殊菩薩的偈中明白地說：「知根雜亂思」，意知根總是夾雜著迷亂的思惟，始終是無法自己清楚了別種種事相的；「湛了終無見」，雖然意識是可以了別種種法的，可是當意識覺知心澄湛不動時，又終究無所見而且無所知；意根就更加無法了別諸法，又如何可以獲得圓通呢？「想念不可脫」，當意根意識和合時，所想及所憶念的諸法既不可能脫離，顯然意知根是依塵而了別、依塵而存在的，落入意知根時「云何獲圓通？」如何能使人獲得圓通的智慧？

意根有了知性，但意根的了知性是遍緣一切法的，於是祂的了知功能就分散了！由於極分散的緣故，祂的了知性就變很差了。我們就用意識來作譬喻好了。譬如你的覺知心配合眼識運作，有人拿了一幅圖畫讓你來觀察，你如果把注意力集中到一個小範圍內，對那個範圍中微細的部分就能詳細瞭解；若是反過來時，便只能模模糊糊知道那幅畫的大概，詳細的部分就無法了知了。同樣的道理，意根不像意識能夠專注在一個部分中，因爲意根是遍計執性的，統統攀緣一切事物，也同時緣於六塵中的一切法，祂不像意識很專注。譬如你現在正在聽法時就專注在耳入上面，專注聽著我在宣說的妙法；你也同時注視著我，看我有什麼舉動，這時就是意識專注在耳入與眼入上面，其餘的四入就不太注意了，這就是專注性，唯識增上慧學中稱爲定心所，就是意識制心一處的意思。

但意根不是這樣的，意知根是遍緣六塵的；不但遍緣六塵，還遍緣色身上的一切法；由於遍緣的關係，所以「知根雜亂思」，總是夾雜著混亂的思量。意知根在六塵萬法中，對每一法都在持續思量著，也就是一直都在作取捨——處處作主、時時作主。因爲意根要在三界中維持自我的生存與安全，當然得要時時刻刻處處作主；乃至眠熟無夢、悶絕、正死位中，也一樣如此時時作主。當意根作主決定應該詳細了知突然發生的另一件事情，你覺知心意識正在聞法聽經這個部分，就會被意根決定暫停，轉移到突發事件上；若是沒有意外事情發生，意根就會決定繼續聞法聽經；意根是時時刻刻都在思量作主而不斷取捨的，眞的是遍緣諸法而刹那刹那都在取捨，所以說「知根雜亂思」。爲什麼說「亂」呢？因爲祂無法像意識一樣條理分明來作觀察與思惟，所以「知根雜亂思」。如果有辦法可以把意根的注意力集中在一處，或者把祂的注意力集中在特定的一法上面，讓意識覺知心完全不作用（當然這是假設），那麼就是澄澄湛湛、分明純清的境界，這時意根終究沒有所見（見是指清楚的了別），祂對什麼法都是無法清楚分別的。即使是意識覺知心，專注在某一個法上的時候，可能旁邊有人跟你說話，你都沒聽見。覺知心意識若是住在湛了澄清的定境中，就只能對所了知的定中境界有所見！其他的種種六塵境界就全無所見了，這也是「**湛了終無見**」。

「**想念不可脫，**」意知根配合著意識，就這樣始終離不了想與念。想就是想陰，是指覺知，念就是憶持。由於意根與意識的想與念，覺知心就會產生許多語言文字上的思惟，所以很多人上座前下定決心說：「**我今天上座以後一定不打妄想，我什麼事情都不想。**」偏偏才剛一上座，就胡思亂想，早就跑到十萬八千里去了！所以想與念，就是想陰覺知以及對各種法的念持。這想與念二法，一般修行人始終是無法脫離的；想要脫離，除非是到佛地。阿羅漢也是有想與念，所以阿羅漢們晚上睡覺時還是會作夢，只是夢中不起三界愛的現行罷了！到達佛地之後，三界愛習氣種子都已斷盡了，連無記性的異熟種的習氣種子也斷盡了，就不再有想與念了，所以都不作夢了，連無記性的夢也不會發生了。

諸地菩薩也有想與念呀！總是在無生法忍上面用功，繼續地地增上；等覺菩薩也有想與念，都在修集大福德上面用心，因爲要「百劫修相好」，這全都要在福德上面努力；當然就會有想與念。阿羅漢與諸地菩薩都不免有想與念，都無法脫離想與念，全都是因爲意知根的緣故；若以尚未見道的凡夫來說，當他們求悟佛菩提的圓通智慧時，又如何能夠不被意知根的想與念所影響呢？又如何能脫離意知根的想與念二法，而悟得始終不曾在意知根的想與念中相應的圓通本根呢？既然是這樣，想要在意知根中獲得圓通智慧，那可就困難了。因此 文殊菩薩還是不認同須菩提的修法，因爲那只能使人證得阿羅漢果，屬於聲聞法的修行，不是佛菩提的圓通法門。

「識見雜三和，詰本稱非相；自體先無定，云何獲圓通？」接下來是講到舍利弗了。剛才說的意知根是講須菩提的圓通法門，他是從意知根來體會一切法空，當然只能證得聲聞菩提而成爲阿羅漢，無法成爲證悟的菩薩；現在是講到舍利弗的圓通法門了，而舍利弗起來報告時所講的是從覺知心的能見之性來說的。這時 文殊菩薩評論說，意識的所見總是夾雜諸法的，永遠都是根塵觸三法夾雜和合才能生起及存在的，如果推詰所見諸法的元本時，則因爲意識本身緣生性空而無常，所知見的諸法也就跟著意識同樣被稱爲非相——沒有眞實相；意識自己非相，而意識所見諸法的自體一樣先無定所，如何能由此生滅法中獲得圓通的智慧呢？

能見之性是眼識，能見諸法之性則是意識。不論眼識或意識二法，之所以能見，全都要夾雜著眼根、色塵以及相觸等三個緣，也就是**根塵觸三生眼識**，乃至**根塵觸三生意識**。既然意識覺知心有能見之性，卻是要夾雜著三和合觸才能夠有能見諸法的自性存在，顯然能見之性不離根塵觸三法；再深入探究眼根、色塵、觸三法之中，或再深入探究意根、法塵、觸三法之中，全都沒有眞實不壞的根本，因爲這三個都是緣起的法，所以能見諸法或是能見色塵的自性，全都虛妄不實，探尋不出萬法的根元，怎麼可以說是眞實相？所以「**詰本稱非相**」。在意識能見諸法的自性探尋時，絕無可能探究到諸法本根的實相心如來藏，就不可能證得佛菩提的圓通智慧了！所謂圓通智慧，當然是圓滿通達諸法的智慧，但舍利弗起來報告時所說的圓通，其實只是二乘菩提所證的緣生性空，不是圓通智慧，所以 文殊菩薩質疑說：「**云何獲圓通？**」

「**心聞洞十方，生于大因力；初心不能入，云何獲圓通？**」接著討論 普賢菩薩的圓通法門了！文殊菩薩說：以覺知心直接聽聞而能洞察十方有情的心想，這種不可思議的境界，不是凡夫所能直接修習的；而是無量劫前悟道以後久經修行，並且是出生於以大願爲因的威德力；所以初心學者都不可能由此進入佛菩提中，又如何能由此修習來獲得圓通的智慧呢？心聞，是說我們覺知心能夠聽聞種種聲塵。這個心聞，修到 普賢菩薩那樣的境界時，是用覺知心直接聽聞眾生的心聲，所以祂的心聞可以洞徹十方；當眾生有所需求，而且是跟祂有緣，就可以和 普賢菩薩有所感應，所以「**心聞洞十方**」；但這種威神力卻是出生於一個偉大的因地願力，也就是從普賢行的十大願王，並且是行無量普賢行之後才能出生「**心聞洞十方**」的功德力。這種功德力，初心學佛人哪有可能證得呢？既然初心學佛的人不能證得，如何從這裡面直接用這個法去獲得圓通呢？

「**鼻想本權機，只令攝心住；住成心所住，云何獲圓通？**」文殊菩薩接著評論孫陀羅難陀的觀鼻息法門。觀想鼻頭變白，以及觀想鼻息出入如煙，本是權巧施設的機緣，事實上鼻息並沒有眞的變白，目的只是使人攝心安住；即使後來安住於無漏法中而成就覺知心所住的境界，仍然無法證知諸法的本根，又如何能獲得圓滿通達的智慧？鼻想，通常是在二乘法中藉呼吸的出入，觀想鼻息變成白色，在鼻孔出入；這本是權巧施設來繫住尋思很嚴重而不斷打妄想的人，並不是究竟的修行方法。這個目的只是爲了讓人藉這個鼻息變白的觀想，攝住他的覺知心不亂攀緣而安住下來。所以觀想鼻息變白的法門只能成就覺知心所住的境界，不能成就諸法本根的如來藏境界，當然是有所住。有所住的法成功了以後，仍然是覺知心所住的境界；既與如來藏的本來無所住無關，如何能夠成就圓通呢？所以孫陀羅難陀修這個鼻息觀的結果，只能成就二乘菩提，無法成就大乘菩提，因此 文殊師利菩薩也不認同。

「說法弄音文，開悟先成者；名句非無漏，云何獲圓通？」這是評論富樓那尊者，他是聲聞十大弟子中的說法第一，最善於說法。佛陀在晚年時，由於那時農作物收成不好，就交代弟子們說：「你們每一個人各到一個地方，不要聚集在同一個地方說法，佛法才能廣傳，才能廣利眾生。」於是阿羅漢們都選定了地方，但是有個最壞的地方卻沒有人要去，富樓那尊者就向 佛說：「我去那裡。」佛說：「那裡的眾生很不好度，你眞的要去嗎？」他說：「我去。既然沒有人去，我就去。」佛問他說：「你去的時候，你要怎麼對待那些眾生呢？」他說：「如果眾生罵我，我就當作耳邊風，我就當作沒聽到。」佛說：「如果打你呢？」他說：「我就讓他打，我也不用生氣。」「如果殺你呢？」「如果殺我，我就取涅槃。」他抱著這個心態就去，結果他去了也沒事；因爲他太會說法，那些邪惡眾生也就被他度了。

富樓那尊者善於說法，可是　文殊師利菩薩評論他說：你說那麼多的法都是在聲音文字上面賣弄，能夠使什麼人開悟佛菩提呢？若是在你說法中悟入佛菩提時，那是他在聽聞富樓那說法以前便已經自己先證得佛菩提了，是「先成者」；富樓那所說的法其實只能幫助對方增上佛菩提，而不是幫助對方證悟佛菩提。若是凡夫們想要從富樓那說法的音聲中悟入佛菩提，是沒有機會的；若是要從富樓那所說法中悟入，也只能悟入二乘解脫道，無法悟得佛菩提的。莫說他所講的法義是聲聞菩提，即使我寫了那麼多佛菩提法義的書，好多同修們破參明心以後也說：「老師！你在書中都明講了。」可是那些大法師們，有誰讀後、研究後開悟了？也有大居士們讀我的書，有哪個人悟了？都沒有呀！所以還眞的是「開悟先成者」。而且富樓那「說法弄音文」以後，那些說法的音聲與所說的名句，也都不是無漏法；並且聽聞後最多只能悟得聲聞法，不能悟得佛菩提所證的圓通本根如來藏，所以一般人想要從舌根所說諸法的自性中悟得圓通，還眞的是難。

「**持犯但束身，非身無所束；元非遍一切，云何獲圓通？**」文殊菩薩接著說：如果要講到持戒，這也只能從色身的持戒來說；因爲聲聞出家戒所說的受持或違犯，其實都只是約束身體而已。如果沒有身體的時候，譬如無色界的天人；又譬如身體不犯戒，卻在覺知心中生起種種違戒的事情，聲聞戒是無法約束他的。所以優波離尊者從持戒而入，文殊菩薩說，聲聞法中所謂的持戒、犯戒，只能拘束身體；這樣的戒法，原來不是遍三界九地的，也不遍十八界中，只是存在於色身一界而已；那麼又如何能夠從持戒中，悟得遍一切界的諸法本根如來藏呢？又如何悟得大乘菩提的圓通智慧呢？

「**神通本宿因，何關法分別；念緣非離物，云何獲圓通？**」至於目犍連尊者從神通悟入，也只能悟得二乘菩提，想要悟得大乘菩提是不可能的；因爲神通是由於宿昔修學神通之因，所以這一世獲得神通果報，這與佛菩提了義正法有什麼相關呢？只能觀察神通的虛妄與不實，最多只是證得緣生性空的現觀，成就二乘菩提，還是跟佛菩提不相關的。五神通，不論是想要看什麼，或者想要去哪裡，全都是要藉緣的；要緣於某些法，譬如人間五色根的勝義根、意識、意根、定力等，才能成就神通的作用。既然是有所藉緣的法，那就不是遍於一切的法；不遍一切識，不遍一切界，不遍一切地，那又如何能夠證得圓通智慧呢？所以，目犍連尊者的圓通法門，文殊菩薩也不加以認同，因爲那最多就是證得聲聞菩提而無法發起實相法界中的圓滿通達智慧。「**若以地性觀，堅礙非通達；有為非聖性，云何獲圓通？**」前面除了耳根以外，已經講過五根、六識、六塵很難使初機學人獲得圓通；接下來文殊菩薩開始評論六界是否能使人方便獲得圓通智慧。先講地大的部分，這是評論持地菩薩的圓通法門。他是因爲過去世有佛教他平心地，不要單單平土地，所以才悟得地性緣生性空，這當然是悟得大乘通教法——通聲聞菩提，所以悟時成爲大乘阿羅漢。後來迴心轉入大乘法中，「**諦觀身界二塵等無差別，本如來藏虛妄發塵**」；當他把地大自性歸於如來藏而銷滅地大微塵時，就回歸如來藏而生起大乘佛菩提智。然而，平土地是平心外之法；平心地也往往會落入覺知心境界中，難可悟得佛菩提無上道。所以持地菩薩的平地之法，才必須先證得阿羅漢果，轉而聞熏如來藏妙理以後，才有可能悟得如來藏而獲得佛菩提道的圓通智慧；對於一般初機學人而言，如何能藉地大的觀行來獲得圓通呢？

爲眾生平土地而利益眾生，是心外之法，也是世間行善之法；後來觀行地大微塵的自性，也只能悟入聲聞菩提而證阿羅漢果，因此他也只能悟得聲聞菩提而成爲大乘通教菩薩，終究沒有佛菩提智；是後來修學如來藏妙法以後才悟入佛法圓通境界的，所以文殊菩薩這樣評論：**如果像持地菩薩從地大的自性來觀察時，當然會發覺地大是堅硬質礙而不能通達無礙的；而且地大是有爲法，也攝屬無情而不與心相應，所以不具有聖性，初機學人又如何能在地大上面獲得諸法本根的圓通呢？**諸法本根的如來藏是虛空無爲而無障礙性的心，並且遍在十八界中，而地大只是組成有情的十八界中的一部分，是堅硬的、有質礙的，也是有爲性的法性，所以是有爲法而不通聖性，那要怎樣從地大自性的觀察中，獲得大乘菩提的圓通呢？所以持地菩薩一直都很難悟入，一直到毘舍浮佛爲他摩頂而且開示應當平心地時，他才能悟入聲聞果。所以 文殊的評論是非常中肯的，一切人想要從地性來觀察悟入佛菩提，眞的很難悟入；因爲這是有爲法，不通聖性。

「**若以水性觀，想念非真實；如如非覺觀，云何獲圓通？**」文殊菩薩對月光童子的圓通法門也不認同：如果是以水性來觀察時，所觀的水性只是無情物，與諸法本根的實相心無關；而且水觀之中正在觀想時的淨念仍然不是眞實法，而是生滅法；然而如如不動的如來藏並非有覺有觀之心，如何能由覺觀之心的自性中獲得圓通的實證呢？文殊菩薩認爲：不論是在水性的觀想或水性的觀察上面來說，都是透過覺知以及能夠憶持的「念」來完成的；可是覺知心和能憶持的淨念，都不是眞實法，都是緣生法、虛妄法。既然這樣，觀想水性直到水觀成就而使整個房間地面看來都是水，這也只是定果色，仍屬有生有滅的生滅法；而觀想中的覺知心一定是有一個念心所在運作不斷，才能使水觀成就；然而觀想中的念心所只是方便法，不是眞實法。雖然水觀中的覺知心好像是如如不動的，只剩下滿屋子水；但這個不是法界實相的眞實覺觀，只是方便觀。既然是方便觀，又要如何獲得圓滿通達諸法的智慧？因爲大乘菩提的圓通修證並不是這樣修的。

「**若以火性觀，厭有非真離；非初心方便，云何獲圓通？**」文殊菩薩評論烏芻瑟摩的圓通法門說：若是以火大的煖性來觀察，所厭惡的欲界有以及住在欲界中而且是有淫欲的覺知心，只是遠離欲界貪愛罷了，仍然不是眞實出離三界的涅槃心；而且慾火自性的觀察，也不是初心學人方便可入；縱使眞的能入火光三昧而悟入菩提時，終究只是悟得二乘菩提而成爲阿羅漢，無法成爲眞正的菩薩，因爲終究是無法證得諸法本根的如來藏心，如何能獲得圓通智慧呢？所以烏芻瑟摩從火性上面來觀察，只能觀察到火性的虛妄，證得諸法緣生性空，因此他只能夠獲得二乘菩提的圓通，在佛菩提上面尚未證得圓通法門，所以他這個火性觀最多只能厭離欲界有，無法超越三界有；還得更深入進修而藉火光三昧來斷盡三界我的執著，才能脫離三界有，也還是無法證得圓通本根的。然而佛菩提所證的圓通智慧卻是本來就不在三界中的，不僅是厭離欲界有或三界有；話說回來，這個火性觀也不是初心學佛人能夠方便得入的，那麼修習火性觀的人要怎麼獲得圓通呢？

「若以風性觀，動寂非無對；對非無上覺，云何獲圓通？」文殊菩薩又評論 琉璃光法王子的風性觀：若以風性來觀察，風性是有時掉動有時寂靜而相對待的，是常常掉動而不是永遠止息的；既然是掉動與寂靜互相對待的，就不是無所對的絕待之性。所以從風性相待之法中，所悟得的法性當然也是相對之法，就不是無上而絕待的知覺，如何能使人獲得佛菩提中圓滿通達的智慧？如果從風大的體性來說，掉動與寂靜二法是相待法，與絕待法的如來藏妙眞如性是不相應的。風大是動性，只能存在於行來去往之中；正當行來去往之後，風大停止運轉了，於是又成爲寂靜了。這表示從風大悟入的人，都是會落入色陰及行陰之中，錯將依附於色陰上的行陰認作如來藏，全都落入風大之中；這也正是古今中國禪宗裡錯會公案的所有大小善知識的落處，都無法悟得如來藏，更無法眼見如來藏所顯的妙眞如性——佛性。

凡是落入色陰上的行陰時，就是風大；風大是會有時寂止的，譬如眠熟、悶絕、入各種禪定中、正死位中；若是誤將色陰上的風大認爲是如來藏時，當風大寂止時，如來藏就必須歸於斷滅空了！如是一來，他所「悟」的如來藏就成爲時生時滅法，不是常住法，如何獲得圓通呢？風大永遠都不能改變無常的自性而成爲常住不壞的金剛法性，而且風大的特性是藉緣而有，所以當你行來去往而動轉時，這個風大還得要依於地大、依於色身才能有動。即使是不動時，也是要依色身的動相而相對於動轉時，才能說是風大不動轉了。所以風大不是絕對待之法，是相待之法；既然是與他法相待之法，從這裡悟入時，當然無法證得無上覺。無上覺的證悟才能出生圓滿通達的智慧，所證當然是絕待的自心眞如——如來藏。既然色陰中的風大並不是絕待之法，卻想要從色陰動轉的風大中體悟到本心，所以古今許多人抱著禪宗公案讀來讀去、努力參禪以後，總是落入風大之中，成爲野狐禪師，終於通不了宗門也通不了教門的。若是眞的悟了就是通宗，凡是通宗的人一定同時也通經教，不可能通宗而不通教；因爲教門是 佛陀悟後所說，所說諸教都是在講 佛陀宗門裡所悟的內涵。然而現見古今無數人抱著禪宗公案或語錄，努力閱讀及參禪一世之後，仍然落入風大之中，始終不離行陰生滅法，所以文殊菩薩說：從風大下手求證圓通智慧是非常困難的。一定先要有「聞、思、修」的過程，先把虛妄法「入流亡所」以後，再來求證諸法本根的如來藏，才會容易得多，當然這就是 觀世音菩薩的耳根圓通法門了。

「**若以空性觀，昏鈍先非覺；無覺異菩提，云何獲圓通？**」七佛之師的文殊菩薩接著評論虛空藏菩薩的法門：若是以空虛之性來觀察時，空虛的本質空無所有，一物也無，既無色陰也沒有識陰等法，那就是昏鈍空無，應該是一開始就不具有能覺能知；若是無知無覺，那就不同於菩提，如何能使人由空虛來獲得圓通智慧呢？「**菩提**」又名為「**覺**」，若是落入空無之中而無知覺性時，也就同於虛空，卻成為無情，又怎能悟得有情賴以生存的實相心如來藏呢？如來藏是心而不是木頭石塊，怎麼會完全無覺知呢？祂只是不在六塵中生起覺知罷了！但祂還是有覺有知的，才能稱為菩提——本覺。如果把覺知心來作體空觀，然後進入定中昧略了覺知心的知覺性，而說證得虛空觀，說是開悟佛菩提的圓通智慧了，那就不免要被文殊菩薩所斥責了。

如果從「**心如虛空**」這個空的體性來說，一般人沒有經由耳根圓通的「**聞、思、修**」過程，或者有這個過程，所聞、所思、所修卻都是跟隨惡知識錯聞、錯思、錯修，往往就會這樣想：「**我來體會自心的空吧！**」有很多人從這裡下手的結果，就變成每天從早到晚打坐，打坐時觀察說：「**我自己**

的覺知心猶如虛空，無邊、無際、無量。」就認爲自己這樣是證得法界大定。誰這麼證、也這麼教的呢？是陳健民上師。有很多人在顯教中悟不了，就轉入密宗裡這樣修學！但是，往往在觀照這個空，經歷五分鐘、十分鐘以後，就開始昏鈍了，不停地打瞌睡了。不像我們有定力的人，躺上床以後總是會與定相應，於是往往睡不著。他們是下座時生龍活虎地，可是一上座用功，立刻就睡著了。會睡著的覺知心，睡著時當然是中斷了，就是生滅心！這樣體會覺知心的空或不空，有什麼用呢？終究是落入生滅有爲法中；一旦昏沈無覺時，就與如來藏對諸法了了而且無始以來不曾中斷、不曾不在的體性，是完全不同的；既然覺知心會中斷，中斷時就無覺無知而異於菩提（覺），那又如何能獲得圓通智慧呢？

「**若以識性觀，觀識非常住；存心乃虛妄，云何獲圓通？**」文殊菩薩又評論 彌勒菩薩的識性觀：如果以識陰六識的自性來觀察，確實可以觀察這六識並非常住法；若是有人想要保存六識覺知心了了常住，這全都是虛妄之想，永遠都不可能成功的。把精神放在虛妄生滅的識陰六識來觀行，始終存心於識陰六識的自性之中，又如何能獲得圓通智慧呢？文殊菩薩爲什麼如此說呢？因爲一般所知的唯識學，不外乎識陰六識的自性觀；而六識自性都是虛妄心、生滅心，所以一般修學唯識法義的人，都會說「虛妄唯識」。百年來的中國佛教界中不都是這麼說的嗎？幾十年來的台灣最努力弘揚「虛妄唯識」的人，正是印順法師。

然而依玄奘繼承自護法而上溯 無著、彌勒的唯識門，其實有兩門：眞實唯識門與虛妄唯識門。而當代所有大法師與一般人所知的唯心識觀，全都自我限定於虛妄唯識門中，又如何能獲得佛菩提的圓通智慧？這也是古時的狀況，因爲自古以來親證如來藏的人一直是少數人，所有不迴心的大阿羅漢們也都無法證悟如來藏，何況是一般凡夫的人們？所以自古以來觀察心識的人們，都只能在虛妄唯識上作觀，對於眞實唯識是無法觀行的。因爲眞實唯識門的觀行，一定要先悟得如來藏心，也就是證悟般若圓通智慧了，才能現觀眞實唯識門所說的第八識如來藏。如果悟得圓通法門了，已經能現觀如來藏心了，那你還要依止虛妄唯識門而針對生滅性的識陰來觀心識作什麼呢？

所以 文殊菩薩說：「若以識性觀，觀識非常住；」所觀的識陰六識全都虛妄，如何能獲得圓通智慧呢？如果反過來，把覺知心六識認定作常住的自己，想要保持覺知心了了「常」知而不會在眠熟時斷滅，又落入意識心中，同於常見外道，所以 文殊菩薩說「存心乃虛妄」。所以一般學佛先聞熏「萬法緣起性空」以後再作識性觀時，都只能在虛妄唯識上面作觀，不能涉及眞實唯識門，結果就走向印順法師那一條具足常見與斷見的邪路去了，當然無法悟得大乘佛菩提的圓通本根。於是印順心中就想：「既然六識都是虛妄心，入涅槃時還得要滅掉六識全部，那麼涅槃不就變成斷滅境界了嗎？」所以他只好另外再起一個心，額外建立一個常住不壞的心——意識細心常住不壞，所以有了意識細心說，這又成爲「存心乃虛妄」而落入細意識生滅法中了，這就是印順法師的落處，也是當代密宗黃教一切應成派中觀師的落處。

所以說，如果眞的想要修學唯心識觀，必須先證得如來藏以後再來修學及觀行；悟前是無法眞正修學唯心識觀的，當然還是先經由耳根圓通法門來聞、思、修，接著把識陰六識及其他四陰先「入流亡所」，了知五陰等法的虛妄以後，再來求證如來藏，悟後才有能力修學 彌勒菩薩的唯心識觀—識性觀—具足觀行八識心王各不相同的自性，藉以生起諸地菩薩所修學的增上慧學——無生法忍。既然是這樣，如何能夠在凡夫地中就直接從識性觀悟入佛菩提呢？當然還是應該藉耳根來「聞、思、修」，先把生滅法都「入流亡所」，接著「聞熏聞修」如來藏與佛性等種種妙法以後，再來求證如來藏心體的所在，乃至進而眼見佛性而現見如來藏的妙眞如性確實分明存在，現證如幻觀，再進修佛菩提道中的各種圓通智慧；這樣經耳根圓通進修的人，才有能力修學八識心王全都具足的「識性觀」，才能地地增上的。所以我們正覺同修會只在增上班課程中才教授八識心王的識性觀，不在一般的禪淨班、進階班裡教導識性觀；因爲若是還沒有具足證得八識心王，就不可能修習具足圓滿的識性觀。接下來就開始評論大勢至菩薩的念佛觀了。

「諸行是無常，念性無生滅；因果今殊感，云何獲圓通？」文殊菩薩接著評論我們所弘揚的無相念佛法門了：念佛都不離行陰，全都依色陰以及口行、心行，才可能會有念佛的法性出生與存在，所以念佛法門是不離行陰的，而諸行卻是無常的；雖然說，念佛久了以後能念之性熏成種子而常常存在如來藏心中，所以方便說「**念性無生滅**」；然而「**因果今殊感**」，是說念佛的因與果，是現今殊難感知的。換句話說，念佛時的現在是因地，即使念佛的功夫成就時都還不是果地，得要等到將來捨壽時獲得所念諸佛的接引而完成往生淨土的果報時，才算是因果相應的，所以說「**因果今殊感**」。既然念佛的因與果是殊時（不同時）才能互相感應的，而佛菩提的圓通本根即是如來藏，卻是現前就存在的；所悟的佛菩提智慧也是現前就應該實證的，不是要等到將來捨壽後才實證的，那麼不離行陰的念佛法門修持（即使是無相念佛法門的修持），又如何能在念佛之時獲得圓滿通達的佛菩提智慧呢？正因爲這個緣故，所以我們才會在無相念佛功夫完成時，接著教導諸位轉入體究念佛，也就是禪宗的參禪法門中求證如來藏；而且是在二年半的課程中，與時並進而教導大家如來藏妙法以及觀行蘊處界虛妄而「入流亡所」，進而時時「聞熏聞修」如來藏妙理。

文殊菩薩評論　大勢至法王子的憶佛圓通法門說：所有的念佛修持中都不離行陰。譬如持名唸佛是有行陰的：口行與心行。無相念佛雖然沒有口行，但是仍然有心行，因爲覺知心中的憶佛淨念心行一直沒有中斷，才能淨念相繼，這也是行——心行。可是「諸行無常」，終究無法改變這個法界中的定律；所以能夠淨念相繼不斷之後，到了晚上眠熟時，覺知心消失而中斷了，這個念佛的淨念也就跟著間斷了。如果強行保持憶佛的淨念相續不斷，就必須保持覺知心不中斷，就不可能睡覺。所以到晚上身體勞累而睡覺時，無相念佛的淨念還是會中斷而消失的，可見不離心行行陰，所以不離行陰。既然念佛時的淨念是落在行陰中，諸行無常，念佛的身行、口行、心行也是無常。可是如果能夠修到無相念佛境界，對某一尊佛的憶念功夫很強時，念佛的種子是不會斷滅的，念性是會一直存在的，到了中陰境界時又會再度現起，所以文殊菩薩說「念性無生滅」。

但是，落入諸行中的念佛法門，很難與金剛三昧相應；因爲金剛三昧所證的是金剛心如來藏，如來藏不落入諸行之中，是常；而念佛法門的境界是無常；所以念佛因是無常法，金剛三昧的果證境界卻是常住法。這顯示念佛法門是無常法，金剛心是無生滅法；所以因地的念佛心，與果地的金剛三昧，體性是不同的，當然也是不容易互相感應而親證的。所以想要從無相念佛的淨念中直接證悟金剛三昧，也是有困難的。所以我們教大家修練無相念佛的法門，只有兩個目的：

第一、是讓你有把握這一世一定可以往生極樂，心可以先安定下來。不像一般人念佛時，一百個人念佛，九十九人沒把握生西。第二、是讓你的覺知心轉細，學會看話頭而不像各大山頭的大法師都還落在話尾中——必須要依靠語言文字在心中持唸著。當你的心轉細了以後，在禪三精進共修時，想要悟得本心如來就容易多了。當然，還是得要有耳根圓通的「聞、思、修」及針對生滅法「入流亡所」的過程，然後還得要繼續「聞熏聞修」如來藏妙法的內涵，最後是禪三時的參禪求證如來藏妙心。

所以如果單從無相念佛的本質上來探究、實修，而不是拿它作方便法門，大勢至念佛圓通法門仍然不離「諸行無常」；但是由於淨念相繼的功夫成就時，憶佛淨念的種子仍然存在而本不生滅，卻是因中念佛法門與果地悟得金剛三昧有所殊異而不容易直接相應的。因此，若是單以無相念佛法門就想要直接證悟佛菩提果，還是有距離的，比較難以感應。而我們施設無相念佛的功夫門，其實還有一個目的，是讓大眾藉無相念佛這個圓通法門，來鍛鍊及成就看話頭的功夫。單單無相念佛的功夫學會了，還是看不見佛性的，還得要轉折過去改爲看話頭。

把話頭看上一年、兩年，看得純熟了，加上實證眼見佛性境界時應有的福德及慧力作爲助緣，才有因緣看見佛性。等你看見佛性時，就會發覺：原來看話頭跟看佛性是一樣的，只差有沒有一念相應而已。看話頭和看佛性幾乎是沒有差別的，那時候你就知道：怪不得蕭老師要我看話頭。你如果沒有好好去看話頭，參出佛性的意涵以後還是看不見佛性的，把無相念佛功夫做得再好也沒用，一定要有一段時間好好看話頭；然而看話頭（看住一句話的前頭——在那句話還沒有在覺知心中生起之時就先看住它）的功夫，是要依無相念佛的功夫來鍛鍊成功的，所以這也是我們教導大家修學無相念佛的目的所在。但是你們如果想要悟得圓通本心，單憑無相念佛及看話頭功夫是很不容易的，所以還得要依照我們所教導的方法去做，也就是藉耳根的「聞熏聞修」來「入流亡所」，再繼續藉耳根的「聞熏聞修」來求證如來藏，還是得要經歷聞、思、修的過程來修學。所以單單把無相念佛學會了，想要開悟也是難，還得要有轉進看話頭的階段，以及聞熏聞修如來藏妙義的熏習與修學過程。以上是講念佛觀，無相念佛的念佛觀，是比各大道場所教的看話尾功夫強太多了，但是只藉念佛觀的本身而想要悟得金剛三昧，也不是很容易，文殊菩薩就是這樣評論的。

……（講經前的當場答問，因與本經法義無關，故移轉到《正覺電子報》〈般若信箱〉以廣利學人，此處容略。）我們繼續講《楞嚴經》，上週講到一一〇頁念佛觀，就是念佛圓通法門，上週說到無相念佛也是不離行陰的。持名唸佛當然更不離行陰，因為還加上口行，所以很容易落入行陰中；從無相念佛的功夫來看，雖然已經離開口行了，但它仍然有心行，所以依舊是不離行陰。對一般人而言，連念佛圓通都弄不清楚了，怎能了知大勢至菩薩這個念佛圓通法門呢？無相念佛，很多人誤以為學會無相念佛時就是已經離開了行陰，但其實一念不生淨念相繼時，還是不離行陰，因為意識心在憶念佛菩薩的心行是不中斷的，憶佛的念才能持續存在，所以還是不離行陰。

但是若對外面各大山頭的大法師們而言，他們都會認為一念不生或者念佛淨念相繼時，那時的覺知心就是自性彌陀，所以念佛時念到淨念相繼或者一念不生，就叫作開悟。這在末法時代是很平常的，中台山、法鼓山都是一樣的，他們都這樣認定。事實上，單單是念佛圓通不離行陰的法門，就已經有很多人誤會而落入持名唸佛中了。末法時代的大法師、大居士們都同樣誤會，更何況一般的持名唸佛人呢！所以我們說，無相念佛時還是有所念的對象，仍然有能念之心。凡是有所念的對象（不管你憶念的是釋迦牟尼佛、阿彌陀佛、觀世音菩薩），都同樣是所念；同時還有一個能夠憶念、想念佛菩薩的覺知心，則是能念的意識心，所以具足能念與所念，當然念佛是現象界中的法性，不是實相法界中的法性，所以 文殊菩薩說念佛法門不離諸行，而「**諸行是無常**」。

「**念性無生滅；**」不是說當前能念的覺知心；如果依如來藏而言，憶佛的淨念相續不斷時，念佛的種子就會始終存在如來藏中，會使覺知心經由如來藏流注出來的淨念種子而持續念佛不斷，所以 文殊菩薩方便說「**念性無生滅**」。這是依止常住的金剛心如來藏所含藏的念佛種子來說的，如果是單以意識自身來講，意識是從如來藏中出生的；假使不依附於如來藏來講，意識以及意識相應的念性，仍然應該說是生滅性的。這上面有很多人弄不清楚，所以我們有時得要從總相、別相上面分別來說，學佛人才能弄清楚。這個念性，當我們把「念性」說爲意識心五別境心所法中的念心所時，說念性是無生滅的，也是正確的說法，因爲同樣是依止於常住的如來藏，也是從如來藏心中出生的。

所以說，一般有情眾生永遠都有能念之心，除非墮落到極低下、極昧略的有情境界中，譬如病毒或細菌等，念性是極差極差的。所以念性是生生世世都有的，就好像佛性一樣世世都具足，因此也是無生滅的。佛性從如來藏心中顯現出來，其實就是如來藏的見分，一直都與六塵同時同處而外於六塵在運作，就是如來藏的妙眞如性。佛性是生生世世都有的，所以不生滅；凡是有佛性存在與運作之處，六識心一旦從如來藏心中生起時，念心所就會恆時存在。但是離了如來藏就沒有佛性可言，離了如來藏就沒有六識心的念性可言，所以念性的生滅或不生滅，都看你從什麼立足點或觀點來說。

換句話說，只要悟得眞實法如來藏，你就可以七通八達。如果悟得不眞實，就只能斷章取義來說：「你看《楞嚴經》講念性無生滅，所以我們這能念的心就是眞實心。」引申出來說時，當然能說、能聽、能念的覺知心就是眞如佛性了！中台山的惟覺法師幾年來不就是這樣斷章取義而說的嗎？如果這個能念、能聽、能說的覺知心是眞實心，那麼面對《楞嚴經》中的前後經文時，可就兜不攏而不免會產生矛盾了！於是就有人因此妄下評論說：「《楞嚴經》是僞經，因爲前後矛盾嘛！」其實經中並沒有矛盾，是他們自己讀不懂經文，以六識論來解說時當然心中會產生矛盾。

以能念之心性（也就是見聞覺知心）作爲證悟金剛三昧的因，這個因是生滅性的覺知心，然而所悟的金剛三昧則是以不生滅性的如來藏爲標的——果；顯然能念的因與所悟的果是不相應的，也是不對稱的；所以古來淨土的祖師所謂的開悟而證金剛三昧，除了永明延壽以外，大多是落入能念的覺知心中。眞悟的淨土宗祖師是不多的，原因就是因爲 文殊菩薩所評斷的「因果今殊感」，所以質問說：「云何獲圓通？」於是古來多數淨土宗祖師的所悟，就很難避免地落入「存心乃虛妄」之中。因爲同樣是存心於能念的覺知心，跟前面所講的凡夫所修「唯心識觀」同樣落入虛妄唯識論的意識境界中，正是一樣的道理。

假使念佛的因與果時間拉長到三大阿僧祇劫來看，能念的心是覺知心意識，所念的佛菩薩也是因中的所念；可是不論三賢位明心開悟的「果」地覺，或是最後身菩薩開悟而發起大圓鏡智的「果」地覺，全都是金剛三昧，所證一定是金剛心如來藏，才是正確的果地覺。然而能念的覺知心，不論是在三賢位中的因地，或是到了最後身菩薩妙覺位的因地而即將成佛了，終究仍屬意識，仍屬識蘊所攝的生滅心；以因地能念佛的覺知心而想要變成果地覺的佛地無垢識，或是「果」地覺的第七住位金剛心如來藏，都是「因」與「果」很懸殊而難以互相感應開悟的；所以 文殊菩薩說念佛圓通法門是「**因果殊感**」，所以單單是從無相念佛法門的修習，就想要獲得金剛三昧而成就圓通智慧，也是不太容易；但若是根性很好的人，就比較容易有機會成就金剛三昧而「**入三摩地**」。

我個人是從這裡作為實證金剛三昧的初入手方便，實際上到最後破參的時候，也還是在觀音法門的後面階段中破參的。所以說，學會無相念佛時想要開悟也是不很容易的；但是你若沒有無相念佛的功夫，心地粗糙得很嚴重，卻想要悟入金剛三昧，可就如同世俗法中講的「**門兒都沒有**」。從第一個圓通法門評論到這裡，文殊師利菩薩總共評論了二十四種圓通法門了；這二十四個圓通法門，文殊菩薩全都不認同，全面提出了質疑的理由以後，接下來祂就作了分判，作出最後結論：觀世音菩薩的耳根圓通法門才是最好的。所以，文殊菩薩接著說：

「**我今白世尊：佛出娑婆界，此方真教體，清淨在音聞；欲取三摩提，實以聞中入。離苦得解脫，良哉觀世音；於恒沙劫中，入微塵佛國；得大自在力，無畏施眾生。**」文殊菩薩質疑了前面二十四種圓通法門以後，就在大眾之前稟白 世尊說：佛陀出現於娑婆世界，對這個世界中的眞實聖教法體，最清淨而勝妙的入手處，應該是經由聲音聞法而建立正知正見，才有能力求悟如來藏而「**入三摩地**」。若是修學佛法而想要取證佛菩提智慧，並且想要進入佛菩提智的決定不變境界中，其實是應該要從聞熏正法的音聲之中入手，藉耳根聞法而建立「**入流亡所**」的智慧，也藉耳根「**聞熏聞修**」而建立證悟如來藏的智慧與能力。若是要說到能夠使人遠離諸苦而證得解脫，最良善的法門其實正是 觀世音菩薩所說經由耳根來聞思修的法門；觀世音菩薩於恒河沙數劫之中，普遍涉入微塵數的無量諸佛國土之中；獲得大自在的威神力，普遍以無畏來布施給眾生們。

這十二句偈中是說，文殊師利菩薩在 世尊面前作出結論：釋迦佛出現在娑婆世界，而娑婆世界的眞實法教之體，如果想要清淨而且有所實證，一定要在聽聞眞善知識說法的音聲中不斷聞熏正理。如果不是在音聲的聽聞中來熏習正理，想要悟入三乘菩提，根本就沒有機會，所以 文殊菩薩說要從聽聞正法而入。當然這個前提是：所聽聞的法義必須是正法而不是表相正法，更不是像應成派中觀者所說的六識論邪見。

諸位來到同修會中，有的人並未接受別人引導，卻在參加禪三之前就已經能夠破參明心——找到如來藏。這些少數人為什麼能夠這樣呢？因為「**清淨在音聞**」：以前在別處所學的錯誤知見，在接受了正確知見時就同時把錯誤知見摒除了，來到同修會中經由兩年半聞熏之後，在接受了正確知見時就同時把錯誤知見摒除了，已經能判斷正確的知見是什麼。經由正確知見的熏習以及定力的鍛鍊，再生起疑情參究時，突然遇到某一個適當的因緣，自然就破參明心了。這意思就是說，這個娑婆世界中修學三乘菩提的清淨教體，還是要從音聲的聽聞熏習來進入；否則想要悟入金剛三昧中，是非常困難的。如果所聽聞的是錯誤知見或是不清淨的知見，那是沒有辦法悟入的。但是不管怎麼樣，都要從音聲的聽聞而入，所以說「**清淨在音聞**」。當你聽到正確知見以後，你的知見轉變清淨了，不再被邪教導所得的錯誤知見誤導，才有辦法悟入，因此說：「**此方眞教體，清淨在音聞。**」

如果想要獲得耳根圓通法門所證的「金剛三昧」，當然要先瞭解什麼是「**金剛三昧**」與「**入三摩地**」。金剛三昧我在前面講過了，至於「**三摩地**」，意思是「三昧的境界」，但這裡講的三昧並不是禪定的三昧，而是「金剛三昧」。禪定三昧不是中道法，更不是實相，而且有出有入；有出有入的定法就是落在兩邊的法，不是不二法。既然是落在有出有入兩邊，就是世間法、相待法、三界法，不是眞正的大龍之定，所以不是金剛三昧，因爲是會毀壞的。會壞的境界怎能喚作金剛三昧呢？只有證得如來藏之後，心得決定而不懷疑、不退轉，才能叫作金剛三昧的「入三摩地」。因爲自心如來、自性彌陀永遠住於法界大定中，永遠不出不入。無出無入的法當然就具有金剛性，無出無入的大定又怎麼會壞呢？所以叫作「金剛三昧」。這樣從聽聞熏習中，將生滅法「入流亡所」而悟入二乘菩提，可以遠離眾苦；再經由「聞熏聞修」而建立如來藏妙義的知見，證得如來藏而成就「金剛三昧、入三摩地」，更是離一切苦而證得解脫的初步實證。所以說，若是想要獲得金剛三昧，必須從聽聞正法中來建立實證的根基，然後才會有因緣進入三摩地，因此文殊菩薩說：「**實以聞中入。**」

「**離苦得解脫，良哉觀世音；於恒沙劫中，入微塵佛國；得大自在力，無畏施眾生。**」當然，「**離苦得解脫**」所說的解脫，其實都是方便說，是從世間法求證解脫的人來講解脫；實際上眞正證得解脫的人，沒有解脫可言。

因為解脫是你自己消滅掉，不受後有，諸苦就消滅掉。諸苦消失掉了，所以稱為解脫，可是解脫的是各人的自心如來而不是覺知心。所以對眾生來講，說有解脫可證；對於證得解脫的人來講，其實沒有解脫可證；沒有解脫可證，才是眞實解脫。所以：所謂解脫，即非解脫，是名解脫，這就是《金剛經》的公式。當你證得解脫時，發覺原來自己沒有解脫，而是把蘊處界自我滅盡，不再有後世的受生了，所以剩下自己的如來藏不生不死而說解脫生死了，是自己的自性彌陀本然解脫於生死之外。這就是援用《金剛經》的公式：「所謂解脫，即非解脫，是名解脫。」但是一般大師都講錯了：「你心中認為有解脫，那你就沒有解脫。」全都是在生滅法意識覺知心上用心，全都誤會了，這就是依文解義。因此說，離苦得解脫，是要從清淨的音聲聞熏之中而入修，所以觀世音法門是教大眾藉著耳根來聽聞正理，從觀察世間音聲中去證入解脫，就是最好的圓通法門，所以說「良哉觀世音」。

觀世音菩薩於恆沙劫期間，進入微塵數等無量無數佛國之中，以所證的十四種無畏與大自在威神之力，布施無畏給眾生，也以種種說法功德攝受眾生。觀世音菩薩的大自在力是從哪裡來的呢？是從祂沒有任何執著而來。如果有執著，就沒有無畏之力。譬如我們破邪顯正，幾乎得罪所有大道場的大法師與大居士（小道場的小法師、小居士們，我不想得罪他們，因為他們沒有大妄語，也沒有誤導眾生，而且我讚歎他們接引眾生有大功德。但是小法師們如果像大道場的大法師一樣誹謗正法，我就會面對他。我絕對不逃避救護眾生的責任，譬如密宗藏傳佛教勢力這麼大，而且信徒大多是衝動型的民間信仰層次，但是我照破不誤）。可是，我如果心中怕死，可就不敢做了。不論是誰，只要想到密宗三、四十年來在台灣建立起來的那種龐大勢力，信徒又大多是很迷信的，有誰敢寫書辨正密宗的錯誤法義？都不敢。因為恐怕萬一出門時，人家會來捅上幾刀，或者給他幾顆子彈吃，所以一般人沒有那個膽子。

必須不怕死，才敢做；完全都不怕，所謂「置生死於度外」，才能沒有執著而願意救護眾生。這就是說，隨時準備為正法喪身捨命。只要你不怕死，當然就敢做；怕死的人，或是顧慮名聞與利養，或是想要當老好人，可就不敢為了救護眾生而得罪大法師了。想到密宗的信徒很類似民間信仰者，他們不太理智，於是有的人就不敢挺身而出了。所以，無畏之力是出自無所執著，因為對身命與利養都沒有執著而無懼於失去，所以才能夠自在。假使諸方大師要來挑戰，心中也不懼怕。得大自在，是因為已經把我見、我執一分一分消除了；消除得越徹底，就越沒有畏懼，這就是無畏的根本。觀世音菩薩正是因爲完全沒有任何執著，因此祂所有的一切都可以布施給眾生；而祂也是正法明如來倒駕慈航，降格來當菩薩而普遍涉入十方一切世界中，哪裡還會有什麼執著呢？因此 觀世音菩薩可以布施無畏給一切眾生，這就是 文殊師利菩薩對祂的讚歎。

「**妙音觀世音，梵音海潮音，救世悉安寧，出世獲常住。**」文殊菩薩繼續評論說：「**常常在十方世界宣說勝妙正法音聲的觀世音菩薩，所說的清淨音猶如不會斷絕的海潮音一般持續不斷；救護世間人全部都遠離恐懼而獲得安寧，也教導出世間法而使眾生獲得常住不壞的金剛法性。**」

這是說，如果想要修證「金剛三昧」，除了聞熏以外還要付諸於實修；但是在付諸於實修之前與之時，都要假藉音聲作爲方便，先從聲音裡面去觀聽，制心一處而讓覺知心不攀緣，將心安住於所緣正法義理的境界。並且觀世音菩薩所說的一切法都是清淨音，也好像海潮一般永續而不斷絕。梵音是指清淨音，當然是說出世間法，是教人遠離我見、我執的二乘出世間法，或是教人實證法界實相的世出世間法。至於現代大法師們所說的法義，根本就不是梵音，因爲全都是在世間法上用心，不然就是在意識境界上自我陶醉而誤認爲出世間法，當然不是梵音。

觀世音菩薩恆河沙劫中在十方世界說法的梵音，猶如海潮音一般不曾間斷，所以是「梵音海潮音」；不斷地救護世間有情遠離恐懼怖畏，不但使學佛人獲得安寧，也救護世間俗人獲得安寧；等到將來很久以後因緣成熟時，再引入佛門中修學常住的金剛法性，證悟法界實相。所以 文殊菩薩讚歎說「救世悉安寧，出世獲常住」。這在我們弘法的過程中也常常遇到，總是有人先因世間法而信受 觀世音菩薩；後來對菩薩有大信心了，因爲獲得菩薩的幫助而解決困難了，接著進一步想要瞭解佛法了，於是開始學佛；可是學了很久以後始終沒個入處，有一天又想起 觀世音菩薩來，就去請求菩薩指點學法的處所，然後才來到正覺同修會，這也是「救世悉安寧，出世獲常住」的現成例子。

所以有很多人因爲 觀世音菩薩而獲得法益或者獲得世間的利益，才能夠安住下來。也有人是因爲 觀世音菩薩冥冥中的安排，乃至直接的點化而獲得出世間法能夠安住下來。獲得出世間法，是因爲所證是常住之法，不是證得生滅法，在《楞伽經》中叫作「無間住」；也就是說，所悟得的眞實心是從來不曾剎那間斷過的，因此叫作「無間住」。諸佛菩薩無間而住，就叫作「常住」。有間斷的法就不可能「無間住」，譬如離念靈知或放下煩惱的覺知心，都是有間斷法，就不是「無間住」。而且，離念靈知是有時有念、有時無念，更不是無間住法：有念的時候，離念靈知就間斷了。離念靈知，縱使整整一天都可以不斷，請問要不要跟別人討論事情？一開始討論時就不是離念了，那麼離念靈知就變成有念靈知而間斷了！而且晚上睡著無夢時，離念靈知又中斷了，所以離念靈知心是「有間住」的暫住法，不是「無間住」的常住法。

「我今啟如來：如觀音所說，譬如人靜居，十方俱擊鼓，十處一時聞，此則圓真實。」文殊師利菩薩又說：「我文殊師利如今啓稟於釋迦如來：譬如觀世音所說的勝妙法音，猶如有人安住於寂靜的居所時，當十方不同處所有人同時擊鼓的時候，那十處擊鼓的聲音，他是一時之間都可以同時聽聞到的，這樣的耳根圓通聞法行門，才是圓滿眞實之法。」

文殊菩薩說，觀世音菩薩所說的耳根圓通法門才是最好的修行方法，因爲耳根的聞熏聞修是不受限制的，即使沒看見、沒接觸到說法的善知識，只要能夠聽到他說法的清淨音，就能夠如法修習而獲得實證。譬如有人離開種種喧鬧，安靜而住；這時如果有人在十方，也就是東、西、南、北、東南、東北、西南、西北、上方、下方等十處同時擊鼓，這個安住於寂靜境界中的人，是可以把十處所擊的鼓聲一時聽聞清楚的；所以觀世音菩薩耳根圓通法門「聞、思、修」過程中的「聞熏聞修」而「入流亡所」，以及隨後的「聞所聞盡、盡聞不住」乃至「生滅既滅」的過程與境界，才是圓滿而眞實的娑婆教法。

「**目非觀障外，口鼻亦復然；身以合方知，心念紛無緒，隔垣聽音響，遐邇俱可聞；五根所不齊，是則通真實。**」文殊菩薩接著又從六根來評論了！若是用眼根來觀察諸法，沒有辦法觀察到遮障物外面的色塵，所以從眼根入手修學「金剛三昧」的法門時，功德是不圓滿的，當然就很難從眼見之中悟得「金剛三昧」而「入三摩地」，所以「目非觀障外」，無法觀察到遮障物外面的色像。口鼻也是同樣的道理，因爲鼻根在鼻息上面觀行時，所面對的香塵是「闕於中交」的；依此類推，舌根的嚐味也一樣有「闕中交」的現象，也就是食物的味道是必須經由相觸而且相涉才能了知的，但是食物總是會下肚，也常常變換而不是恆常不變的，所以同樣都是有缺陷的。至於身根則是要在身根與觸塵相合時才能夠了知觸覺，身根與觸塵相離時就不能知了，所以藉身根來「聞熏聞修」也是不可能「入流亡所」的，何況證三摩地。

至於意根這個心，總是妄念紛亂而無頭緒；而一般人的意識也是一樣的情況，總是妄想不斷而無法找到妄想的起源。意識固然能夠制心一處，但意根卻永遠無法制心一處，所以在修定過程中，意識下定決心：「我今天靜坐時決定不要打妄想，我要一心不亂。」不管你靜坐時把下巴壓得多低，或是將下巴抬得多高，想盡辦法都無法達成一心不亂的定境；意根總是隨時突然引出一個念頭給你，你覺知心如果一時不察，就跟著那個念頭東西南北轉去了！等到想起自己正在打坐修定而拉回來用功時，可能已經過了十幾分鐘、二十幾分鐘了，這是外面道場修學者的正常狀況。我們會裡的同修們，是因為鍛鍊無相念佛的動中功夫而可以淨念相繼，容易控制意根與意識心；但外面那些人是修學數息或持名唸佛的法門，等他們發覺自己正在昏沈或是打妄想時，大約是十幾分鐘以後的事了！這就說明意根與意識都是「心念紛無緒」，確實是紛雜而且沒有頭緒可尋。

至於耳根圓通法門，即使隔著牆壁，壁外的聲音響動也可以聽得到；所以牆壁外有人在講話，或者兩隻貓吵架，或者有人在牆壁外工作時，你都可以聽得到，不會被障礙而聽不到，所以「遐邇俱可聞」，遠近都聽得到；除了耳根有這樣圓滿而不欠缺的功德以外，其餘五根是不能跟它齊頭平等的，所以「五根所不齊」。以耳根圓通法門，從音聲聞法而入，既可以將虛妄法

「入流亡所」，也可以將眞實法親自取證，這個功德是其餘五根所無法齊等的，只有耳根圓通法門的實修者才能達成，所以說：「**是則通眞實**。」而且耳根圓通法門的修行者，經由音聲的清淨聞熏，可以聽受一切無量清淨法，這是其餘五根所難到達的地方，因此說「**五根所不齊**」，是則通眞實。

「**音聲性動靜，聞中為有無；無聲號無聞，非實聞無性。聲無既無滅，聲有亦非生；生滅二圓離，是則常真實。**」已經眼見佛性的人可以從這幾句話中體會看看，或者你的見性是解悟的，那也無妨，你也體會看看：音聲這個體性，雖然是有動相也有靜相，而聞性是沒有來去的。當你正在聽聞之中，雖然音聲、聲塵有動靜來去之相，但是一般在沒有聲音的時候，就說是「聽不見」或「沒有聽見」；但這不表示聞性已經消失了，聞性還是繼續存在著。當聲音來了，阿難說「聽到了」；聲音去了，阿難說「沒聽到」。「沒聽到」時是聞性不在了嗎？當然不是！如果聲音消失時就是聞性不在了，那又如何知道現在沒有聽到聲音？這表示聞性還在嘛！才會知道現在聽不到聲音了。都因爲聞性還在，才會知道聲音離開了；是聽不到原來的聲音了，所以「**無聲號無聞，非實聞無性**」，並不是聲音離開時，聞性跟著消失了。

而且，當聲塵消失時，譬如所聽到的引磬聲或者狗叫聲消失以後，既然聞性並沒有消失掉，所以聲音重新再來的時候，才會知道又聽到聲音了。如果聲音消失時聞性跟著消失了，那麼重新再敲了一下引磬時，應該是聽不見的，因為聞性已經跟著聲塵消失了，怎能重新聽見呢？因此說聞性：「**聲無既無滅，聲有亦非生**」，這其實是講佛性。不但在聲塵的聞性中如此，在其餘五塵中的佛性也是如此；只是這裡的人重視耳根，也與耳根比較相應，所以從聞性與聲塵來說。而凡夫們也可以在覺知心與能聞上面來理解，應該是眠熟而使覺知心中斷時，佛性仍然存在著；否則覺知心不在的時候，縱使有人很大聲來叫喚時，你也是聽不見而不可能醒過來的，又怎能使覺知心重新再出現呢？不過，對於還沒有眼見佛性的人來講，這個體驗以及現觀都是不可能的；只能從法義上作表層的理解，因為連明心而未眼見佛性的人也都還是如此的，何況是尚未斷我見也未明心的人呢！

因此，從佛性來講，「**生滅二圓離，是則常眞實**」；生與滅這兩個法其實本來都是圓滿的，都是不在生滅相中，因爲全都攝屬如來藏的妙眞如性中。所以當聲塵來了、聲塵滅了，其實你的聞性都是圓滿存在的；這樣的聞性是可以單獨離開聲塵而存在的，這當然是講佛性，不是講耳識的能聞之性。若是眼見佛性了，才會知道這個道理；若是還沒有眼見佛性，還是不會眞懂的。

關於生與滅，你如果明心了，雖然還沒有眼見佛性，你就從眞如心來觀察：依自心眞如才能有始終常住的聞性，而這個聞性生生世世都不會壞滅。從見性者而言，雖然表面看來聞性有時中斷，其實只是覺知心的中斷而導致；但是佛性所攝的聞性並未中斷，即使眠熟或悶絕了，佛性所攝的聞性仍然繼續存在而分明顯示著，除非是死亡而導致如來藏與佛性離開了。

明心者與一般人可以從另一方面來理解：由於自心眞如的大種性自性，以及一切種子的流注，再加上必定會重新受生而將擁有的五色根具足，來世又會使你繼續擁有聞性。這是從淺的層次來講，但是還有未入地菩薩隨順佛性，以及諸地菩薩隨順佛性、諸佛隨順佛性，層次各不相同。這樣看來，凡夫們世世生滅中斷的聞性，雖然也是生滅法，若是歸攝於如來藏的妙眞如性時，其實還是圓滿存在的。未來實證以後，也不會因爲有生有滅就消滅了；將來世世受生於人間，廣行菩薩道時，乃至耳識生滅法對聲塵的聞性也是沒有消滅的時候，是世世都會存在而歸你使用，可以藉耳根用這個聞性來聞熏聞修而明心，進而眼見佛性而看見一切眠熟與悶絕時，佛性中的聞性都仍然是存在不滅的；就這樣次第進修而成就佛道。這樣看來，你是可以遠離聞性的生滅而不墮於其中，因此也可以從這裡主張耳根聞聲的法門是常住而眞實之法。但若是不從佛性來講，單單說妄知妄覺的耳識聽聞之性，那就是生滅法，就不是常而眞實了。

「**縱令在夢想，不為不思無；覺觀出思惟，身心不能及。今此娑婆國，聲論得宣明；眾生迷本聞，循聲故流轉。**」文殊菩薩繼續說明佛性（妙眞如性）的聞性，有什麼不可思議的功德：縱使處於夢境中正在顚倒夢想時，或者是無夢之時既不造作各種事務也不思惟任何事情時，佛性的「心聞」功能卻還是一樣存在的；這是在隨順夢境的狀態之中，佛性對諸法的覺觀卻還是繼續不斷在運作著。夢想中的所緣境界雖然只是內相分，但你卻同時可以有外相分存在與之相應，因爲你的意根還在緣著佛性與外相分，而如來藏的妙眞如性（佛性）仍然繼續接觸外相分；所以作夢時正好有人在舂米，由於意識尚在迷夢中的緣故，就把舂米聲當作是鼓聲，所以「心聞」的功能還是存在著，文殊菩薩因此才說「不爲不思無」。這一種聞性的覺觀屬於如來藏的妙眞如性（佛性），是「心聞」而不是耳聞，不屬於耳識與意識的所聞。這不是眼耳鼻舌身意等六根六識的見聞覺知，這種「心聞」的覺觀功德是出於覺知心的思惟之外的，一切人都無法思惟它。

等你見性的時候你就知道其中的一小部分了，但也只能知道其中的一小部分；更深入的內涵仍然不知，得要入地才會知道更多，得要成佛時才能具足了知。而我也不要解釋更多，如果現在跟你解釋清楚了，你這一世就失去了眼見佛性的機會；所以這個部分更深妙的內容，我就不作解釋。這種心間的自性是五蘊身心所不能及的，所以如果你一旦眞的眼見佛性時，即使小孩子在旁邊吵吵鬧鬧，是你平常都會覺得很厭煩的聲音，這時閉著眼睛去聽那些吵鬧聲，都會覺得太妙了！人家罵你的聲音，你也不會聽聲音中的意思，而是從罵你的聲音中去聽佛性，你也會覺得妙呆了！所以眼見佛性的境界是無法想像的，連明心證得如來藏的人都無法想像，何況既未明心也未斷我見的凡夫，要怎麼想像呢？但是還沒有見性的人也就別想像了，因爲那永遠是唐捐其功的，不如繼續用功，等你將來見性了，自然會知道我沒有絲毫誑語，而你也可以自己親歷其境來享受法樂。可是將來見性時如果解悟，那可就一樣聽不懂我這些話的意思了。一定是親眼明見佛性遍在山河大地上，才有辦法體會我所講的這個境界。

「**覺觀出思惟，身心不能及。**」這是說，佛性遍在六塵、六根、六識見聞覺知當中，也能與有緣眾生互相感應；佛性是與見聞覺知同時同處的，但祂不是六識的見聞覺知，而是直屬於如來藏的見分，不是六識的見分。這是眾生身心所不能及、所不能思議的，只有等你眼見佛性之後，才能夠進入那個境界去了知祂，以及現前體驗祂；因此說這種覺觀超出於思惟，身心所不能及。證得如來藏時只是證得如來藏心的所在，現觀如來藏有能生萬法的功德，而如來藏自身卻繼續維持原有的眞如法性，於三界六塵諸法都不動其心；然而如來藏的妙眞如性（佛性）究竟顯現在何處？明心者還是無法理解的，也是無法看得見的。想要在山河大地上眼見自己的佛性，不可能在思惟上面去獲得；因為見性之法不能從聽聞及理解上去獲得，而是必須定力、慧力以及福德莊嚴都具足了，才有辦法眼見，連明心的菩薩們都無法想像，當然更不是凡夫眾生身心之所能及。

佛性的意涵，我可以簡單一句話就告訴你，但是你聽了也沒有用，一樣是看不見；我講了反而是害了你，當你先知道佛性的名義以後，這一輩子就再也看不見了。必須是在見性所須的三個條件都具足時，才知道佛性的名義，那時才能一念相應而親眼看見自己的佛性遍在山河大地上面，而事實上自己的佛性卻根本不在山河大地上面；這是唯證乃知的事，也是唯有親證的人才能講得出來的。但我可以這樣講：佛性不是眼識能見之性、不是耳識能聞之性，乃至不是身識能覺、意識能知之性。佛性不是六識的自性，而是如來藏的妙眞如性，也就是耳根圓通修到最後階段時才能完成的「心聞」之性，卻是在十住滿心位就可以眼見的。但這時覺知心仍然無法運作祂，乃至進修到等覺位、妙覺位時的覺知心也仍然無法運作祂，必須在最後身妙覺菩薩位中，明心後再眼見佛性時，才能一念相應而由覺知心開始運作祂，這時就是成所作智現前的時候。從此以後，一一心、一一心所法，都可以自行運作而直接與眾生心相應，這當然不是耳識與意識的境界，完全是「心聞」的境界；但這時的佛地覺知心卻完全了知佛性的運作，也能運作佛性的功能，這是所有等覺、妙覺菩薩都作不到的功德。然而諸位也許很想知道佛性究竟是什麼吧？但我只能說，想要眼見佛性的人，必須在佛性的總相上面眼見。我也只能說到這裡，不應該說得更明白了，不然就會害諸位失去此世眼見佛性的因緣了。

文殊師利菩薩接著說明：現在我們娑婆世界這個國土中，對於法界實相如來藏心以及祂的妙眞如性的弘揚與實證，是由音聲的論議中才可以宣示明白的；可是眾生迷惑於如來藏妙眞如性的本聞功德，也就是不懂如來藏的「心聞」功德，所以每天執著六塵諸法而流轉於六塵中，於是每一世都必須重新受生而不斷絕生死。也就是說，我們娑婆世界的眾生是應該要藉著音聲法門的觀聽，藉聲音來瞭解大乘佛菩提的眞實義理，然後如理作意思惟以及修習，具足**聞**、**思**、**修**的過程而實證金剛心如來藏，獲得金剛三昧而入三摩地；然後才能一步又一步進修到　觀世音菩薩完全具足「心聞」的「觀世音」境界，而這個過程卻是無數恆河沙劫才能完成的。話說回來，若不經由正確法義音聲的**聞熏**、**思惟**、**修習**，大善知識也無法使你了知佛菩提中既深且廣的內涵。大善知識一定要藉**正法音聲**來說明，而學人必須要藉由這些音聲的**聽聞**與**熏習**，然後私下加以如理作意**思惟**整理，這樣才有辦法付諸**實修**而得以親證，終於明白法界中的眞實相。

「眾生迷本聞，循聲故流轉。」可是眾生一向都迷於本聞，總是落入六識自性中，誤以爲這就是常住不壞的佛性。常常有人主張要「返聞聞自性」，但「返聞聞自性」所說的自性或聞性，卻不是聽聲音時的耳識聞性，可別誤會了！這個自性其實就是本覺的聞性，也就是「心聞」的自性。但這只是本覺的聞性嗎？不只！本覺之中還有與見性及嗅嚐觸性相應的了知性等，全都屬於本覺的部分而不屬於六識的知覺性。這個本覺的「心聞」自性，眾生一向迷失而有種種疑惑；有的人是因爲自己在修學出世間法上面產生的誤會，有的人則是由於修學出世間法而被錯悟大師誤導而產生的，那叫作邪教導。

因此眾生自己若沒有正確知見，就難免循著假名善知識的誤導，進而產生不如理作意思惟，然後就循著聲塵而流轉於六塵中，當然得要流轉生死去了，因此才說：「**此方眞教體，清淨在音聞。**」

所以耳根圓通法門的「**入流亡所**」，並不是在聲塵上面細聽而流掉聲塵，而是要聽聞清淨說法的音聲來熏習正知見，然後流掉生滅法。如果所聽聞的是不清淨的音聲，譬如教你把握自己或認定生滅性的覺知心爲常住的自我，那你就一定會跟著假名善知識迷於「**本聞**」，然後就循著聲塵而落入覺知心中，無法將生滅法識陰「**入流**」，當然更無法「**亡所**」—不能忘記聲塵—就只好每天處於六塵生滅法中繼續流轉生死去了。

「**阿難縱強記，不免落邪思，豈非隨所淪？旋流獲無妄。阿難汝諦聽，我承佛威力，宣說金剛王，如幻不思議，佛母真三昧：**」文殊菩薩又繼續評論說，阿難縱使能夠多聞而強記，在還沒有親證佛菩提的前提下，對佛菩提仍然不免會落入邪思惟中。這是因爲阿難的記憶力非常好，他曾經是七佛的侍者，而且這一世一一聽聞 佛所說法，也都能記住，並且能如實背誦出來。古印度的比丘們很厲害，他們常常一誦就是三萬誦、四萬誦，就好像你們在背誦大悲咒、楞嚴咒一樣。阿難就是有這個能力，可是 文殊師利菩薩卻數落他。雖然阿難當時也算是聖者比丘，因爲他至少已經證得聲聞初果了，可是 文殊師利菩薩照樣數落他，說阿難縱使能夠多聞而且強記，卻不免落入對佛菩提的邪思惟中。爲什麼他是落入邪思之中？譬如摩登伽先梵天咒就能把他拘束住了，這不是落入邪思中了嗎？戒體幾乎都毀了，所以 文殊菩薩才會數落他。像這樣強記博聞以後，對佛菩提的眞正法理都還會落到邪思之中，豈不是要隨著錯誤知覺而淪墮了呢？

如果能夠迴旋到如來藏妙法之中，流亡了一切生滅法；這時已經把所有生滅法—譬如十八界與六識自性—全都「入流亡所」了，不要再把生滅性的五陰十八界緊緊地認定爲眞實常住的自己，將一切都旋歸於如來藏的妙眞如性中，才可以獲得沒有虛妄的正法修證。這樣說明完了，文殊菩薩又交代說：「阿難啊！你應該詳細聽清楚，我文殊承領世尊的威德力，在這裡代替佛陀來爲你宣說常住不壞的金剛王殊勝妙理，這是猶如幻化而不可思議的，也是出生諸佛的眞正三昧。」文殊菩薩確實是秉承著世尊的威力，爲大眾說明金剛王如幻而不可思議的「佛母眞三昧」。「金剛王」意思是說，如來藏這個法是從來不間斷，無人能毀壞的；是無始劫以來就不斷不壞不滅不生的，所以叫作金剛王。沒有任何人能出生祂，更沒有任何人能破壞祂，即使合十方諸佛之力也不能毀壞一個卑賤有情的如來藏心，所以這個心叫作金剛王；而證得這個如來藏心的菩薩，就是證得「金剛三昧」者，證得金剛三昧而不退轉的人，就是「入三摩地」的菩薩。

爲什麼又說是「如幻」呢？因爲如果證得如來藏心的時候，就會發現祂從你出生以來不曾間斷過；從自心如來藏來現前比對觀察自己的五陰十八界，包括自己從來不間斷的意根，也發覺全都是虛妄的，那不就是如夢如幻一樣都是假有的嗎？所以叫作「如幻」。「不思議」，是因爲如果沒有證得祂，怎麼想像思惟都是想不通的；一定要親自接觸到祂、證實到祂，觸證了祂以後，發覺祂眞的那麼實在；可是在沒有觸證到之前，怎麼想像都想像不通，所以「不思議」。當你證得金剛心如來藏以後，就知道原來般若諸經所說的實相智慧，都是根據這個金剛心如來藏的本來自性清淨涅槃而不落世間法的絕待境界來說的，就知道所有實相般若智慧的實證，全都源自於實證如來藏金剛心而有的現觀智慧；而十方三世一切諸佛的成佛過程，都是要從實證如來藏金剛心作爲起始的，所以只有實相般若才能叫作佛母。

西藏密宗常常在講的佛母（明妃、空行母），根本不是佛母，而是提供給喇嘛們洩慾的工具，只是喇嘛們呼之即來、揮之即去的性伴侶，只要看見有更美、更乖順的女人，隨時都可以換新。「佛母」是指諸佛出生的根本，是說諸佛都憑藉此法才能出生的，那就是實相般若，也就是親證萬法的根源，親見法界的實相，才能稱爲佛母。而且，佛母既是法界的實相智慧，而實相唯一並且絕待，絕無二法；密宗的佛母卻可以呼之即來、揮之即去而隨時換新，豈是絕待之法？而佛母是常住不壞的金剛性，密宗的佛母卻是生滅不住的五陰女人，並且是完全不懂法界實相的凡夫女人，這也眞是瞎扯到太過荒唐了。

在密宗裡，如果有男性行者要求女性行者，或是女性行者要求男性行者，只要雙方都受過密灌了，對方就得要配合實修雙身法；依照宗喀巴的說法，如果拒絕了，就是違背密宗的三昧耶戒。西藏密宗自己施設戒法，全然不依佛戒，而且是公然推翻佛戒。然後就把女行者可以提供性器官讓喇嘛實修樂空雙運，證得樂空不二的境界，說這種與實相般若完全無關的淫慾境界是般若智慧、成佛的智慧，所以就妄稱密宗願意提供性器官的女行者是佛母。這根本不是佛母，正是欲界輪迴之母！

眞正的佛母，講的是實相般若；只有親證實相而發起法界實相智慧了，才會懂得爲什麼般若才是佛母。因爲你證得自心如來之後，發起了實相的智慧，自然會知道諸佛都是從實相般若中出生的，所以實相般若才是眞正的佛母。可是，密宗所講的般若，全都是六識論的戲論，與實相全然無關；密宗是把所有的佛法名相，全都拿來作另外一種解釋，都往雙身法上面去作解釋，當然我們要把密宗那種佛母叫作非佛母、假三昧。只有 文殊師利菩薩所說的這個如來藏金剛心，證悟之後發起了實相般若智慧，這種實相智慧才是「佛母眞三昧」。

「**汝聞微塵佛，一切祕密門；欲漏不先除，畜聞成過誤。將聞持佛佛，何不自聞聞？聞非自然生，因聲有名字。**」以下就是 文殊菩薩所說的「**佛母眞三昧**」：你阿難聽聞了十方微塵數諸佛所說，一切不共聲聞的祕密法門而想要開始實修時，欲界有漏心如果不能先修除掉，廣泛儲畜所聽聞的種種妙法時，將會成爲多聞而無法實修的過失，不免要耽誤自己的佛菩提道業。意思是說，即使聽聞了微塵數佛所說的無數佛法—聽聞一切佛法中的祕密法門言語—也都能夠強記不忘，可是「**欲漏**」也就是欲界愛等有漏心，如果沒有先修除掉，終究無法離開欲界，結果是多聞之後反而成爲「**畜聞**」者；這只是不斷累積聽聞來的法義而無法如實理解，遇到惡緣時不免落入邪思，產生了與摩登伽共行不淨行的意願，所聽聞的無數佛菩提法義反而成爲知識而不是實證的法義，就成爲有過失的錯誤法義。

「**將聞持佛佛，何不自聞聞？**」這裡「自聞聞」的第一個聞字是動詞。將能聞的功德拿來執持無量諸佛所說的音聲文字，對自己的道業增長是沒有幫助的；所以 文殊菩薩反問阿難說：爲什麼不用來返觀自己如來藏的眞實自性呢？爲什麼不用能聞（能觀察之性）來觀察或尋覓自己的如來藏佛母，而總是用在憶持諸佛所說的文字語言呢？

「**聞非自然生，因聲有名字。**」即使是耳識的能聞之性，也都不是自然性所生的，更不是五根等因緣法所能出生的，而是由如來藏先出生五色根及六塵以後，再藉五根與六塵爲緣來出生的，所以非自然、非因緣。很多人讀《楞嚴經》時常常斷章取義說：「**能聞之性非自然、非因緣，所以能聞之性就是常住的眞實心。**」他們都不知道自己已經落入耳識自性中了。像這樣解釋以後，就落入常見外道或自性見外道法中。佛在此經中所說耳識的能聞之性「**非自然、非因緣**」，是說耳識的能聞之性由如來藏所生，是如來藏的種種功能體性之一，無法歸置於自然或所藉的各種因緣法中，所以不是說耳識的能聞之性可以獨自存在而本來不生，當然不是眞實性，所以他們都是斷章取義了！文殊菩薩在這裡又點了出來：「**聞非自然生**」，說耳識的聞性並不是自然而有的。既不是自然有的，怎麼會是眞實心呢？當然都是從如來藏中生出來的。但是這個「**聞性**」，不論是高層次的如來藏直屬的妙眞如性，或是耳識所擁有的聽聞音聲之性，當你說出祂的名字時，那也只是「**因聲有名字**」，所說的「**聞性**」並非眞正的聞性；而是應該把六識的自性迴旋到如來藏的妙眞如性中，這才是耳根圓通法門在「**入流亡所**」以後，應該實修的方法。到這裡，阿難菩薩悟了沒？這時還沒有悟，不過他也即將悟入了。

「**旋聞與聲脫，能脫欲誰名？一根既返源，六根成解脫。見聞如幻翳，三界若空花，聞復翳根除，塵銷覺圓淨。**」文殊菩薩說：應該要把平常在六塵中的聞性旋轉過來，不要老是往外面去聽聞，這叫作旋聞；也就是要先「**入流亡所**」的意思，不要再錯認六識自性是眞實的自己；要先否認六識以及六種識的自性，然後「**旋聞**」而回歸於如來藏妙眞如性中；這是要使覺知心的聞性脫離聲塵，回歸於如來藏的妙眞如性。一般人如何使聞性脫離聲塵？當然是不可能的；特別是在欲界中，能夠離開聲塵的只有如來藏，而如來藏妙眞如性遍一切法中存在，覺知心的能聞之性卻無法直接與妙眞如性相應。如果能經由耳根圓通法門的實修，直到無數恆河沙劫之後，有朝一日忽然「**生滅既滅**」，就與如來藏的佛性直接相應了；這時成爲已經脫離聲塵的聞性，又該名之爲什麼呢？難道還能夠繼續說是耳識或覺知心所擁有的聞性嗎？眞的無法爲祂立名的，所以「能脫欲誰名？」這當然只能方便說是「心聞」的境界了。

當耳根的聞性已經返歸本源如來藏的妙眞如性中，六根中其餘五根的五識自性，自然就可以如法炮製而一一離塵返源，全都可以成就不可思議的佛地解脫境界。這就是說，如果「入流亡所」以後再將耳根的聞性迴旋而轉依如來藏的妙眞如性時，這時耳根的聞性已經能脫離聲塵而獨自存在，就是已經從耳根的音聲法門中返源了，已經回歸到諸法的本源中了，這就是「一根既返源」。如果能將耳根的聞性回歸到本源如來藏的妙眞如性中，不會落在意根自性中，也不會落在眼耳鼻舌身根等五根自性中，一旦確實回歸到如來藏妙眞如性本源時，自然會發覺六根全都是虛妄法，全屬生滅無住法；既然確認六根都是虛妄的，也不再執著六根自己了，於是「生滅既滅」，對六根自己全無絲毫執著，不就是六根全都解脫了嗎？所以「一根既返源，六根成解脫」。

覺知心的能見能聞都是猶如虛幻的眼翳一般，都是如來藏以祂的妙眞如性幻化出來的。譬如眼睛出現毛病而有了遮障，於是只能看見翳障的幻相，這就叫作眼翳；然而眼翳畢竟是虛幻的，患翳者所看見的種種青黃赤白也全都是虛假、幻化的。當你從法界實相來觀察時，能見之性、能聞之性全部猶如幻翳，所以應該尋覓眞實的「心聞」境界。如來藏有妙眞如性，是可以直接和眾生互相感應的；當你修到某一個層次以後，會發覺自己的如來藏可以跟眾生直接互相感應；如果眾生和你有緣，就會直接感應。十方諸佛對這一點具足了知，初地菩薩只有極少分了知，三地、四地就了知多一些，但是還沒有到佛地以前都無法具足了知，而如來藏這種能力就叫作「心聞」。如果能夠從「心聞」的層次來看，且不說心聞的層次，就從如來藏來看好了，能見之性、能聞之性都猶如幻翳；所以三界所有的五陰世間自然都像是從虛空中變化出來的，譬如因爲頭昏眼花而變化出來虛空中的假花一樣地虛假而不眞實。

當你悟後進修的見性與聞性等六識自性，全都確實轉變而迴旋過來，也就是從攀緣聲塵等六塵之中回復而旋轉過來，復歸於如來藏的妙眞如性本源時，就是在實修上面不會再落入六塵中了，於是心聞之性的翳根也就被消除了。也就是六種自性全都不再循聲逐色了，回歸於如來藏妙眞如性—佛性—的唯一自性中了，這時是對六塵全都無所攀緣與執著的，這就是「塵銷」，就是將對六塵的攀緣執著完全消除了。這是實修而使覺知心六種自性遠離六塵，正是不共二乘的勝妙法，是三明六通乃至等覺菩薩所無法思議的境界。所以諸佛都不必像二乘聖者要先入三昧中才能示現五神通，諸佛都可以隨時隨地直接了知的，這才是觀世音菩薩的境界。這時才能說是對六塵的執著完全銷滅了，已經完全脫離六塵的範圍而可以直接與眾生心互相感應，完全屬於心聞的境界，當然這時的見聞覺知是已經圓滿而清淨的。

「**淨極光通達，寂照含虛空，卻來觀世間，猶如夢中事；摩登伽在夢，誰能留汝形？**」如果十住位的如幻觀、十行位的陽焰觀成就了，接下來你再進修，從初迴向位去救護一切眾生離開眾生相，接著是二迴向位、三迴向位一直修上去，到了十迴向位時，心地已經非常清淨，已經永伏性障如阿羅漢了，這是三界中最清淨的心地。這時自然成就了如夢觀，常常可以看見往世多劫前修道過程的種種事情；所以這時所見的今世種種事相，也都如同往世的種種生活及修道事相無二，全都是一場又一場人生大夢中的事情，於是就能放下一切而專心修道及住持佛法了！也就是菩薩的修道聖性已經發起——已經發起聖種性了——可以進入初地心了，這時的心境是與阿羅漢相同的，是三界中最清淨、最寂靜的，常常都住在寂滅的觀照境界當中，只是為了佛道及眾生而留惑潤生不入涅槃，這叫作「淨極光通達」。

「寂照含虛空，」爲什麼說是寂滅的觀照？因爲隨時隨地總是一念不生——心中都沒什麼煩惱。如果要說還有煩惱，就只是憐憫眾生與護持正法相應的煩惱；只有這兩件事情會引生你的煩惱，除此以外再也沒有別的煩惱了！所以事來則應，沒事時就一直都不會有妄念生起，只是寂靜地照明六塵境界。寂照時的心量是很廣大的，這時覺知心與意根的心量都是很廣大的，根本不會爲自己五蘊的利益設想，完全是爲了正法、爲了眾生。這樣的心量當然是含照虛空的，因爲虛空只不過是你心裡無量法中的一法而已。到了這個境界時，再回過頭來觀察世間所有的事情，全都猶如夢中之事一樣。到了這時節，回頭來看摩登伽淫女時，那位摩登伽女不就只是在夢中出現的女人嗎？摩登伽確實只是在阿難的人生大夢中出現的幻化女人。當阿難確認一切都是夢中事的時候，那位摩登伽女還能夠留得住阿難的身體在淫坊中嗎？還能幾乎毀掉阿難的戒體嗎？

如果你過去世曾經實證種智，如夢觀已經完成了，當你這一世重新見性的當下，如幻觀、陽焰觀、如夢觀就全部一起成就，這是一時間就成就了，因爲這時會自然引發往世的種子；當往世這三觀的種子開始流注出來以後，你就會開始在定中與夢中看到往世修學菩薩道的過程與種種事相。如果過去世不曾到達種智的境界，這一世就得要以七住位的如來藏心爲主體，來現觀五陰身心世界如幻；再進修到十住位時眼見佛性清晰分明時，從佛性的眞實性中眼見世界與身心如幻不實，具足成就十住滿心菩薩的如幻觀，再進修十行位。十行位的內涵，你們去讀《華嚴經》就行了！十行位滿心時獲得陽焰觀，然後再進修十迴向位，在十迴向位滿心時獲得如夢觀，就能漸漸了知往世的各種菩薩道事跡，當然就知道自己的來歷了，這時就準備進入初地心了。

這三賢位中的道業是應該怎麼修的，《華嚴經》中都有詳細說明，不論是四十華嚴、六十華嚴或八十華嚴中都有記載。在十迴向位滿心而發起如夢觀時，現觀自己全都是在一場又一場的人生大夢中修學佛法、修集福德、利益眾生，而這個如夢觀得要修到十迴向位滿心時才能具足。這時如果遇到俊男美女來勾引你，你當然會這樣想：「這是在人生大夢中的事情，何必當眞？」一句話就遠離了，誰還能留得住你一起行非梵行呢？這樣說起來似乎很快，四行的十信行、十住行、十行行、十迴向行，就這樣很快說完了，但實際上修起來是一大阿僧祇劫的過程。當你完成這四行時，不論什麼女人或男人，都無法再把你的身形強留在淫坊中了。

「如世巧幻師，幻作諸男女，雖見諸根動，要以一機抽；息機歸寂然，諸幻成無性。六根亦如是，元依一精明，分成六和合；一處成休復，六用皆不成。」這三行偈文，若是在禪宗裡，祖師就說這是第三句。我們且先來講禪宗的「第三句」，然後再來講「第二句」，最後再來說「第一句」。譬如世間具有工巧明的魔術師一樣，他們變化出男男女女，似乎是眞的一般；可是魔術師變化出來的這些男女，畢竟不是眞的男女；觀眾們看見這些男女在魔術師身邊一下子動手、一下子動腳，跳來跳去或者走來走去，又是點頭又做各種俏皮動作；可是這一些變化出來的男女，其實都要靠一個綁了許多根線的機關去抽動他們：「**要以一機抽**」，這就是禪宗裡講的第三句。如果魔術師把機關停息、止息了，這些魔術師所幻化出來的假人男女，可就全都歸於寂然，就如同死人一般都不能動了。也就是說，魔術師所變化出來的假人，當然你都知道全是虛幻的，不是眞實的人，哪裡會有眞實的體性呢？

同樣的道理，每一個人的色身也都是「**巧幻師**」變出來的；「**巧幻師**」就是你的如來藏心，而如來藏心在色身中不斷地運作著，才能使有情繼續生存於人間；所以當你找到如來藏時，就發覺色身眞的虛妄而不眞實，於是就放下對色身的執著，覺知心也就跟著停息下來而不攀緣了。六根的道理也是一樣，六根所有的運作元來都只是依於一個精明體，就是依著如來藏的妙眞如性—佛性—才能夠運作；六根元本是由如來藏的佛性中，分出六種功能而和合運作，有情才能夠擁有能見、能聞、能嗅、能嚐、能覺、能知的不同功能：「**分成六和合**」。

如果你在其中一處，不論是由耳根或其餘五根入手，只要藉其中一處找到了如來藏，也眼見如來藏的妙眞如性了，就能漸漸使六根所蘊含的攀緣性漸漸休止或停息—解開六根的結—漸漸復歸到本心如來藏的妙眞如性中。從此以後，開始安住在如來藏自體的妙眞如性佛性之中，時間久了而成爲慣性了；於是六識的能見之性、能聞之性乃至能知覺性，漸漸地「**六用皆不成**」，都不在六塵範圍中運作了；於是佛性被分割成六用的自性區隔已經不成立了，自然就會回歸妙眞如性—佛性—來直接運作；這時渾然天成而直接發揮了「**心聞**」的功能，於是就能六根互通而「**見聞通鄰、互用清淨**」，也就是成佛了。這樣講禪，可就是講第三句了。在禪宗裡，若是聽到這樣詳細說明才開悟的，禪師都會罵他：「**自救不了！**」那就要打三十棒了，因爲度了他以後是無法成爲人天師的。所以很多人進了禪師方丈室，都還沒開口，一棒就打下來了。我出世弘法十來年，也只打過一個人；雖然打過了，他還是退失了，依舊沒有用處。當時我逼他承擔下來，他後來還是不敢承擔，還是否定如來藏而改信月溪法師的離念靈知去了。

你們想要知道禪宗祖師的第二句嗎？其實第二句更難會。譬如你來問我：「如何是佛？」我說：「喫茶去！」若有人再問：「如何是法？」「洗缽去！」「如何是僧？」「幫我提一雙拖鞋來！」這些就是禪宗裡的第二句。

那麼如何是第一句？（平實導師坐著不動，良久，才又開示說：）這就是第一句。譬如外道來請問 釋迦佛，佛也是這樣（平實導師又一次坐著不動，良久），世尊都不動。可是，外道經過良久以後，終於懂了，趕緊起身在世尊面前禮拜，拜完了起來說：「世尊大慈大悲，開我迷雲。」然後又禮佛而去。阿難尊者在旁邊侍候著，卻是弄不懂，就向 佛陀請問：「奇怪！世尊也沒說法，為什麼這外道會這樣悟入呢？」世尊也不為他說破，只說：「就好像世間最好的馬一樣，看見皮鞭的影子一晃，牠就開步走了。」若是次等馬，要等皮鞭打下去，牠才走；如果是第三等馬，得要用馬刺刺牠，牠才會走。所以無門禪師針對這個公案評論說：「阿難當時宛不如外道。」那外道後來當然成為菩薩了。

在眞密（不是指藏傳佛教狂密）中曾說「阿字本不生」，你如果來問我說：

「如何是大乘第一義諦？」我就跟你答：「阿。」如果你自認爲是上上根器，我就給你第一句：「阿。」這當然是說「阿字本不生」，可是你若是認爲我在爲你解說「阿字本不生」，那你就落入第四句了！爲什麼阿字本來不生？這是個大密意。如果第三句聽了沒辦法悟，第二句更沒辦法，至於第一句可就更難了。可是等你找到如來藏以後，這第一句漸漸也就知道了：「怪不得學人進了禪師方丈室，還未開得口，禪師才一見面，劈頭就打。原來就是要弟子會取第一句。」可是禪師好當，菩薩難當。當禪師是很好過日子的，若是想要以禪師身分來荷擔如來家業，那就不易成功了。禪師眞的好當，日子過得最痛快，不論誰進來方丈室中，一棒先打下去就行了，那一天也就沒事可幹了。

禪師是怎麼好當的呢？他什麼事情都不必做。如果闔寺普請下田時，譬如「鋤禾日當午」，當禪師扛著鋤頭來到田裡時，或許年紀大了，或許想偷個閑，如果看到有個已悟的徒弟空著手，就問那個徒弟：「你爲什麼空著手？」徒弟回說：「有人先幫我拿去了，我去到田裡拿就有了。」那你當禪師時，就特地把鋤頭舉起來說：「這個，天下人都搶不走！」你那個證悟的徒弟一定會立即開口說：「偏偏我就搶得走！」於是他就從你手裡搶走鋤頭了。那你就可以回方丈室裡歇息了，因爲你今天應該做的法事已經爲大眾做完了。禪師最好當，菩薩難當呵！你如果要住持 世尊的正法，可不能只當禪師，而是要任勞加上任怨來當菩薩。若是只當禪師，沒有辦法住持 世尊的所有正法，因爲三年下來，門前草深一丈，了義正法不可能興盛，那你如何能普遍住持 世尊的正法呢？正因爲這樣，想要度一、二個人證悟，都很困難。譬如雲門度人時，總是用三字禪，日子過得很寫意：凡是弟子進來方丈室請法：「如何是佛？」他就只是靜靜地看著弟子，也不講話，這就是「顧」。看過五分鐘、十分鐘以後，看你還不會，他就偏著頭詳細端詳你，這就叫作「鑑」；如果他老人家「鑑」了一會兒，徒弟還不會，他就開口說：「咦！」這就是雲門禪師有名的三字禪：顧、鑑、咦。有時又說一字禪，凡有人來問，他只答：「普。」又有人上來問，他只答：「露。」這些正是第一句，卻要上上根器才能會。

那如何是第二句呢？香林澄遠跟著他師父雲門文偃，這雲門可有趣了，他整整十八年，每天都這樣接引香林澄遠：每天早上香林侍者一進方丈室伺候著，雲門就叫喚：「遠侍者！」香林侍者就答：「諾！」雲門就問：「是什麼？」這是他們師徒之間的每天例問，沒有一天間斷過。香林禪師就這樣整整服侍了雲門禪師十八年。有一天正當大聲應諾時，終於突然悟了！你們看，古人想要開悟是這麼難，擔任大善知識的侍者，跟在大善知識身邊十八年，每天就是爲他來這麼一著，再也沒有別的了。十八年後的某一天，香林澄遠悟了，雲門就說：「我從今天以後，不再喚你了。」但這已經是第二句了，所以香林澄遠住持佛法正教，遠不如雲門文偃。

如果要像這三行偈文這麼說，已經是第三句了；若是聽完這三行解釋以後才悟出來，不可能成爲度人師，得要再跟我學習一段時間以後，才能出世度人。可是我如今卻想問一下：我把這三行偈子講完了，有沒有誰因此破參了呢？我看，也只能叫喚「啊——難！」眞的是難啊！大乘菩提就是這麼深奧微妙，所以那些大阿羅漢們來到七住菩薩腳跟前，還是沒有說話的餘地；因爲七住菩薩才剛悟入的粗淺般若智慧，阿羅漢們也是弄不懂的。這是實相之法，不屬於現象界的蘊處界緣起性空之法；所以大乘菩薩所證的佛菩提，跟二乘菩提是完全不同的。也因爲此故，阿羅漢無法被稱爲佛，諸佛卻也能被同時稱爲阿羅漢；阿羅漢的解脫境界諸佛都有，可是諸佛的智慧境界（且不說諸佛的境界，單說三賢位中第七住菩薩的智慧境界），阿羅漢們可就不懂了！必須迴心進入大乘法中，修學佛菩提而證悟眞如心之後才能懂得。

成爲阿羅漢，只要一世；想要證悟佛菩提智而進入第七住位中，卻得要第一大阿僧祇劫的三十分之七；所以佛菩提妙法，想要證悟的人，都得要具有大因緣。可是有一句台灣諺語說：「近廟欺神。」住在寺廟旁邊，就看輕廟裡所住的神，心想：「我每天都看見，有什麼稀奇！」人的習性往往崇古賤今、貴遠賤近。古時某一位祖師，許多人崇拜得不得了，可是當那位祖師轉世來到今天，當著學人的面爲他說法時，那學人卻說：「你算老幾？」以前我講的話，被人家寫成語錄，現在還有人供著在拜；而我以前寫的書，現在都還有密宗學人在禮拜；二十幾年前也有人拿我古時的著作去研究，還寫了論文，拿到碩士學位。但是我當面爲他們說法，他們卻不信，眞的是崇古賤今。而且是只相信死書而不信活祖師，總是把古時你寫的東西當作至寶，每天又拜又讀，卻不信他所拜的古時祖師正在眼前，眞是崇古賤今。又譬如住得很遠的大師，那一定眞的是大師；若是住在我家隔壁，每天都看得見，那算老幾？末法時的禪宗學人就是這樣子。所以我說，大乘佛菩提的證悟，一定得要有大因緣；然而證悟之後，還得要再看福德有多少，能夠悟後進修到什麼地步？這都看個人的因緣，眞的無法勉強。

所以說，假使在第三句中能悟，也就夠美的了。想要在第一句之下悟入，那必須是上上根器；至於在第二句下就能悟入的，在現代是找不到的了！所以我們得要每年舉辦禪三精進共修，眞是不得不辛苦。如果大家都在第二句下就能悟入，二年半的禪淨班課程教完時也就都悟了！再不濟，我今天講了第三句，也該悟入了。可是眞的沒辦法，因爲大乘佛菩提甚深極甚深，眞是非同小可；所以阿羅漢們也悟不得，因此就不能稱爲佛；而諸佛都可以稱爲阿羅漢，因爲諸佛都具足解脫道、也具足佛菩提道。而且，阿羅漢的解脫道也還是不具足的，他們都只能出離分段生死苦，變易生死可都不能理解，何況能夠超越？都因爲佛菩提的內涵，他們都不知道，所以大阿羅漢才會對釋迦佛那麼恭敬。然而，大部分阿羅漢們，後來也是迴心大乘而成爲證悟的菩薩，這是許多大乘經典中明確記載的事實。

如果現在悟了以後只想當禪師，那是逃避責任。到了末法時代的今天，不應該只當禪師，應該當菩薩，實地荷擔如來家業。當禪師是很輕鬆的，也不必說很多法；當菩薩可就很辛苦，要當經師、律師、論師、禪師，全都得承當起來。但是如果這個時代沒有人願意當菩薩，大家都只想當禪師，佛法的弘傳就沒有光明的未來了。所以，在座的你們之中，有許多人已經破參，乃至也有眼見佛性的人；可是在座之中也有許多人是還沒有破參明心的，所以有一些知見我得要先跟你們說：如果你是聲聞人的心態，別怪我一直都不讓你參加禪三，因爲我要度的是菩薩種性的學人。

如果是初迴心大乘法中的聲聞，那是新學菩薩，就請他去跟隨四大法師學，不要來跟我學！因爲我要度的不是新學菩薩，我要的是很多劫以來就在修學菩薩法式的久學菩薩，我不想度新學菩薩。久學菩薩悟了以後，一定會發起大心護持正法，幫我挑起如來的家業。剛迴心大乘的聲聞性菩薩，他們一破參不久，就會走人去自修，都不肯因爲正法如今很艱難而願意主動承擔這個重擔。他們來正覺的目的，只是趕快得了法就走人，要趕快去開山當一方大師，或者存著盜法心態而來，不願意爲正法的弘傳來使力。所以經過禪三審核的篩選是正確的，看看哪些人是菩薩；不是選聰明的人去，而是選菩薩種性的人去。縱使笨笨的，也可以想辦法幫他們悟出來。

可能有些人聽了我這樣說，心中覺得我很討厭；有的人卻是聽了好歡喜：「雖然我笨笨的，但我好像有希望。」說老實話，世尊也是因爲我笨笨的，所以才加持我。我是從小被我哥哥敲腦袋（平實導師做出一種特殊的拳頭模樣及動作），是這樣被敲大的；常常是一被敲就頭上長出一個包，我們那時鄉下叫「五斤給」（閩南語）。我小時常被一位哥哥這麼敲：「你怎麼這樣笨哪！

家裡的好東西自己不會用，都拿出去給人家！」就這樣被敲腦袋呀！世尊或許是看我直心：「這個傻弟子心地這麼直，倒是可用的人。」我是這樣悟出來的。否則，想要開悟，門兒都沒有！這就是菩薩種性。所以咱們這個大乘佛菩提法，得要是菩薩種性，我才會幫忙修證這個如來藏法；如果從二乘法中才剛迴轉過來大乘法中，菩薩性還沒有具足發起，我可不能給你這個法；因爲給了你也沒有用，你也無法進修上去。這個法非同小可，一悟之後，佛菩提道也通，二乘菩提解脫道也通，所以眞的非同小可。爲什麼說祂非同小可呢？文殊菩薩又說了：

「塵垢應念銷，成圓明淨妙；餘塵尚諸學，明極即如來。大眾及阿難：旋汝倒聞機，反聞聞自性，性成無上道，圓通實如是。」這意思是說，當你把如幻觀、陽焰觀、如夢觀成就的時候，塵垢就應念銷除了。而 文殊菩薩所說的卻是佛地的境界，因爲祂說的是「成圓明淨妙」。如果是初悟的人，也可以從理上說他「塵垢應念銷」，但無法「成圓明淨妙」：從佛菩提道的見地來說，而不是從思惑等等來說。也就是說，破參明心—觸證到自心眞如—而承擔起來了，那時一定會發覺六塵的染著全都是虛妄的；因此，以前將六塵執著爲眞實法的看法，就在那一念之間銷亡掉了，這是理上的「塵垢應念銷」。這時再觀察自心如來時，會發覺祂是那樣的圓滿，也那樣分明地示現在自己眼前，又是那樣清淨、微妙。

還沒有破參的人總是說：「**我找來找去都找不到祂，眞的很困難！祂那麼微細，我怎麼找得到？**」可是等你找到的時候卻說：「**祂那麼明顯，怎麼會說祂是微細心？**」曹山本寂卻以一條牛來譬喻：「**頭角混泥塵**」，因爲牛都喜歡在泥巴裡打滾，連頭上的角都沾了不少泥巴。曹山接著說：「**分明露此身**」，雖然那條牛渾身弄得髒兮兮的，卻很分明地把自己的法身如來顯現出來了。曹山禪師最後說：「**綠楊芳草岸，何處不稱尊？**」即使牠「**頭角混泥塵**」而在綠楊樹下休息時，或者是在翠綠芳草的水岸旁邊吃草；不論牠去到什麼處所，不都是唯我獨尊的嗎？事實上，乃至墮落到地獄中去，祂也還是唯我獨尊的；因爲沒有人能超越祂，也沒有人能毀壞祂，更沒有人能殺祂、罵祂、打祂，眞正是「**何處不稱尊！**」

「**成圓明淨妙；**」正因爲祂是圓滿具足一切法的，所以說祂「圓」；也因爲祂很分明地存在著，所以叫作「明」；而祂無始以來就是清淨的，所以說是「淨」；卻又能出生染污的七識心與三界一切境界，所以又是「妙」；具足了這些自性，所以說祂「**成圓明淨妙**」。祂從無量劫以來根本不貪不厭，而有情的覺知心總是常常有貪有厭。人類的覺知心總是會分別善法、惡法；祂從來都不分別，所以不會有貪厭取捨，當然是清淨心。又因爲祂從來不生不滅，沒有一法能毀壞祂，所以也叫作妙。祂又有種種自性，隨時現前運作；隨著你所證悟的觀行越來越深細，而了知越來越多，就會知道祂的種子無量無邊，這時你一定會這樣說：「**自心如來還眞的是很微妙**。」所以「**成圓明淨妙**」。而 文殊菩薩說的「**塵垢應念銷，成圓明淨妙**」，則是指最後身菩薩明心後再眼見佛性時，破盡「**識陰區宇**」的習氣種子，六根作用分開而和合在一起運作的情形就被打破了，正是「**塵垢應念銷**」；這時成所作智現前了，妙眞如性—佛性—不再被分割於六根中區隔開來，而是圓滿光明清淨微妙地全體起用，可以直接了知六塵及萬法了。這就是破盡「**識陰區宇**」的「**識陰盡**」境界，這時就是佛地經歷完最後身菩薩的「**銷磨六門、合開成就，見聞通鄰、互用清淨**」的六根互通佛地境界。

「**餘塵尚諸學，明極即如來。**」悟後所應修斷的思惑，以及煩惱障習氣種子的隨眠，和無始無明上煩惱等過恆河沙數隨眠，都函蓋在「**餘塵**」之中。「**尚**」就是還需要。「**諸學**」是還在有學位中，當然這是指佛菩提道的有學位，不是指聲聞解脫道的有學位。「**餘塵**」是還要等待你繼續修學而斷除全部思惑及「識陰區宇」所攝的無記性的異熟習氣種子；當然就是修證佛菩提道的修道位中所應證的一切種子妙法。這表示還有餘塵的妙覺、等覺以下菩薩都是尚未成佛的佛菩提道中的有學聖人，還沒有破盡「識陰區宇」，就叫作「餘塵尚諸學」。在佛菩提道中的無學聖者，只有究竟佛果，其餘都是尚有餘塵，都還在有學位中，這當然不是指解脫道中的有學位。這樣悟後繼續不斷地進修，修學到最後完全明白了，沒有任何上煩惱存在，一切無始無明的隨眠都斷盡，一念無明的煩惱習氣種子隨眠也全部斷盡，到達「識陰盡」的境界，這就是「明極」。光明性已經到達極點了，沒有辦法再往上進修了，佛菩提道中已經究竟圓滿而無可再學了，這時就是如來。還沒有「明極」的人都還不能「見聞通鄰」，就只能稱為菩薩，還不能進入妙覺菩薩位中，當然不可能是究竟位的如來。

「**旋汝倒聞機，反聞聞自性，**」文殊師利菩薩接著吩咐大眾以及阿難說，你們應該旋轉覺知心回來，也就是把覺知心向外追逐的自性顛倒過來，成為反聞自己佛性的機緣；要端詳一下自己的眞實自性到底是什麼？是六識的生滅法自性呢？或者是如來藏常住不壞、猶如金剛的妙眞如性呢？

「**性成無上道，圓通實如是。**」如果能夠成功地找到自己眞實常住的佛性，當這個佛性圓滿成就了佛地功德時，這就是無上道。在因地來說，能夠明心才是無上道，不明心者都不是無上道。即使能夠出離三界生死，仍然是有上道；因爲還不能明白實相，終究不瞭解第一義諦的眞實法義，在菩薩面前依舊沒有說話的餘地，所以不是無上道。就算今天已經成爲三明六通大阿羅漢，如果還沒有明心，來到大乘別教七住位菩薩面前，還是沒有說話的餘地；因爲七住菩薩所說的般若，他一定聽不懂，無法了知菩薩在講什麼。雖然菩薩還只在總相智上面來說，阿羅漢們還是聽不懂的，所以仍然是有上道而不是無上道。只要你能夠「入流亡所」進一步經由聞思修而反聞出自己的佛性來，或者只要能夠證知如來藏的眞實自體性，就是「性成無上道」。這樣的實修法門才是佛菩提道中的眞正圓通法門；所以如果要講圓通法門時，其實圓通法門就是這個如來藏妙眞如性的法性。

「**此是微塵佛，一路涅槃門；過去諸如來，斯門已成就；現在諸菩薩，今各入圓明；未來修學人，當依如是法；我亦從中證，非唯觀世音。**」文殊菩薩說，這個圓通法門，其實是微塵數一般無法計算的諸佛所說的同一條道路——同一條實證究竟涅槃的門路。二乘所證的涅槃不是究竟涅槃，因爲是有間住而不是無間住。二乘涅槃爲什麼是有間之法呢？因爲是從有間斷的陰界入或蘊處界去觀察的，只是觀察蘊處界五蘊、六入、十二處、十八界虛妄，是從虛妄生滅的現象界蘊處界等法來證得二乘菩提。而有情的陰界入全都是虛妄法，也都是有間有斷之法；既是有間斷的法，怎麼可以說它是眞實而常住不變的涅槃呢？所以他們所證的涅槃都不是究竟涅槃，只有菩薩依著金剛三昧去修證，所證的是從來都不曾有過一剎那間斷的自心如來，這自心如來是無間之法，正是無餘涅槃中的實際理地；必須是從來都不間斷的法，才是究竟的涅槃法。

所以七住菩薩初證本來自性清淨涅槃—明心時就證得本來自性清淨涅槃—這時七住菩薩聽到 佛陀說：「一切眾生從本以來常住涅槃。」當然會這樣想：「果然如是。」他一點兒都不懷疑，因爲他聽聞這句聖教之時就可以現觀而證明確實是這樣。可是，二乘聲聞聖者聽了以後就只能搔搔後腦勺：「這是什麼意思呀？」他們都不懂啊！「明明世尊您教我的解脫道，我也依照世尊您所教的斷了見惑、思惑，才能證得涅槃的，爲什麼您卻說一切眾生還沒證得解脫果時，就已經常住涅槃中，這是什麼道理？」不懂實相的聲聞法中的凡夫們，就會毀謗說：「釋迦佛前後說法不同。」阿羅漢們心中縱使有疑，也是不會毀謗的。其實 佛所說的法並沒有前後不同，只是從不同的層次來說而已，道理還是一樣的，這就是諸佛菩薩的為人悉檀。

七住菩薩還沒有辦法入無餘涅槃，就能懂得入了無餘涅槃中是什麼；但是阿羅漢們能入無餘涅槃中，他們卻不知道無餘涅槃裡面是什麼。所以我說「俱解脫的阿羅漢來到七住菩薩跟前，也是沒有說話的餘地」，原因就在這裡。會外的學佛人不懂這個道理，看我書裡面這樣說：「俱解脫阿羅漢來到我眼前也沒有說話的餘地。」他們就罵起來：「這蕭平實好傲慢！」但我講的是實話，如果所說的只是實話，沒有絲毫誑語，就絕對不是傲慢，而是實語者。而你們明心的人都知道我說的是實話，這不是因為慢心而說，是從實際親證的現觀中來解說的。

所以說：這才是十方諸佛的一路涅槃門，十方諸佛都是從這一路而入。所證的涅槃全都是這一路的如來藏涅槃，不是二乘的涅槃。二乘涅槃是方便說，是從這「一路涅槃門」中施設方便而取出來講的。「過去諸如來」，也都是在這一門之中已經成就的聖者；而現在楞嚴法會中的菩薩們，如今也都在這個妙法中，各各進入如來藏妙眞如性的圓滿光明之中；而且未來世一切修學大乘佛法的人，也都應當依著這樣的法門來進修。換句話說，未來世一切修學佛菩提的人們，全都必須親證自心如來——都必須觸證自性彌陀；也都必須進而眼見佛性——必須實證如來藏的妙眞如性；因爲這是無量無數過去、現在諸佛同樣實修的「一路涅槃門」。過去諸佛都是這樣成就的，而現在楞嚴會上的菩薩們，如今也都是這樣各各進入如來藏圓滿光明的智慧境界中；所以未來一切學佛者也都應當要依這樣的法來修證。不但是如此，文殊師利也宣稱是從這樣的法門而證入的，並不是只有 觀世音菩薩一個人是這樣修證而入的。

「現在諸菩薩，今各入圓明；未來修學人，當依如是法；」所以，你們已經明心者若是遇見任何善知識說法時，都應當了知：不論是誰，如果所說證悟的佛法，不是依如來藏的證得而說爲證悟般若，那都是錯誤的。文殊菩薩也說，不論是現在的菩薩們，或是未來的修學人，都一定要實證如來藏，才是眞實的證悟。八萬四千法門的修證方法容許有所不同，但是八萬四千法門證悟了以後，都應該是同一個標的，叫作如來藏，或名如來、自心如來、自性彌陀、心、無垢識、所知依、異熟、菴摩羅、吹毛劍、本來面目、本地風光……，無量無數諸名其實都是在指稱祂。《阿含經》中甚至稱之爲「**識**」、稱之爲「**我**」，說這個本識才是眞我，所以說五陰「**非我、不異我、不相在**」。這時所講的**我**，就是常住不壞**我**，卻不是五陰我。

二乘法講的是**無我**法，但**無我**是從生滅性的五陰、十二處、十八界、六入而說的，所以說諸法無我；因爲五陰、十二處、十八界、六入全都虛妄無常，其中沒有任何一法是常住不壞的眞我，所以叫作無我。反過來說，眞實的常，是常住、涅槃、實際而無法壞滅的本際，就是眞**我**；可是這個眞**我**，並不是五陰、十二處、十八界、六入中的我，卻與五陰同時同處並存著，而不等於五陰；所以阿含中說五陰「**非我、不異我、不相在**」的**我**，當然是指稱有一個**眞我**永恆常住不滅，所以四阿含諸經所說解脫道，是**我**與**無我**並存而具足圓滿的，不是只有**無我**法而缺漏了**眞我**法，在四阿含諸經中 佛陀正是這麼說的。

四阿含中所說的這個無我性的「**我**」，在大乘法中就稱之爲自心如來。文殊菩薩說：過去諸佛如是證，現在諸佛如是證，現在諸菩薩如是證，未來學佛人也應該如是證。而我們正覺同修會的同修們，如今也如是證，我平實當然也如是證。如果你們遇到善知識時，不管他們名氣多大，如果他們不能如是證，而是證得離念靈知，或者像元音老人講的：「**前念過去，後念未起，這中間當下了了分明的離念靈知就是眞如佛性。**」這其實還是意識心，這可就比修定所得的離念靈知更差，因爲他只有前念與後念中間的短暫一、二秒鐘離念，連基本定力都沒有。這樣觀察，就可以知道他們都不是眞實證悟。既然文殊菩薩說，未來的修學人也要依如是法，那就是說三世諸佛全都要依如是法：得要親證如來藏心體，以及親證祂的妙眞如性。未來佛就是諸位呀！我也在其中呀！咱們全都是未來佛，我們也應當如是證。而且文殊師利菩薩也如是證，並不是只有 觀世音菩薩如是證；是過去、現在、未來，所有人都應當如是證。只有這樣實證了以後，才是眞正的佛菩提。

「**誠如佛世尊，詢我諸方便，以救諸末劫，求出世間人；成就涅槃心，觀世音為最；自餘諸方便，皆是佛威神。**」文殊師利菩薩繼續說，誠如 佛世尊垂詢，要求 文殊菩薩以種種方便法來救護末劫時期的學法眾生，來救護末法時期想要尋求出世間法的人們。文殊菩薩認爲：種種法門固然都可以悟入佛菩提的圓通智慧中，可是其他法門在實證佛菩提的圓通智慧，而想要證得涅槃心如來藏的時候，是有許多岔路與困難的；所以若要說到實證涅槃心如來藏的法門，還是以 觀世音菩薩的耳根「**聞熏聞修**」法門爲最勝妙。因爲末法時期一定會有很多人誤會涅槃心，這是二千多年前 佛陀與文殊菩薩早就預料到的狀況，才會有經文中的這些對話。

涅槃心很難證得，古今都有不少人把涅槃當作是斷滅境界，最具體的代表就是西藏密宗黃教宗喀巴的應成派中觀說法，主張一切法空、或說一切法緣起性空。印順法師與達賴喇嘛就是繼承這樣的邪見，就主張一切法都是緣起性空，空了以後就是一切法空，這樣全部空掉了就是涅槃，結果涅槃卻變成斷滅。後來他們發覺這是有問題的說法，於是宗喀巴回頭建立意識爲常住不滅法，認爲意識不必依意根與法塵爲因緣，就能獨自存在，又建立意識覺知心是因果律的主體；印順則是建立意識細心說，主張意識粗心是生滅法，意識細心是常住法；達賴則是另外建立意識極細心常住說，主張意識極細心是因果的主體；於是這三人全都落入意識心中，從斷見法中轉身又成爲常見外道了！因爲意識心永遠都是意識心，不論粗細，全都是意識心，而世尊在阿含中早就說過了：「諸所有意識，彼一切皆意法因緣生。」不論意識心是多麼粗或多麼細，全都是假藉意根與法塵爲因緣，才能從本識中出生，當然是生滅法。

古今所有凡夫大師們，凡是否定第七、八識的人，都是不曉得五陰十八界從如來藏心中出生。也都不知道：五陰十八界滅了以後只剩下如來藏不生不滅、不來不去、不垢不淨，這樣就叫作無餘涅槃。他們對這個眞實正理都不瞭解，因此在楞嚴法會中，文殊菩薩當然要明著說涅槃心就是如來藏。現代有很多大法師想要把意識心透過修行，想要在死後以覺知心意識進入無餘涅槃中安住不滅；然而，如果意識心一念不生時，或者離念靈知意識心可以入住涅槃中，那麼涅槃可就變成不寂靜了，涅槃也會成爲三界生死法了；因爲這種外道涅槃中既是離念靈知心，正當離念靈知心存在時，必然會有六塵或法塵並存，當然就不是寂靜法，違背涅槃寂靜法印。這樣的意識涅槃外道境界，也成爲三界有爲法，因爲意識是三界我，也是有爲法；意識存在也必定是有心行的，於是就違背三法印中的諸法無我、諸行無常了。

涅槃中無三界我（當然也無意識我），離見聞覺知，離一切萬法，離六塵境，離所有思量性。人們晚上眠熟無夢時，都還有意根的思量性存在；必須連意根的思量也不見了，其實就是意根也消滅了，再也不會有覺知心重新生起了，這樣才能叫作無餘涅槃。但意識心從來都無法離開六塵（至少得要有四空定中的定境法塵），如果離開六塵，意識心就無法存在。如果六塵全都滅盡了，意識覺知心是不可能繼續存在的。換句話說，佛在四阿含諸經中開示的「**意法因緣生意識**」是至教量，也是不可推翻的法界正理；而意根就是我們的末那識，由意根和法塵相接觸，這時意根想要了知是什麼樣的法塵內容，所以祂才會導致如來藏中流注出意識種子，於是意識覺知心就出現了。

意識既然必須要依靠意根和法塵才能夠出現，可是法塵一定是三界中法，不離三界境界；而意識只能與三界中法相應，不可能與無餘涅槃中的無境界法相應，那麼意識如何能夠進入無餘涅槃中安住？根本就不能入無餘涅槃中，這顯示意識不是出世間法，當然不是涅槃心。

所以不論什麼人，現在因地時所證得的涅槃心，一定要與將來果地覺（不論是二乘法的果地無餘涅槃境界中，或者是大乘法果地的佛地境界無垢識）必須對稱而相應的，也必須符合涅槃寂靜的法印；這樣證得的涅槃心當然一定是離見聞覺知、離一切法的思量性，也一定是離一切覺觀的，才算是眞實證得涅槃心了！只有這樣的心才能夠跟無餘涅槃的境界相應，也才能與諸佛果地的無住處涅槃相應，這卻是只有第八識如來藏才能相符合的。如果不是這樣證，不論那位大師的名氣有多麼大，仍然是悟錯了，那就不是實證涅槃心。

成就涅槃心的法門當然非常多，所以有人說：「八萬四千法門，門門可入。」但是門門所入的一定是同一個涅槃心，不該是各人各證不同的涅槃心；因爲眞正的涅槃只有一種，無二亦無三。而且，實證涅槃心如來藏的法門雖然有許多種，文殊菩薩卻說 觀世音菩薩耳根圓通的「聞思修、聞熏聞修」法門是最好的，也是可以實證「金剛三昧」而「入三摩地」，是最適合娑婆世界的我們修學。觀世音法門其實就是我們正覺所教授的法門，在前面我們已經解釋過 觀世音菩薩的耳根圓通法門所說「入流亡所」的內容，和我們所教的內容完全相同；而我們插入無相念佛的功夫作為參禪的方便，加速參禪功夫的建立，其餘全都相同，這也不離耳根圓通的「聞熏聞修」等「聞、思、修」過程，而且所證的同樣是金剛心如來藏，正是涅槃心。我們把前面觀聽音聲那一段換了無相念佛，這也是因為末法時期是念佛比較容易；但是無相念佛功夫，也還是有很多人不會，才會需要我們一再開設新班一一傳授。

事實上，觀世音菩薩的耳根圓通法門，本質並不是在聽聞聲音而「入流亡所」，而是藉耳根聽聞法音，將生滅法蘊處界「入流亡所」——否定蘊處界常住等邪見。但是聽聞聲音也可以作為最初繫心初入手方便，如同聲聞法中五停心觀的數息觀一般，專門對治愛攀緣而使覺知心極散亂的人；等到心定下來了，就開始轉變而不在聲音上面，這時就該修學無相念佛法門了，藉無相念佛修成專注細心的功夫，轉到所聞的法義上面專心聽聞理解、思惟、實修。但也不是所有人都這樣散心攀緣，所以對利根人而言，觀世音耳根圓通法門也是可以在聞法以後將生滅法直接「入流亡所」的；再繼續藉同樣的耳根的「聞、思、修」而「聞熏聞修」，來求證如來藏涅槃心，也是最容易成就涅槃心的實證功德。所以，文殊菩薩認爲觀世音菩薩的耳根圓通是最好的法門，其餘如果還有別的方便法門，那也都是佛陀的威神力建立，都只是世尊爲上上根人或下下根人的爲人悉檀而方便建立的。

所以諸位去注意觀察看看，當你無相念佛會了以後轉爲看話頭功夫，而且在聞、思、修的二年半過程中，親教師們教給你們的正知見一旦確立以後，你就可以在突然間一念相應而悟得涅槃心如來藏了！然而話說回來：**眞的是你有那麼厲害而自己參得出來的嗎**？不見得！我從來都不曾想過自己很厲害，而且我是被人誤導了以後自己參出來的。但我不曾起過這樣的念頭，因爲我總是想：如果不是佛加持，哪有可能在被誤導的情況下還能自己建立正確功夫而且自己悟出來？所以，實際上還是歸結到佛菩薩的建立與加持，因爲隔陰之迷還是很厲害的。

「**即事捨塵勞，非是長修學；淺深同說法，頂禮如來藏，無漏不思議；願加被未來，於此門無惑，方便易成就；堪以教阿難，及末劫沈淪；但以此根修，圓通超餘者，眞實心如是。**」「即事捨塵勞」是說，單單是在蘊處界等世俗法的事相中修行，來斷除我見、我執、我所執；也就是斷除見惑與思惑之後，能夠捨離六塵中的種種勞苦而成爲阿羅漢或辟支佛。這種修行方法只是聲聞緣覺菩提的法門，是只需一世就可以修行完成的法門，並不是必須三大阿僧祇劫的長久修學才能成功的佛菩提圓通法門。

從佛菩提的理上來說，也可以說是一剎那間就「即事捨塵勞」；譬如諸位大前天就開始布置會場，眞的是塵勞。前天很多人參加三時繫念法會，而布置會場的義工菩薩們還是在法會中繼續爲大眾而犧牲自己，這當然都是塵勞。然而正在塵勞之中，卻又是「即事捨塵勞」：當你悟了以後，一定會如此現見：色身蠻累的，精神也有一點不濟，可是在這當中卻又是捨塵勞的，因爲自己的如來藏根本不會累。原來是很累的覺知心自我，跟不累的眞實自我如來藏在共同運作；祂從來不累，祂也不知道累；都是覺知心的自己在累，而如來藏從來不累；所以覺知心自己正在塵勞當中，如來藏卻是捨塵勞的。你證知這個道理，就是佛菩提中的「即事捨塵勞」。這種現觀的智慧，不必靠長時間的修學才一分一分捨塵勞，而是頓悟的當下就捨盡一切塵勞：「非是長修學。」

然而一世就可以成就的二乘菩提，沒有這種理上的現觀，也不能在事相上直接從理上捨離塵勞；對二乘聖人而言，沒有在事相上觀察眞實理的捨塵勞智慧。他們得要在蘊處界等事相上，憑著斷我見、斷我執、斷我所執而捨棄六塵中的各種勞累；但這種修行方法是與法界實相的眞理無關的，而且也是一世便能成就的解脫果，與三大阿僧祇劫才能成就的佛菩提果不同，所以文殊菩薩評論說：「非是長修學；」說他們的修行法門，不是長久修學才能完成的佛菩提道圓通法門。

若是從另一方面來解釋也行得通：譬如說，理上的「即事捨塵勞，非是長修學」，是在一剎那間一念相應時，就轉依如來藏心而當下捨了塵勞，不是像二乘阿羅漢一樣經過很長時間的修行以後才斷盡我所執與我執；當菩薩聞思修以後，才剛剛見道時就捨塵勞了；捨了塵勞時，蘊處界的塵勞還是存在，而眞實我如來藏並沒有塵勞可言。還沒有破參以前是怎麼想也想不通：「怎麼就在事情的塵勞中去捨塵勞？哪有這種可能？這不是廢話嗎？」有的人卻說：「這或許是翻譯的人譯錯了吧？」其實並沒有譯錯。眞的是在事相中觀察如來藏心並沒有塵勞，而且只是一念相應之後就觀察到如來藏全無塵勞，不是像二乘菩提法門要長久修學斷盡我執才漸次捨離塵勞，而是你一剎那間就捨了塵勞，所以說「即事捨塵勞」的事證，「非是長修學」而證的。

證悟以後就可以「淺深同說法」，悟後你想要說較淺的法也行，若是要爲根器較利的人解說深妙法也可以。譬如正覺總持咒的第一句「五陰十八界」，這是比較淺的法義，屬於二乘菩提法門；證悟如來藏以後你可以為人解說五陰與十八界的內容，屬於淺機學佛人應該知道的法義。若是遇到已經學完二乘菩提的人，已經迴心求證大乘妙法，就得要為他們解說更深的法義，所以接著說「涅槃、如來藏」；乃至後續所說「一切最勝故」的百法明門等，已經是深妙法。一旦證悟法界實相妙心如來藏以後，只要通達了，你就可以「淺深同說法」，這就是證悟如來藏的善知識所擁有的功德。不是像那些大法師們只能為人解說二乘菩提法，並且還把二乘菩提的法義講錯了，成為六識論的外道法見解。

因此　文殊菩薩說，應當要「頂禮如來藏」，因為祂這種無漏法兼具世間法與出世間法；具足世出世間法的緣故，讓凡夫眾生與二乘聖者都不能思議，使親證如來藏的菩薩們可以聚集三乘菩提的學人同在一起，把粗淺的二乘菩提與深妙的佛菩提，合在一起來宣講，能夠利益法會中的所有不同根機的人，所以　文殊菩薩說：「淺深同說法，頂禮如來藏，無漏不思議。」

沒有悟之前總是覺得如來藏很神妙，真的不可思議；每次聽善知識說得那麼神妙，可是祂到底妙在哪裡？自己又不曉得。等到後來破參明心時的一剎那間，心裡狂喊著：「是這樣！是這樣！很神妙！」過個兩三天以後，卻想：「大概就只是這樣。」又覺得祂沒什麼了！所以有時候祖師這樣講：「禪！正是金屎法。不會如金，會者如屎。」但是當他開始進修實相般若的別相智與諸地所修的一切種智以後，才知道祂的勝妙處太深又太廣而無法完全理解，自己的所知眞的太少了！越是進修才越會發覺祂眞的是勝妙，勝妙到無比。所以 文殊菩薩才會說：應當頂禮如來藏。因爲如來藏是法身佛，祂是無漏法，也是不可思議法。

文殊菩薩評論完了，就乘便向 世尊請求（當然不是爲祂自己請求，而是爲眾生請求）：希望 世尊加被於未來世的學佛人，使大眾能對 觀世音菩薩所弘揚的耳根圓通法門沒有疑惑，也加被未來的大眾得到很多方便善巧，容易證得涅槃心而成就佛菩提智。並且希望 佛世尊加持，希望 文殊菩薩所解說的 觀世音菩薩耳根圓通法門，可以用來教導阿難以及末劫時的沉淪眾生。要讓阿難以及末劫時期的學佛人，全都可以依止 觀世音菩薩的耳根圓通法門來修證佛菩提。也說 觀世音菩薩這個耳根圓通的「聞思修、聞熏聞修」法門，這個圓通法門是遠遠超越其他人所說的圓通法門；這個耳根圓通法門所證的眞實心，就是 觀世音菩薩所說「金剛三昧」中所證的如來藏心。

聽到這裡，阿難終於成爲實證的明心菩薩了，這時他已經知道如來藏心的所在了；這樣的破參明心，正是中國禪宗所說的「第三句」。阿難後來是在大迦葉菩薩的作略下，才悟得第二句的，正是無門慧開禪師的「無門關」中「倒卻剎竿」公案中，被無門禪師評論爲「兄呼弟應揚家醜」的禪宗公案。文殊菩薩爲阿難以及未來大眾，向　世尊作了這樣的請求。而　文殊菩薩的最後總結是說：「但以此根修」，只要用這個耳根圓通法門經由「聞思修」以及「聞熏聞修」，親證如來藏而發起「金剛三昧」，如此「入三摩地」的修證法門所證的圓通智慧，超過其餘圓通法門所修的智慧境界。並且最後指出：佛菩提道中所應證的眞實心，就是如上評論的這個如來藏心。

【於是阿難及諸大衆，身心了然，得大開示，觀佛菩提及大涅槃；猶如有人因事遠遊，未得歸還，明了其家所歸道路；普會大衆天龍八部，有學二乘及諸一切新發心菩薩，其數凡有十恒河沙，皆得本心，遠塵離垢，獲法眼淨。性比丘尼聞說偈已，成阿羅漢；無量衆生皆發無等等阿耨多羅三藐三菩提心。】

講記：文殊菩薩既一一評論各阿羅漢、菩薩們的各種法門，最後又詳細開示　觀世音菩薩所修的耳根圓通聞、思、修的法門了，於是阿難及諸大眾聽完之後，對於自己的身心內涵已經了然無疑，才知道是得到了偉大的開示，這時已經明心而能夠現前觀察佛菩提的寬廣大道以及大涅槃的境界了；就好像有人因爲有事情而到遠方遊歷時，還沒有時間可以立即歸還家鄉，卻已經明白了知回家中時所應還歸的道路了；這時所有參與楞嚴法會的大眾，以及護持楞嚴妙法的天龍八部，還在有學位中的二乘人、其他一切才剛發心修證佛菩提道的菩薩們，這些大眾的數目總共大約有十個恒河沙數之多；這些人都已經證得本心如來藏，所以遠離六塵境界而離開了垢染，獲得法眼淨的功德，也就是在大乘法中明心見道了。摩登伽被攝受在楞嚴法會中出家以後名爲性比丘尼，她聽聞 文殊菩薩所說的偈頌以後，則是成爲阿羅漢；另外還有無量眾生聽聞以後都已發起求證無上正等正覺的菩提心了。

直到這裡，阿難以及迴心大乘而參與楞嚴法會的阿羅漢等人，才開悟佛菩提而證得本心。他們可都是親自聽聞 佛陀說法，再聽聞 觀世音菩薩講完耳根圓通法門，最後再由 文殊菩薩秉承 世尊的意旨而點了出來，大眾終於悟入了。其實，禪宗所說的第一句，在《楞嚴經》一開頭時就講完了；佛陀看大眾都不會，於是講了第二句；文殊菩薩最後奉 佛陀之命而講了第三句，大眾終於悟入了。所以這時「阿難及諸大眾，身心了然」，對於自己的色身以及八識心王，已經很清楚知道內涵了，已經有智慧看清楚自己的如來藏心了。因此就能現前「觀佛菩提及大涅槃」。

佛菩提就是大菩提，佛菩提包含二乘菩提，所以又叫作大菩提。這時大眾能觀察佛菩提了，大涅槃也就知道了。因爲大涅槃跟二乘涅槃不一樣，二乘涅槃是有出有入的，若是不在涅槃中，就是未入涅槃，方便稱之爲出；捨報了以後入無餘涅槃時，就稱之爲入；相對於入涅槃，說他們還沒有捨報前，稱爲住在涅槃之外。既然是有出有入的法，當然二乘涅槃不是大涅槃，佛菩提道中所證的大涅槃卻是不出也不入的。你們已經明心的人，請你現前觀察一下：你的自心眞如、自心如來、自性彌陀，有沒有入涅槃呢？當然是沒有「入」，因爲祂本來就在涅槃中，還需要「入」什麼涅槃？那祂有沒有「出」涅槃呢？祂從來都住在涅槃中，何曾「出」涅槃？所以，金剛心如來藏沒有出入涅槃，卻是常在涅槃中；不論何時都沒有出與入，才是大涅槃。

這是理上的大涅槃，是本來自性清淨涅槃，你們已經證得了，但是事上的大涅槃呢？還要加上二乘無學聖者所證的有餘涅槃、無餘涅槃，以及未來佛地所證的無住處涅槃，才算具足證得大涅槃，並不是只有你們現在所證的本來自性清淨涅槃而已。所以，事上的大涅槃，是要函蓋四種理上的大涅槃，也就是必須明心，再次第修到佛地。這時在理上是說明心的大涅槃—現觀自心如來常住涅槃而無出無入—因爲這個無漏不思議的如來藏，祂常住涅槃，根本沒有出過涅槃之外。既然常住涅槃而沒有出過涅槃，怎麼可以說祂會入或已入涅槃？「入」是因爲曾在外面，後來進去時才叫作「入」；如來藏心本來就常住涅槃，還需要入什麼涅槃呢？所以祂當然沒有「入」可說。如來藏又常常時、恆恆時都在涅槃中，當然也沒有「出」涅槃可言；既沒有「出」也沒有「入」，如來藏自心當然就是大涅槃。

這是二乘無學聖者所聽不懂的，當決定性的聲聞阿羅漢們來到你們明心者眼前，你爲他們解說大涅槃，他們一定聽不懂，你問他們：「某某阿羅漢！你們是人天應供，請問你們的涅槃有沒有出、入？」他們一定說有出有入。因爲現在還不在涅槃中，那就是外或出，捨報以後要入無餘涅槃中，那就是入。你問他們：「有一種涅槃是不出不入的，稱爲大涅槃，你們懂嗎？」「有這種涅槃啊？」他們只好嘴巴張開不敢講話。你就告訴他們其中的道理，他們就想：「這位菩薩這麼厲害，法這麼勝妙，怎麼我都聽不懂！」事實也是這樣，所以才叫作大涅槃。

這個大涅槃的證得，猶如有人因爲有事情待辦，所以遠方遊歷，當他還沒有歸還到家中以前，已經知道自己應該怎麼回家的路。一般若是走到很遠又很多處以後迷路了，譬如凡夫眾生；忽然知道歸鄉之路該怎麼走，回鄉有路了，就稱之爲證得大涅槃，這譬如菩薩。雖然菩薩在第七住位中明心了，還沒有辦法入有餘涅槃、無餘涅槃，因爲從初地到七地滿心前，都不取證無餘涅槃的，都得留惑潤生的；然而應該如何進入無餘涅槃，可都是清楚得很。而三賢位菩薩是還沒有能力斷盡思惑而不證有餘、無餘涅槃的，但卻已經親見無餘涅槃中的本際了；阿羅漢們所入的無餘涅槃中究竟是什麼，阿羅漢們自己可都不清楚，你卻已經知道。你還沒進入無餘涅槃中就知道了，所以叫作不可思議。阿羅漢能入無餘涅槃中，可是他們還沒有進入，所以不知道；將來捨報後入無餘涅槃時，阿羅漢們的五蘊已經不在了，因此也沒有阿羅漢能夠知道涅槃裡面是什麼，所以阿羅漢就覺得菩薩智慧不可思量。眞的不可思量，所以你看這個人因事遠遊以後，他已經知道回家的路怎麼走。

「**普會大眾……皆得本心，遠塵離垢，獲法眼淨。**」既說是普會大眾，當然包括所有與會的人，以及護法的天龍八部，有學位的二乘人以及一切新發心的菩薩，總共有十個恆河沙數的菩薩們全都證得本心。因爲明心了，所以說「**皆得本心**」，就是證得如來藏了！離念靈知不是本心，因爲不是本來就有的心，而是入胎出生色陰以後才有的生滅心；遠離了生滅法時的見地就不落入塵勞中，稱爲「遠塵」；不再有我見以及錯認法界實相的邪見了，所以稱爲「離垢」。證得本心如來藏而遠塵離垢時，對正法已經有辨識的能力了，有清淨智慧可以分辨正法與相似正法的分際了，就是「獲法眼淨」。換句話說，與會大眾之中的大多數人都已經明心而獲得法眼淨了！

我這一世破參明心後不久，有一天在跟某人談一些法義時（且不說是誰），我就告訴他：「**我這個見解才是正確的，你從某人那裡聽來的說法是不對的。因爲我很清楚知道，我這個叫作法眼淨。**」那位師兄聽了就不敢再講話強辯了。爲什麼叫法眼淨？因爲對於法界的實相，有了眞正的眼睛可以鑑別對錯，這就是法眼清淨。在大乘法中獲得法眼清淨的人一定也是斷疑見的：對諸方大師完全沒有任何疑惑。對所有大師們，誰沒有斷我見，誰沒有明心，誰沒有見性，只要聽他們講上一段話就知道了！雖然大師們會繼續遮掩隱藏，但你還是會知道的，這叫作法眼淨，因爲已經遠塵離垢的緣故。

遠塵，就是遠離六塵，所悟不落於六塵之中。如果所悟的心是會到達六塵境界中、會跟六塵相應，就沒有遠塵。離垢，既然六塵都遠離了，當然所悟的心一定是離六塵的心，那就是如來藏心，還有什麼污垢可說？覺知心不論是有念或無念，都不是眞正的離垢；只有到達佛地時，才能完全離垢；未到佛地以前的覺知心都是或多或少有一些不淨，沒辦法完全離垢的。所以等覺以下菩薩，所謂離垢的心，就是如來藏；因爲如來藏從來不到六塵法中來，從來不與六塵法相應。所以當你證得遠離六塵境界而離開六塵污垢的如來藏心，就是遠塵離垢了。再從所證的如來藏心現前觀察而出生的實相智慧，你就有了法眼，也就是具足了擇法眼。有了擇法眼就能辨別所有的善知識們，了知他們所說的法是正確或是錯誤，這就是獲得法眼淨。

性比丘尼就是淫女摩登伽，被攝受到楞嚴法會中出家了，名爲性比丘尼；她的身世坎坷，因爲聞法以後產生了厭世的心態，所以想要離開生死痛苦；因此聽完了 文殊菩薩的偈以後，成爲阿羅漢，才能頓斷見、思二惑。她本來是很貪著阿難的，現在卻已經成爲阿羅漢。但這位阿羅漢還是有頭髮的，因爲她剛剛被 文殊菩薩攝來楞嚴法會上出家，還來不及剃髮。如今既然已經成爲阿羅漢，不論剃不剃髮都是阿羅漢，是眞正的出家人，就稱爲性比丘尼。至於十恆河沙數之外的無量無數眾生，他們還沒有辦法開悟而沒有**「皆得本心」**，就只能發起無上正等正覺之心，也就是發起菩薩心，進入佛菩提道的修行法門中，不再走入聲聞法中了。

【阿難整衣服，望大衆中合掌頂禮；心跡圓明，悲欣交集，欲益未來諸衆生故，稽首白佛：「大悲世尊！我今已悟成佛法門，是中修行得無疑惑；常聞如來說如是言：自未得度先度人者，菩薩發心；自覺已圓能覺他者，如來應世。我雖未度，願度末劫一切眾生。世尊！此諸眾生去佛漸遠，邪師說法如恒河沙，欲攝其心入三摩地，云何令其安立道場，遠諸魔事？於菩提心得無退屈？」爾時，世尊於大衆中稱讚阿難：「善哉！善哉！如汝所問安立道場，救護眾生末劫沈溺；汝今諦聽，當為汝說。」阿難大衆，唯然奉教。】

講記：阿難隨即整理衣服，向著大眾之中合掌頂禮，感謝大眾共同成就這場楞嚴法會；這時由於如來藏的心行已經圓滿而明了地顯現在阿難眼前了，所以阿難心中悲切與歡欣的情緒互相交集，由於想要利益未來學佛眾生的緣故，於是向 佛稽首禮敬之後，又向 佛陀稟白說：「大悲心的世尊！我如今已經悟得成佛的圓通法門了，在成佛之道中的修行入手方法與內容已經沒有疑惑了；但我常聽聞如來開示這樣的話：自己還沒有度到佛地彼岸卻先來度眾生的人，是菩薩發起眞菩提心；自己覺悟已經圓滿而能覺悟眾生的人，是如來感應眾生而降生世間。我阿難雖然還沒有度到佛地彼岸，但我發願度化末劫中的一切眾生。世尊！這些末劫中的眾生們，距離世尊在世的時候是漸漸更遙遠的，到那時邪師說法的人數猶如恒河沙那麼多，到那時想要攝受末法眾生心共同進入金剛三昧境界中，應該如何教導他們安立道場，又該如何教導他們遠離種種魔事？才能夠於菩提心不會有所退屈？」這時，世尊於大眾中稱讚阿難說：「善哉！善哉！猶如你所問的安立道場，以及救護眾生於末劫沈溺之時；你如今詳細聽著，我將會為你說明。」阿難大眾，唯然奉教。

「阿難整衣服，望大眾中合掌頂禮；心跡圓明，悲欣交集，欲益未來諸眾生故，稽首白佛：」佛菩提道中有理悟與事修兩個部分，前面是理悟，是證得如來藏心而了知諸法實相了，這是屬於智慧；接著要開始進入事修的過程了，所以阿難向 佛陀請求開示。前面是理悟，因為悟得本心時只是一剎那間；可是想要讓你悟得本心，卻要花費很多時間，要用很多語言文字來說明，聞者才能一念相應而悟；末法時代的聞者還得要聞後思惟其中的義理，甚至還要實修很久以後，才能突然間一念相應而找到如來藏。明心而找到如來藏時，不可能是漸漸找到的；所以十牛圖是悟錯的人想像編排出來的妄想，是落入離念靈知心中的妄想，眞悟的人一定不認同十牛圖。當你看到一條牛時，不會是先只看到牠的尾巴，然後再看到屁股，再看到後腳，再看牠的肚子……，很久以後才看到整條牛。當你看到牛的當下就整條牛都看到了！證得如來藏時也是這樣，是一時全體現。所以十牛圖是錯悟祖師講的邪知見，而他們都是講漸悟。他們說：**禪宗的開悟有頓悟與漸悟二種，是一分一分修除妄念而累積出來的離念靈知，所以叫作漸悟。**至於頓悟，他們可都無法交代清楚。

譬如你找到一個物品時，不會先找到那個物品的一分，然後才找到兩分、三分乃至十分。比如你的車子鑰匙遺失了，你去尋找時，總不會說現在先找到一分了，等一下再找到第二分，再過十分鐘大概可以找到十分鑰匙；從來都沒有人是這樣找到遺失的物品，當你找到一個物品時都是在找到的那一剎那間就全部找到了！找到如來藏心的時候也是一樣，是一剎那間全部找到，不可能像十牛圖講的那樣經過好幾天或幾個月時間，一分又一分慢慢地找到。

但是你剛找到如來藏時，除非是久學菩薩未離胎昧而重新悟入，否則心中往往會有一點躊躇或猶豫：「**眞的是祂嗎？**」所以，有人在禪三時第二天就找到祂了，可是不敢承擔，一直熬到第四天才終於承擔下來。甚至有的人第四天還是不敢承擔，我只好把他的五陰十八界全都殺掉；我都不跟他講禪，專門跟他講聲聞道的五陰十八界，最後他的五陰十八界終於死掉，才肯承擔起來說：「果然祂是眞的！」我就說：「早知道你不敢承擔，都因爲我見還沒有死盡。」所以，我在後面幫他殺我見的內容，是不是禪悟呢？那根本不是禪宗的開悟，只是幫助他體驗和檢查五蘊十八界的虛妄而已，都沒有講到禪宗的法；可是當他證實自己十八界全都虛妄時，就只好把如來藏承擔起來了，於是實相般若智慧就開始出生了。但他第一天找到如來藏時，實際上只是一念之間，所以叫作一念相應慧。

然後我教他詳細體驗：「祂跟維摩詰菩薩講的一樣或不一樣？跟《心經》講的一樣或不一樣？跟《金剛經》講的一樣或不一樣？跟唯識經講的恆而不審一樣或不一樣？你去比對這些經典所說的，親自加以檢驗。」最後他自己證實：「體性都一樣，應該是！應該是！」可是也有人縱使認爲應該是了，卻還不敢承擔，還要舉手問糾察老師：「我這樣到底對不對？」如果糾察老師對他說：「我跟你安排小參。」他心中的石頭就放掉一半了，心想：「那大概對了！大概對了！」心中一陣狂喜。這是很多人體驗過的經歷。所以，眞正的開悟都只是一刹那間，稱爲一念相應慧，所以名爲**理悟**。**理悟**只有一刹那間，就好像見性也是一樣，前一秒你還看不見，後一秒突然間參出來，就整個蹦出來，全體看見了，這也是**理悟**。牢關也是**理悟**，也只是一剎那而已。所以，什麼時候可以開悟明心，這因緣很難講，所以禪宗祖師才說「**生緣處處**」。

理悟之後，並不代表已經成佛了，只是看見了成佛之道，而且還只是看見眼前的一小段路；得要到初地時，才能看清楚全部的成佛之道。所以**理悟**之後還得要經過很長久的**事修**過程，才能成佛，因爲理悟明心不過是第七住位而已。記得我此世剛破參不久，大約明心三、四年後吧？我就判教出來了：「**明心是七住位，見性是十住位**。」外面就有一些錯悟大法師、大居士抗議說：「**你蕭平實是明弘禪宗，眞貶禪宗，你是增上慢者**。」說我表面上是在弘揚禪宗，實際上是把禪宗開悟的果位壓低。但是今天諸位看我有沒有壓低了？根本沒有！我只是如實的判教。事實上，開悟明心就只是「**般若正觀現在前**」，經中判爲第七住位，成爲位不退菩薩；可是明心以後的通達位功德與智慧，那些反對我的人，他們自己有沒有呢？還沒有！就只說通達位前的三賢位功德吧，明心後繼續進修才能發起的性種性，他們自己發起了沒有？也沒有！道種性發起了沒有？更沒有！這樣怎麼可以高抬自己的明心是初地果位？何況他們都還沒有明心呢！又如佛地四智圓明，那些自稱成佛的密宗法王們，哪一個人有？他們每一個人的我見都還具足存在著，而且他們的我見也都很堅固而難以摧伏，根本只是一群凡夫。

所以一般人開悟明心時，只有一點點妙觀察智，也只有一點點平等性智，其他的智慧根本都還沒有，所以我們的判教是完全正確的。但他們連明心都沒有，都不瞭解，總是這樣批評我們：「開悟就是成佛了，北部某一個道場說他們有一百多個人明心開悟，那不是有一百多個人成佛了嗎？笑死人了！」結果是誰該被笑呢？反而是他們自己應該要被自己嘲笑。但我們不會口出惡言嘲笑他們，因為他們悟錯了，又將「一悟即至佛地」的理說當成究竟說，都是因為被誤導了，情有可原。所以**理悟**之後必須再經由**事修**，才能逐漸邁向佛地。如果悟後不再經由事修，一定無法成就究竟佛道。因此，阿難尊者就為末法大眾請問事修的內容。前面讓你明心了，明心以後事修要怎麼修？你們這麼多人破參了，都得弄清楚：以後事修要怎麼修。

阿難知道這個道理，所以站起來先把衣服整理整齊，表示自己是誠心誠意的，然後望大眾中合掌頂禮。為什麼他要對大眾頂禮？因為如果沒有這些大眾，他也聽不到這些妙法，佛也不會單獨為他一個人說這麼多深妙法；一定是本來就應該宣說這個勝妙法，只是因緣有沒有成熟罷了！如今阿難尊者被摩登伽女的先梵天咒攝住了，剛好因緣成熟了，所以就講了楞嚴法會中的勝妙法，阿難菩薩這時當然要感謝大眾。他想：因爲大眾先已聚集，剛好我阿難遇到婬女摩登伽的狀況，與楞嚴要義有關，所以世尊藉此因緣而宣說如來藏與佛性妙法。今天我可以聽到勝妙法而且獲得本心，應該感謝大眾。所以望大眾中合掌頂禮。但是要對別人合掌頂禮時，可得先整理衣服。所以我如果要上座說法時，一定要先把縵衣整理好，然後才對佛像問訊，才會上座。這是古時就學成習慣的事了，阿難尊者也是一樣。

阿難這時「心跡圓明」，對於如來藏眞實本心的所在，以及祂是如何以妙眞如性來運作的，都看清楚了，所以「心跡圓明」。這時阿難心中既悲傷又歡喜：悲傷的是無始劫以來被五陰所瞞，到今天才算知道眞實的正主兒是如來藏；被瞞了這麼久，終於確定自己全屬虛妄生滅法，心中當然有悲。阿難的聲聞初果身分也當那麼久了，一直都弄不清楚眞正自我如來藏，這時心中當然有悲呀！如今一剎那間悟了沒有我性的眞我如來藏，當然更是歡欣；所以這時是悲傷和歡欣互相交集起來，眞的很複雜。你們有很多人去禪三時才破參的，也都體驗過這種悲欣交集的情緒了。

「大悲世尊！我今已悟成佛法門，是中修行得無疑惑；常聞如來說如是言：自未得度先度人者，菩薩發心；自覺已圓能覺他者，如來應世。我雖未度，願度末劫一切眾生。」阿難轉身對 佛稽首（稽首就是我們現在的合掌低頭動作，只是用合掌彎腰的方式而不是打手印。佛世的問訊則是還要請問「身體輕利、少病少惱……」等事，不是一個手印動作就可以稱爲問訊），之後接著稟白；意思是說，世尊眞是大慈大悲，幫助阿難悟得成佛的法門了。如果還沒有明心，根本就談不上修學佛法，因爲根本都還沒有入門。想要眞正學佛，一定要先明心；這只是佛菩提的見道，才算是入門開始修學佛法了。如果還沒有明心就說是在學佛，那只是說著好玩的，還不是眞的在學佛；因爲都還在外門轉來轉去，永遠都是在外門中行菩薩六度萬行。所以悟前自稱學佛，只是說著安慰自己的，因爲都還在外門行菩薩行。眞正明心以後，就開始轉入內門來修菩薩行，這時才是眞正的學佛。

得要明心了以後，才能眞正聽懂 世尊所說的佛菩提妙法，才能眞的讀懂大乘經典，這時才是眞正開始理解成佛之道。因此，這時阿難尊者悟了就想起每一部經中的法義了！因爲他聽過四阿含、般若、方廣諸經，以前都是憑著多聞強記，現在悟了就想起來：佛在哪一部經說的原來是什麼，另一部經中說的原來又是什麼，現在終於知道成佛的過程是應該怎麼成就的，也知道原來開悟明心就是成佛之道正式開始了。所以阿難這時對成佛的法門，以及在成佛之道過程中應該如何修行，心中已經沒有疑惑了；這就是說，阿難悟後就直接到了通達位。猶如你們當初破參明心時，以前禪淨班上課兩年半中所學似懂非懂的法義，在破參時可就全部跑出來了：原來這是在講某一個法，那個則是另一個法。以前上課時聽得朦朦朧朧地，現在終於眞正了知了！原來老師那個時候在講什麼，你就曉得了。

阿難尊者這時也是一樣，所以對於成佛法門的過程與其中應該如何修行，他心中已經沒有疑惑了（當然，阿難會拖延到此時才證悟、才入地，還有往昔多劫以來同樣的所行，都是因爲在無數劫前的因地所發的廣大願力而這樣示現的；但這已是另一回事了，我們現在且先不說，等以後有因緣時再說）。但是爲了利益今世後世學佛的眾生，他得要爲眾生請問：**「我常常聽到如來這麼說，自己還沒有得度成佛而先來度化眾生，這叫作菩薩發心；如果是自己覺悟已經圓滿了，也能夠覺悟別人實修成佛之道，就是如來應世。」**

菩薩自未得度，是說菩薩自己還沒有成佛，不是說菩薩還沒有開悟；若沒有開悟，有什麼智慧去度人？自己雖然還沒有到達佛地的大涅槃彼岸，但是至少已經能夠游泳而不會沉下去了，也就是不會繼續沉溺在三惡道生死海中，可以在三界生死海中自由游泳了；雖然還沒有到達成佛的彼岸，還是可以度人開悟，共同游向成佛的彼岸，這叫作「**自未得度先度人**」。也就是發心先來度人，把自己成佛的事情暫時擺在一邊，這就是「**菩薩發心**」，這是第一種能度人成佛的有情。第二種能度人成佛的人，是對於自心如來已經圓滿的覺證而究竟明了；不是像七住菩薩、初地、二地乃至等覺，對自心如來的瞭解都還沒有具足圓滿。佛地是已經具足圓滿，並且能夠覺悟別人也來親證如來藏，確實走向成佛之道，這就是如來應化而出現於世間。

阿難先把以前聽聞世尊所開示的兩種能度人成佛的聖教，提示了出來，然後就發了願：雖然他還沒有得度，也就是尚未成佛；但是他願意繼續在人間，救度末劫的一切學佛眾生。這意思是說，阿難尊者不會進入無餘涅槃中，他已經迴心成爲菩薩，而且已經證悟明心了。所以，有時我們還是得要改口稱爲「阿難菩薩」，因爲他不只是《阿含經》中第一結集所記載的後來才成爲阿羅漢而已，那只是一種因地所發願力的示現罷了。在《楞嚴經》中，他當時已經證得初地的果位；至於他現在是幾地了？我就不知道了！當時阿難菩薩說：「**我今已悟成佛法門，是中修行得無疑惑；**」意思是對於成佛之道的內容，他已經通達了！既然通達了，當然至少是初地菩薩了，並不是只有在第七住位中。阿難說：「**我雖然還沒有達到成佛的境界，但我願意繼續度化末劫的一切眾生。**」換句話說，他不是專挑增劫、人壽八萬歲時來度眾生，而是末劫時的眾生他也願意度。人家剛明心就發起這個大願，你們明心的人，有幾個人發這個願呢？都該捫心自問呵！這叫作見聖思齊。

「**世尊！此諸眾生去佛漸遠，邪師說法如恒河沙，欲攝其心入三摩地，云何令其安立道場，遠諸魔事？於菩提心得無退屈？**」阿難尊者又說：到了末劫時期的眾生們，距離 佛世尊的年代是越來越遙遠的。因爲 佛陀總會示現入涅槃，所以到了末劫時，眾生離 釋迦佛的正法將會越來越遠，所以也叫作「去聖日遙」。到那個時節，邪師在世間說法的人數，猶如恆河沙那麼多。諸位可以看今天全球在說佛法的道場，是不是這樣呢？特別是西藏密宗，眞正是邪師！西藏密宗且不談，大陸正統佛教也還只是在恢復期（編案：此是二〇〇二年九月三日所說），我們就不談這兩者，只說比較好的台灣佛教，請諸位觀察看看：有哪一個道場所說的法義是正確的？正好印證 阿難尊者所說的「**邪師說法如恒河沙**」。

「邪」，是說歪曲偏斜了，不是社會上罵人家「邪惡」的那個「邪」。邪，是偏差的意思，是所說法義錯誤。這樣的**邪師**出世宣說錯誤的佛法，卻都異口同聲說是 佛陀所說的法義。這樣的邪師有多少呢？台灣都是如此普遍了，全球佛教法師可就等而下之了，眞的猶如恆河沙數那麼多。如果你們能夠找到哪一個道場確實有人明心了，或者確實有人斷我見而不落入意識心中，請你來告訴我。但你一定找不到！且不說尚未明心開悟，甚至還有很多大山頭的大法師誤導眾生要把握意識覺知心呢！所以眞的如阿難所說**「邪師說法如恆河沙」**！末法時期的眾生已經**「去佛漸遠」**了，偏又遇到**「邪師說法如恆河沙」**，那時想要攝受眾生心同樣證入金剛三昧中，而且還要不退轉，這是如何的困難！當然要先施設方便，阿難正是爲末法大眾請問這件事。

阿含部的《央掘魔羅經》中也這麼說：到末法時代，假使有人想要在所有人說法都錯誤的年代中，出來住持如來藏正法，是很困難的。央掘魔羅大士曾說：如果有人把全天下的草木聚集成一擔挑起來遠行，已經算是很難得了，眞是世間難得其人。可是還有人比他更難得，就是當如來藏妙法已經失傳了，還有人肯出來承擔如來藏妙法弘傳的任務，這樣的人是比前面那位挑起天下所有草木重擔遠行的人，更加稀有難得。由此可見末法時代想要弘傳如來藏妙法，眞是很困難的事情，因爲一定會招來諸方大法師的抵制。

今天諸位來護持同修會，就是護持我做這一件事情，所以諸位都是稀有難得的菩薩！（大眾鼓掌……）這可是《阿含經》中講的，不是我自己編出來的。因爲　央掘魔羅大士也是一尊佛的示現，這是有根據的。末法時代既然邪師說法這麼多，幾乎沒有一個人不是邪師，這時學佛人的根性又比較差，而你又想要攝受這一些眾生來證如來藏而發起金剛三昧，這可得要有方便法門才行。要怎麼樣的方便呢？要教導他們「安立道場」；安立了道場以後，還要怎麼樣「遠諸魔事」呢？而《楞嚴經》中所講的魔事，主要就是西藏密宗的雙身法等魔事，主要是預破西藏密宗的雙身法。如何藉安立道場而遠離魔事，並且可以親證勝義菩提心而不會退轉，不會悟後又很冤屈地自己否定了。

我常常說，當年如果不是再繼續開講《護法集》與《成唯識論》，不曉得會有多少人退失正道。我的判斷至少會退失一半人，因爲如果不講這兩個內容來印證，有一些新學菩薩時間久了以後會懷疑：「老師爲我印證說這個心是眞實心，然而到底是眞的或是假的？」那我只好用經典、論藏來爲大眾再三印證。所以，廣欽老和尚很有智慧，他一生不會自討沒趣；既然不認識字，經典當然看不懂，無法引用經典來證明開悟的眞假，因此就隨緣以對。

假使有人能自己參出來，他就自己會承擔，就不必廣老硬逼著他承擔，也不會懷疑而質問廣老：「老和尚！你教我證這個心，但這個心究竟是眞的？還是假的？」老和尚很睿智，所以他的弟子們就沒有一個人參出來。

當然，廣老的弟子們都會對我不滿，因爲我在《宗門法眼》中寫了一句：「但不知道廣老的傳人在何處？」因爲廣老就是這麼有智慧，不會找自己的麻煩；弟子們的證悟因緣若還沒成熟，就不要勉強。然後他就走了，我卻是他離開人世幾年以後才參出來的，才又繼續弘傳下去。那廣老的弟子們，如果有人以前聽過廣老爲他明講眞如心，可以來問我，看是眞的還是假的？我可以爲他們證明是眞或假。這意思是說，一定要有一個攝受的方法，不然末法眾生很容易退轉。

爾時，世尊於大眾中稱讚阿難：「善哉！善哉！如汝所問安立道場，救護眾生末劫沈溺；汝今諦聽，當為汝說。」阿難大眾，唯然奉教。阿難菩薩當場發了這樣的大願，世尊就在大眾中稱讚阿難：「善哉！善哉！猶如你所問的安立道場，以及救護眾生於末劫沈溺之時；你如今詳細聽著，我將會爲你說明。」佛教傳到晚期時，一定會漸漸外道化，因爲證悟永遠都是困難的，遲早會由凡夫大法師們漸漸常見化、世俗化。如果不是有菩薩受生再來，一再地扭轉回來，正法是無法在末法時期重新弘揚起來的。所以每過一、二百年，都要有菩薩站出來重新弘揚一遍。

爲什麼會外道化呢？都是因爲佛菩提很難修證，且先不說佛菩提深法，單單是二乘菩提淺法，你們看：聰明如印順法師都會弄錯，至於他門下的昭慧、證嚴等人，當然更不免錯會。粗淺如二乘解脫道都會弄錯成六識論的斷見外道法了，何況是比二乘菩提更勝妙十百千倍的大乘菩提智慧，他們又如何能夠弄清楚？根本沒有希望。由於佛菩提很難修證，所以實證的人數將會越來越少；到了最後傳人都入滅了，佛菩提的宗門密意也就消失掉了，然後就再也無人能夠實證佛菩提的證悟智慧了！於是就有很多顯教法師與居士，病急亂投醫而轉修密宗邪法去了！都因爲在顯教中已經學不到佛法了。

密宗的上師們又總是在著作和密續中，講得天花亂墜，動不動就是證得初地，隨便一個人出來就自稱是八地、十地法王，眞的很唬人。但是學佛人一般都是善良而保守的，哪會想到密宗的喇嘛們敢輕易大妄語呢？於是就信受了，便開始走入外道法中了。密宗唬人的事都是很正常、很平常的，這一類欺詐的事情在一千多年前河洛地區就叫作「唬爛」，現在台灣話都還在使用這個名詞呢！都因爲顯教中已經沒有正法實質，想要開悟般若是這麼困難，什麼初地、十地的果證，大眾根本都不敢想！既然密宗公開宣稱他們已經實證了，於是就開始往密宗裡走，卻不知走進密宗以後是距離佛法更遠而不是更近。所以我們《狂密與眞密》發行出來，還眞是對治了西藏密宗。現在聽說有些道場開始拒絕密宗的書籍了，這表示我們的法義辨正還是有一些作用的。佛教法義正本清源的工作，我們必須一點一滴的努力，使它逐漸產生作用。否則末法時期沉溺於密宗外道法中的眾生們該怎麼辦呢？我們總得要爲眾生設想。佛正因爲這個緣故，答應了阿難尊者的請求。

【佛告阿難：「汝常聞我毘奈耶中宣說修行三決定義，所謂攝心為戒，因戒生定，因定發慧；是則名為三無漏學。阿難！云何攝心、我名為戒？若諸世界六道眾生，其心不婬，則不隨其生死相續。汝修三昧，本出塵勞；婬心不除，塵不可出；縱有多智、禪定現前，如不斷婬必落魔道：上品魔王，中品魔民，下品魔女；彼等諸魔亦有徒眾，各各自謂成無上道；我滅度後，末法之中多此魔民，熾盛世間廣行貪婬，為善知識，令諸眾生落愛見坑，失菩提路；汝教世人修三摩地，先斷心婬，是名如來先佛世尊第一決定清淨明誨。是故阿難！若不斷婬修禪定者，如蒸沙石欲其成飯，經百千劫，只名熱沙；

何以故？此非飯本，石沙成故。汝以婬身、求佛妙果，縱得妙悟、皆是婬根，根本成婬；輪轉三途必不能出，如來涅槃何路修證？必使婬機身心俱斷，斷性亦無，於佛菩提、斯可希冀；如我此說，名為佛說；不如此說，即波旬說。】

講記：佛陀告訴阿難說：「你常常聽聞我在戒律諸法中宣說修行佛法有三種決定不變的正義，就是我所說的『攝心爲戒，因戒生定，因定發慧』；這就是我所說的三種無漏之學。阿難！如何是攝心的內容、而我名之爲戒呢？如果一切世界中的六道眾生，他們的心中沒有貪婬，就不會隨著貪婬之心行而導致生死相續。你修習金剛三昧，目的本是爲了尋求出離五塵中的一切辛勞；可是如果貪婬之心不先修除，五塵中的種種辛勞就不可能出離；縱使有很多的智慧，而且修禪定時也有定境現前了，如果不能斷除貪婬，將來必定會落入魔道中：捨壽後若是證得上品定境的人就成爲魔王，證得中品定境的人就成爲魔民，證得下品定境的人就成爲魔女；那些落入不同魔道中的人們也是各自擁有徒眾，各自都同樣自稱已經成就無上道而成佛了。我釋迦如來滅度以後，到了末法的時候就會有很多這一類的魔民，族群熾盛於世間而都廣行貪婬，也都成爲人們的善知識，處處教令許多眾生一起落入愛見火坑之中，都同樣迷失了覺悟之路；你阿難應當教導世人：在開始修證金剛三味境界時，先斷除心中的婬貪，這就是如來所說的『先佛世尊第一決定清淨明誨』。

「由於這個緣故，阿難啊！如果不肯斷除婬貪而修習禪定的人，猶如以滾水久蒸沙石而想要使其成爲米飯，如此久蒸經歷百千劫以後，還是只能名之爲熱沙；這是什麼緣故呢？因爲這沙石並不是米飯的根本，這熱沙是由沙石久蒸所成的緣故。你們假使是以貪婬之身來修行，而想要追求佛地微妙果報，縱使眞的能夠獲得自認爲勝妙的開悟，也全部都是由貪婬的根由之中出發的，根本已經成就婬貪了！這樣修學佛菩提道，一定只能輪轉於三途之中，必定不能出離三惡道，如來果地的大涅槃，又能從哪一條路眞修實證呢？必定要使貪婬的心機，在色身與覺知心中全都斷除了，並且連這個斷性也都不存在了，這時在佛菩提道中才可能會有希求與冀望。如果有人就像我這樣爲大眾說法，可以稱之爲佛陀所說；若是不能像我這樣子說，那就是天魔波旬所說的邪法。」

佛告阿難：「汝常聞我毘奈耶中宣說修行三決定義，所謂攝心為戒，因戒生定，因定發慧；是則名為三無漏學。」要建立道場之前（當然這是指事相上的道場，不是理上的道場；理上的道場就是你們各各的五蘊身，以及身中的如來藏），事相上的道場，講的就是房屋與基本設備等。但是要建立硬體道場之前，心中先要具足基本的條件；如果這些基本的條件不具足，縱使已經把道場建立起來了，又有什麼用處呢？只是徒然浪費資源與心力罷了！終究無益於道業。一定要先把正確的知見建立好，然後再來建立楞嚴密壇。

佛對阿難尊者說，你常常聽聞我在戒律中宣說，修行佛法有三種決定不變的眞實義，就是：**攝心爲戒，因戒生定，因定發慧**。什麼叫作「戒」呢？就是攝持覺知心不要亂攀緣，也不貪求世間種種五欲，只是不教你斷除對佛法修證上的法貪。佛陀甚至說，菩薩不可以斷除法貪，要到佛地才可斷盡；因爲到佛地已經沒有佛法可學了，自然也就斷了，所以不必教你斷法貪。可是未到佛地以前，法貪如果斷了，就無法成佛，所以法貪不許斷；但是世間五欲的貪，以及世間有爲法上的貪，全都要斷。因此說，若有菩薩傳授戒律時，你們去受戒，那只是戒身；特別是聲聞戒，完全是戒身而不戒心。可是正解脫戒（也就是菩薩戒）中卻連帶攝心、戒心，不許隨便起心動念。

可別看見哪一個女生漂亮，就一直瞧、心中打妄想；也別因爲看見哪一個男生英俊，是個白馬王子，就一直瞧。不是只有男生才會這樣，女生也會的；我以前三十來歲時，有一次在一家銀行，有一位行員姓李，長得高挺，又很英俊；有一次我跟他到另一家銀行談事情時，旁邊有個女行員就一直瞧他，幾乎是不眨眼地盯著瞧。台灣的老人家若是看見了，就會斥責她是「大面神」（閩南語）。這就是沒有攝心，往五欲中攀緣去了。在屬於別解脫戒的聲聞戒中，只要身口不犯也就沒事；但在菩薩戒中若是心貪了，也就算是犯戒了！心中貪求人家的丈夫或妻女，或是心中想要不法取得人家的財物，即使都沒有去做，只在心中想著，就已經是犯戒了。所以菩薩戒是「攝心為戒」，不像別解脫戒的聲聞戒，只要身與口不犯，就不算犯戒；所以菩薩戒得要戒心，要把自己的心攝持住，不許亂打妄想，不許作任何非分之想，這叫作「攝心為戒」。

「攝心為戒」，在出家二眾與在家二眾之間是不一樣的。譬如以貪欲來講，在家二眾是「於自妻室而自滿足」，絕對不會動一個念頭想到別人的妻子；當然，同樣的道理，優婆夷是「於自夫主而自滿足」，根本不會動念頭想到別人的丈夫。如果這樣的話，世間就不會有桃色糾紛了，這就是在家二眾的「攝心為戒」。出家眾則是心中都不可以想到淫事，若想了就犯戒了，當然更不可以有淫行（不論是自淫或他淫），這就是正解脫戒、菩薩戒。但在別解脫戒的聲聞戒來講，只要身口不犯貪淫，心中怎麼想都沒有罪，當然不是「攝心為戒」。

有些出家法師傳記中寫著，有某法師出家後每天都在想著如何與別人的女人和合，但因為他沒有實際上去做，嘴裡也沒有說出挑逗言語，就不算犯戒。也有居士在書中寫的是持戒多麼清淨，其實他心中一直在想：「這個妻子人老珠黃，我厭膩了，某甲的妻子比較新鮮美麗。」以菩薩戒來講，這就是犯戒了；可是如果從聲聞戒與在家五戒來講，這不犯戒，所以這兩種都不同於菩薩戒的「攝心為戒」。因此說菩薩戒心，不只是戒身行與口行。但針對這個戒法，我要再說明清楚一些，否則有人聽完今天的戒法，回家就開口說：「老公！我要跟你分房了。」糟糕了！家庭裡鬧革命了！從此以後你很難學佛了，想要來正覺講堂聞法都很難，每天都在鬧家庭革命了。

以上講的是針對一般人所能理解的層次來說「攝心為戒」，再回頭依楞嚴要義來說「攝心為戒」，也就是要以佛菩提勝法的正知正見來攝持你的心，使心能夠決定安住於佛菩提正知見中，不接受二乘菩提而生起非分之妄想——想要入涅槃解除生死苦——這時就是「攝心為戒」的戒法成就了。由於戒法成就了，就能使你心中產生了決定性；這裡的「定」不是講禪定的定，而是心得決定的「定」，也就是制心於這樣的正知見中而決定要攝心為戒，制心於此一處正見而決不改變，心得決定；這時也是修行佛菩提道的心已經決定了，這就是「因戒生定」。如果沒有經由這樣的「攝心爲戒」，每天心中都是想著歪七扭八的事情，或是想著要趕快入涅槃而捨離生死苦，如何能夠修學佛菩提道呢？因此要「攝心爲戒」。

當菩薩戒成就時，佛菩提的決定性，也就是菩薩性已經生起了，就成爲習種性的菩薩。明心及見性以後，習種性具足而繼續進修，圓滿十行位的性種性與十迴向位的道種性，接著就是發起聖種性，就準備入地了！這些過程都屬於「因戒生定」，就是在習種性、性種性、道種性、聖種性中，已經心得決定的意思，也就是生起了決定性，決定不會再改變了。就好比「定性聲聞」，是說這個聲聞人是決定性的，決定不會捨離聲聞種性，決定不會轉變爲菩薩，並不是說一天到晚只喜歡修定而叫作定性聲聞，而是說他是決定性的聲聞；「因戒生定」的「定」也是一樣的意思。

因爲「攝心爲戒」而對佛菩提道「因戒生定」，是對佛菩提道心得決定了，就會使你一再深入深妙正法之中不斷地聞、思、修，也不斷地將生滅法「入流亡所」，最後只剩下如來藏是無法流失也無法喪亡的勝妙眞心；這時一旦親見了就可以發起智慧，即是「因定生慧」。若是心不決定，修到後來因為很難證悟就會放棄；如果已經心得決定時，絕對不會半途放棄，最後終究可以證悟明心而親證如來藏，於是智慧便生起了！這整個過程就是「攝心為戒，因戒生定，因定發慧」。

如果對佛菩提道已經心得決定，我教你二乘解脫道，你一定不想聽聞；如果我教你佛菩提道，附帶傳授二乘解脫道，你就會耐著心性詳細聽聞。如果我只純粹傳授二乘法，不教授佛菩提道，那你就不想聽聞，生起菩薩性的人就是這樣子；這就表示你對佛菩提道已經心得決定了，符合菩薩戒不依止聲聞法的決定心了，所以很喜歡聽聞佛菩提妙法，譬如明心見性與道種智，這就顯示你已經「因戒生定」了。我們有一位師兄以前學佛時，每天就是要追求明心見性，不論去到哪一個道場都問：「師父啊！你能不能夠幫我明心見性？」師父若是說「不行」，他轉頭就走。對啊！我求的是明心見性，留下來聽您說世俗法就沒意義了。如果那位師父說「可以」，那當然要先問：「師父！你悟了沒有？」本來就應該這樣做的，可別含糊其事。如果這位師父說：「你不要管我有沒有悟，有沒有悟是我的事，只要我能幫你開悟就行了。」這是誰講的？（眾答：聖嚴法師）你們都知道了，但是請問你們：「他若是還沒有悟，根本不知道悟的內涵，也不知道悟的過程與方法，他如何能幫人開悟？」這就是世俗人說的「睜眼說瞎話」。

所以，一定是要自己先有決定性，要在菩薩戒裡心得決定而求佛菩提道，才能說是「攝心爲戒、因戒生定」，因爲菩薩戒中規定要修學佛菩提而不許依止聲聞菩提；所以求見善知識時當然要提出自己的見解：「**我就是要追求明心與見性，如果您教的不是佛菩提開悟的法，那我可不要學，我要學的是佛菩提智慧。**」那就是你的菩薩性已經決定了，這就是「**因戒生定**」了。所以眞正的菩薩是每天都在追求佛菩提正法，不論去到哪個道場，只要發覺他們的法不是佛菩提而是聲聞菩提或是外道法，就立刻離開另外再找；一直找到最後一個正確的佛菩提法，才決定留下來。如果能夠這樣，遲早都會發起佛菩提大法的智慧；這只是遲與早的差別，沒有誰是不發起佛菩提智的。

假使有人能夠如此實行：先弄清楚菩薩戒不許依止聲聞法的戒律與精神，然後攝心於佛菩提法而不依止聲聞菩提，當然更不會追求世間五欲，這就是「**攝心爲戒**」。接著繼續尋找正法，找到以後開始正確的聞思修過程，深入「**聞熏聞修**」以後，心得決定而不搖動了，就是「**因戒生定**」。然後開始了尋覓如來藏眞心的過程，努力參禪求悟，終有一天必定會悟得如來藏；因爲如來藏不曾遠離你，也不曾與你捉迷藏，始終分明現前；一旦找到了祂，你的佛菩提智就跟著生起了，就有實相般若智慧了；這時就是實證般若的菩薩，那你就是「因定發慧」了！這個過程就是《楞嚴經》中的「三決定義」，修學佛菩提的所有菩薩們都一定要經過這三個過程。從這裡就可以證實，一定要先相信每一個人都有八個識，一定都有第八識如來藏可以實證；必須先攝心於這種正知見中而不懷疑、不動搖，才算是實修而完成「攝心爲戒」的凡夫菩薩，才能說他已經成爲「因戒生定」的大乘凡夫菩薩；否則都只是聲聞凡夫，不論他顯現在外的身相是不是菩薩，本質全都只是聲聞凡夫。

有這樣的理解而不是將「因戒生定」錯解爲修學禪定，來實修這三個決定不變的眞實義──三決定義──才能說是大乘法中的「三無漏學」。如果每天想的都是出離三界生死而修學解脫道，對於明心見性後利益眾生的事情都沒意願，那麼他所修的「三無漏學」就不清淨，因爲是自私自利的自了漢；心地不清淨而只想自己了生脫死，這個佛菩提道「三無漏學」中的戒法便不能成就；因爲菩薩的法跟聲聞的法不同，菩薩法一定是在利益眾生當中成就的。如果不肯利益眾生，專修聲聞法而想要解脫生死痛苦，而說他能成就菩薩法中的戒與定，而想要發起佛菩提道的慧，世間沒有這樣的事。因此這三個無漏學若是攝心於大乘法如來藏中，也攝心於不依止二乘法的大乘戒中，就是心得決定，就是「攝心爲戒，因戒生定」了，不久以後就可以明心。明心時就說你對大乘的戒、定、慧三學已經有所實證了，你就是初步實證大乘**「三無漏學」**的菩薩了。

所以，大乘法中的戒、定、慧三無漏學，並不是一般大法師們所講的那樣，他們總是錯將聲聞法的戒定慧取來當作大乘法的戒定慧。所謂「戒」是要以攝心爲戒的，要戒止自己於佛菩提妙法中，不許依止聲聞緣覺菩提小法；所謂「定」，是得了菩薩種性的決定性，只願意修學佛菩提道，不願修學二乘菩提；所謂「慧」，是講佛菩提智慧的實證。可是如今外面有哪一位大師講的戒定慧，是正確講解的？沒有一個人講對。以上講的就是大乘法中的**「三無漏學」**。

「阿難！云何攝心、我名為戒？若諸世界六道眾生，其心不婬，則不隨其生死相續。汝修三昧，本出塵勞；婬心不除，塵不可出；縱有多智、禪定現前，如不斷婬必落魔道：上品魔王，中品魔民，下品魔女；彼等諸魔亦有徒眾，各各自謂成無上道；我滅度後，末法之中多此魔民，熾盛世間廣行貪婬，為善知識，令諸眾生落愛見坑，失菩提路；汝教世人修三摩地，先斷心婬，是名如來先佛世尊第一決定清淨明誨。」佛陀又開示說，如何說這樣的攝心可以名爲持戒呢？如果所有世界的六道眾生，他們心中都不貪著邪婬，或者所有世界的出家二眾心中都沒有貪著婬觸，就不會隨著貪欲而在欲界中生死相續了。可是在家二眾即使不邪婬，而於自己的妻子房事仍然每天非常貪著，那還是貪。如果能夠不貪，就不會隨著這個欲貪而在欲界中生死相續不斷。然後 世尊話鋒一轉，又責備阿難菩薩說：你阿難一直努力在修證如來藏金剛三昧，本來是想要出離六塵的煩惱，可是因爲婬心還沒有除掉，那你想要出離欲界六塵的煩惱，終究出離不了。如果今天不是你明心開悟了，縱使你有很多很多的智慧，加上禪定現前了（這裡沒有明講是四禪或是四空定，但最少是指初禪）；縱使還有禪定現前（世尊說的是「縱使」，不是一定可以發起禪定），但是你如果不能斷除婬欲的現行（不必斷除習氣種子），一定會落入魔道之中。落入魔道以後，上品人就成爲魔王，中品人就成爲魔民，下品人就成爲魔女。

如何是上品魔王呢？就是證得初禪以後卻因爲以前很貪婬（因爲初禪跟欲界相鄰而住，就是跟欲界作隔壁，住隔壁就很容易被引誘），發起初禪以後仍然與欲界法相鄰而住，就被誘惑而退轉於初禪了，於是就成爲魔王。所以，如果成就初禪的定境，可以往生色界的初禪天中，但是卻因爲貪愛欲界法的習氣，又不能遠離欲界境界，結果就退墮而成爲魔王了，就成爲「上品魔王」。如果沒有證得禪定，聰明伶俐而貪婬，就是生到他化自在天中當魔民；如果比較沒有智慧，也沒有禪定，就去當魔女讓魔王與魔民使喚和行樂。這些魔眾還在人間之時也都有自己的追隨者，他們還在人間時，都會自稱已經成就無上道了。

像這樣子自稱，請問是哪一些人呢？西藏密宗不就是這樣子嗎？他們都是在修雙身法的，只要看見了美麗的女人就動心，也想要玩盡天下所有美麗的女人，所以達賴喇嘛才會常常說要「博愛」，教喇嘛們要淫盡天下女人；只要年輕又美麗的女人，他們必須見一個就愛一個。他們由上至下所有人，全都不曾遠離欲界法，心中都很貪求欲界法，卻都宣稱自己已經成就無上道；所以密宗喇嘛們，往往隨意自稱是法王，也就是成佛了！不然就自稱是十地、初地菩薩，都是這樣講的。可是，他們的初地所證是什麼呢？你們聽了都會覺得可笑：他們證得的阿賴耶識不是第八識如來藏，而是觀想中脈裡面的明點成功了，說那個明點就是阿賴耶識；又說這個明點如果能夠通達中脈上下五輪了，那就是通達位，就是證得初地了。所以密宗全都不以無生法忍智慧作爲初地的證量，而是以中脈能夠通達作爲初地，眞是荒唐！

如果接著修了樂空雙運而了知樂空不二了，也達到全身都能領受淫樂的觸覺了，就是成爲「正遍知覺」了；這就是密宗報身佛的成佛境界，其實都是還在意識境界中的凡夫，他們都是這樣「自謂成無上道」。當他們觀想明點成功，也能把明點上下升降而通達中脈時，就說是已經到達見道的通達位，自稱初地菩薩，從此開始可以使用實體明妃合修雙身法了；當然這時的女性密宗行者也可以使用勇父（同修密宗的男性行者）合修雙身法。但是樂空不二的境界畢竟只是意識境界，連意識我見都斷不了，竟然自稱成佛了，這不是「各各自謂成無上道」嗎？

佛陀接著開示：我釋迦牟尼佛滅度以後，末法之中常有很多這樣的魔民，這些魔民聚集成爲一股很大的勢力，他們在世間非常興盛：「熾盛世間廣行貪婬」。你們從《狂密與眞密》書中，我舉示出來《多羅那他密傳》中所講的，是不是這樣？是呀！廣行貪婬。但這卻是密宗故意編造出來，把弘揚他空見如來藏妙法的多羅那他拉下水，而多羅那他卻是破斥雙身法的。所以西藏密宗寺院中，夜夜婬聲喧騰才是正常的，一點都不奇怪。如果密宗寺院中不是夜夜婬聲喧騰，就表示那一家寺院主持喇嘛的功夫（雙身法的氣功）很差，沒辦法讓密宗女行者滿足性慾，因此沒有女行者願意來與他合修雙身法。所以，密宗如今「熾盛世間廣行貪婬」，是普遍現象。在西藏密宗的所有寺院中，哪一家寺院是不修雙身法的？根本沒有！但他們各各都「爲善知識」，一來到台灣就說：人要慈悲啦！要博愛啦！嘴裡講得很好，實際上都是幹那些雞鳴狗盜的勾當，常常在暗中勾搭信眾的妻子，除非那信眾的妻子不美麗。他們這樣做，「令諸眾生落愛見坑」，全都落入貪愛與邪見的深坑中，各各都失掉了佛菩提修學的正路。

世尊又吩咐說：你阿難既然發願要度末劫的一切眾生，應該要教末劫時的世人在修習如來藏金剛三昧時，要「先斷心婬」，心中不要貪求淫觸。世尊說的是「心婬」，是心中不要生貪。在正法中而不是密宗的雙身法中，如果兩個人都同修正法，這倒沒什麼問題，都好商量。如果一人在修學正法，家中配偶卻沒有修學正法，問題就來了！所以有人學佛不久以後，就鬧家庭革命而離婚了！因爲他想：我就是要清淨，心中不該生貪。可是只想自己清淨，家裡配偶不滿，於是向外發展，就有了外遇，比較嚴重的人就是離婚，小孩子就倒楣了；輕微一些的家庭中，則是一天到晚吵架。社會人士看見了就說：「學佛學成這樣子，我看佛法還是不要學的好。」於是就這樣斷了人家的慧命。應當學佛之後家庭越來越和樂才對，所以應該要斷心婬而不是斷身婬。

你自己可以不貪，但是不能要求沒有學佛的配偶也不貪，不可以這樣要求。如果這一世學佛的因緣是該如此，那就應該敦倫盡分，因爲這是人倫之常；所以得要盡本分，不可以一廂情願：我就是要離開身婬。甚至有的家庭中孩子才只有五、六歲，夫妻就離婚了；孩子長大以後往往性格異常，這就是你失掉了責任，所以 世尊說要斷**心**婬。對於出家眾則是同時斷身婬，在家眾卻是只斷**心**婬而不斷身婬的。可別今天聽經完了回家就說：**「老公！我要跟你分房。」**若是因爲這樣而鬧家庭革命，可別來怪我說：**「老師！是你教我要斷婬的，都是你害我。」**但我依據經文而說的是斷心婬，不是教你斷身婬，因爲你又不是出家人，請大眾注意這個地方。

如果能斷除心婬，這就是 釋迦如來以及過去諸佛、諸世尊所教導的第一種決定不改的**「清淨明誨」**。若是心婬不斷，每天從早到晚都想著這件事，因此每當看見別人英俊的丈夫、漂亮的妻子時就心中起貪，然後就在那邊打妄想；白天妄想不成就，晚上作夢就去想，已經是心婬不斷了，還有心思修學佛法嗎？當然沒有辦法眞正學佛，而且會感召到西藏密宗的所謂護法神或空行母與勇父來入夢合婬，因爲他們最喜歡大眾都這樣子，那你學佛想要見道實證的如來藏金剛三昧，也就遙遙無期了！所以凡是想要實證佛菩提智的人，一定要先遠離**心**婬，這是「如來先佛世尊第一決定清淨明誨」。

「是故阿難！若不斷婬修禪定者，如蒸沙石欲其成飯，經百千劫，只名熱沙；何以故？此非飯本，石沙成故。」所以，佛陀作了一個結論：由於這個緣故，阿難啊！你們如果不把心中的婬念貪愛修除掉，帶著貪婬之心來修習禪定時，禪定是無法成就的。事實上，如果心婬沒有斷除淨盡，最多就只能證得初禪，而且也會很快退失；因爲初禪是離五蓋而證得的，而五蓋中的第一蓋就是貪欲蓋，主要是指男女間的細滑觸。對這個細滑觸的貪愛如果不能斷除，初禪就不會現前。所以是心中的貪愛要斷，不是教你們在家人要斷身婬。如果是身婬斷除才能成就初禪，那麼最後身菩薩還來娶妻生子，那你要怎麼解釋呢？所以這裡講的不是斷身婬，而是要斷心婬的道理。如果心婬的貪求渴愛不斷除而修習禪定，就好像拿一堆沙石放在鍋裡不斷蒸煮，想要把它蒸成米飯。這樣子經過百千劫不斷地蒸煮以後，只能夠成爲熱沙，終究不可能成爲米飯；因爲鍋中蒸的沙石，並不是米飯的根本，而是**石沙**煮成的。

煮石沙而欲成飯，叫作**非因計因**；想要證得金剛心自心如來，使「**金剛三昧**」現前，就應當求證金剛心如來藏，不該想要將淫樂境界變成金剛心，那永遠都是有生有滅的欲界中的無常法，永遠不會變成金剛不壞法。把第八識如來藏稱爲金剛心，是因爲祂從來不曾間斷—不曾一刹那停斷——一向是恆，而且沒有任何一法可以間斷祂、毀壞祂，才能叫作金剛心。意識心卻只是現在修成一念不生，沒智慧的人就誤以爲是金剛心；等一下母親呼喚說：「阿牛啊！你幫我去買一瓶醬油回來。」於是回問母親說：「買哪一個牌子的醬油？」這時又不是一念不生了！而是有變異心。既有變異就不是恆，非恆的意識心怎能叫作金剛心呢？也許有人想：「沒關係！我還是保持著一念不生，我正在講話時還是一念不生。」這不是睜眼說瞎話嗎？然後我再問一句說：「當你晚上睡覺的時候，你明明白白的離念靈知哪裡去了？」不見了！所以這是生滅變異法，不是金剛心；證得這種意識生滅心的人，當然不能自稱已經證得「金剛三昧」了。

至於密宗的雙身法樂空雙運、樂空不二，已經是身識與意識的內我所了，連心都不是了！然而他們竟然連心與心所的境界都分不開，把心與心所混在一起說是報身佛的快樂境界，眞是愚癡！因此說，若是想要證得「金剛三昧」，所證的心一定要是金剛心，變異性的覺知心不可能成就「金剛三昧」。同樣的道理，如果想要成就大涅槃，也一定要證得金剛心；若是以意識心的離念而喚作金剛心，那是煮石、煮沙想要成飯；因爲意識永遠都不可能變成金剛心，所以就成爲非因計因的愚人。他們都把非佛法正因的世間法，誤計爲佛法金剛三昧實證的正因。

「**汝以婬身、求佛妙果，縱得妙悟、皆是婬根，根本成婬；輪轉三途必不能出，如來涅槃何路修證？**」佛陀如此交代說：你阿難以往沒有斷除心婬，以貪婬之身而想要求得佛菩提道的勝妙果德，縱使能夠獲得自認爲很微妙的證悟，仍然都是基於婬根未斷的心境而獲得假悟；這樣的證悟根本，只能成就婬觸境界。像這樣不離婬欲境界，都只是意識覺知心的境界，一定會繼續輪轉於三途之內，絕對不可能出離三途；像這樣子，如來所教授的涅槃境界，你要經由什麼路途來修證呢？

「**必使婬機身心俱斷，斷性亦無，於佛菩提、斯可希冀；**」世尊又開示說：一定要使具有生起婬行機緣的身心全都斷除。換句話說，要在心中斷除了婬貪，那麼身心之中就不會有心婬機緣時時生起。心中不起婬貪，就是「**婬機斷**」；婬機斷除了，就不會有主動生起的婬行造作。斷了以後還要進一步「**斷性亦無**」，以免落入意識境界中；否則，想要證得超意識境界的金剛心如來藏，也就沒有機會了。譬如斷了心婬以後，有的人會這樣想：「**我們夫妻老早離開婬行了，你們還在當夫妻，算什麼！」心中瞧不起人，這就是斷性還在；這個斷性還存在時就是落入意識心中了，而且也會起慢，起慢時就會障礙自己的佛菩提道，也難證悟，因爲這樣的心境都與金剛心如來藏很難相應。

如果依照他這樣想，那麼大菩薩生了幾個兒子，豈不是廣行貪婬了？又譬如賢劫中將會有千佛相繼出世，這一千佛在很多劫以前都是兄弟；換句話說，彌勒菩薩在過去無量劫以前跟 釋迦牟尼佛曾經是兄弟，是同一位轉輪聖王所生的兒子，那麼那一位轉輪聖王是不是就很貪婬呢？既然貪婬，又怎麼叫作轉輪聖王？而且，等覺菩薩來到人間時要示現福德具足、眷屬廣大。所以，有的等覺菩薩受生於人間時還兒女成群。又如最後身菩薩來人間受生即將成佛前，還得要示現生兒育女。如果生不了兒子，外道們都會毀謗說：「他就是沒有行欲的能力，所以不得不出家。」所以不該因爲自己已斷身婬，就嘲笑別人無法斷身婬。而且婬機頓斷的人也不該停留在這個了知之中，因爲這還是意識境界，所以斷性也得要除掉。否則常常用下巴看人：「我們早就離欲了！」可是問題出現了：他既然離欲了，未到定也修得不錯，爲什麼證不得初禪？都是因爲身離欲，心卻沒有離，仍然有心婬，於是初禪就發不起來，所以心婬得要斷除，連斷性也要除掉。連斷性都除掉了，不落入意識心中了，對於佛菩提才有希望實證。

「**如我此說，名為佛說；不如此說，即波旬說。**」若是像 世尊這樣說的時候，才能說是 釋迦牟尼所說的聖教，不是自己編派出來的，這樣才是佛說。如果不是像 世尊這樣子說，卻說是 釋迦佛說的，那就是天魔波旬所講的，本質都是謗佛。

請問：宗喀巴的《密宗道次第廣論》和《菩提道次第廣論》中的止與觀，是誰講的？當然是魔講的，因爲裡面講的都是雙身法，所有的行門都是爲了日後合修雙身法而作準備。宗喀巴在論中說的，都是藉著雙身法實修而想成佛，正是「**如蒸沙石欲其成飯**」，一定求不可得。宗喀巴說，爲徒弟作初灌頂時，主持灌頂的喇嘛必須先打個手印，然後在心中觀想：**自己的頭頂上有佛父母交合享樂，那頭頂上的佛父母達到性高潮時，他們的甘露**（淫水）**就流注到喇嘛的頂門而灌入頭腦中，再從喇嘛的中脈下降到海底輪，然後由尿道流出去而灌入受灌徒弟的頂門中。**

你們有沒有人想要接受這樣骯髒的灌頂？這眞是太荒唐了！西藏密宗行者被灌頂時就是這樣被灌的；他們從頭到尾講的都是在修雙身法，因爲始從灌頂以後的行門—還沒有進入雙身法實修階段的人—他們所修的中脈觀想、明點觀想、練氣功、練盤腿跳躍的功夫，這些行門的苦練，都是爲了日後與異性合修雙身法而作的準備；當這些功夫練成了，就可以與異性合修雙身法而達到全身都有淫觸的快樂，就套用佛教佛地境界的名相而自稱是「正遍知覺」，自認爲已經證得報身佛境界了；說這樣可以成佛，還說是比顯教佛陀更高的果位，眞是滿口荒唐言。所有的密續中都是講這些很邪門的外道法，卻說是佛法，只能說是「遍續荒唐言」。

可是 佛陀說，若是想要實證佛菩提道，第一條件是要先斷除心婬，但密宗上下所有人卻都極力增長心婬；佛說若不斷婬而修禪定，或者修習任何三昧，全都是假藉婬根而修婬行，所修成的密法境界連修得的根本都會成爲婬機；所以密宗的邪婬外道法，全然不是 佛所講的正法，全都是魔所講的。所以，你們從這裡就知道，西藏密宗那些密續所講的雙身法—四大派的密續都一樣是雙身法—不但不斷婬機，而且還處處推廣婬觸婬行的樂空雙運，顯然全都是魔說的邪法。

末法時代天魔波旬常常化現佛的模樣來向學佛人託夢，指導密宗行者要修習雙身法，說要這樣才可以快速成佛。有時又說：「這是以前我的化身釋迦牟尼佛不曾講過的，我是大毘盧遮那如來，我來直接告訴你這個只能密傳的最勝妙法。」其實都是魔所化現，專門迷惑沒有正知正見的初機學人，或者迷惑喜愛淫樂的世俗人，讓他們誤以爲自己也是正在學佛。

【「阿難！又諸世界六道眾生，其心不殺，則不隨其生死相續。汝修三昧，本出塵勞；殺心不除，塵不可出；縱有多智、禪定現前，如不斷殺，必落神道：上品之人為大力鬼，中品即為飛行夜叉諸鬼帥等，下品尚為地行羅剎。彼諸鬼神亦有徒眾，各各自謂成無上道；我滅度後，末法之中多此神鬼熾盛世間，自言食肉得菩提路。阿難！我令比丘食五淨肉，此肉皆我神力化生，本無命根；汝婆羅門地多蒸濕，加以沙石，草菜不生，我以大悲神力所加，因大慈悲假名為肉，汝得其味；奈何如來滅度之後，食眾生肉，名為釋子？汝等當知：是食肉人縱得心開似三摩地，皆大羅剎，報終必沈生死苦海，非佛弟子。如是之人相殺相吞，相食未已，云何是人得出三界？汝教世人修三摩地，次斷殺生，是名如來先佛世尊第二決定清淨明誨。是故阿難！若不斷殺、修禪定者，譬如有人自塞其耳，高聲大叫、求人不聞；此等名為欲隱彌露。清淨比丘及諸菩薩於岐路行，不踏生草，況以手拔？云何大悲、取諸眾生血肉充食？若諸比丘不服東方絲綿絹帛、及與此土靴履裘毳乳酪醍醐，如是比丘於世真脫，酬還宿債，不遊三界。何以故？服其身分，皆為彼緣；如人食其地中百穀，足不離地。必使身心於諸眾生若身身分，身心二途不服不食，我說是人真解脫者。如我此說，名為佛說；不如此說，即波旬說。」

講記：世尊又開示說：「阿難啊！此外，諸世界中的六道眾生，他們心中不生起殺害眾生的意念，就不會隨著殺心與殺業而導致生死相續。你們修學佛菩提妙法中的金剛三昧，本來是爲了出離六塵中的勞苦；然而殺害眾生之心若不能除掉時，六塵中的勞苦就不可能出離；縱使有很多的智慧、禪定也現前了，如果不能斷除殺心殺業，死後必定落入鬼神道中：殺心殺業很強烈的上品人就成爲大力鬼，中品人就成爲飛行夜叉或種種鬼神中的統帥，下品人死後尚且只能成爲地行羅刹。那些種類的鬼神也都各有徒眾追隨，他們每一個人都自稱已經成就無上道——都宣稱已經成佛了；在我滅度以後，末法之中將會有很多這一類鬼神，熾然興盛於娑婆世間，自稱吞食眾生肉而依舊可以證得佛菩提的眞道。」

「阿難啊！我教令比丘們吃五淨肉時，這一些肉都是我釋迦牟尼的神力所化生的，本來就沒有命根；你們婆羅門所住的地方大多是日蒸或潮濕的地方，土地上又大多是沙石，草與菜都不能生長；我釋迦牟尼以大悲神力所加持的緣故才有那些畜牲，這是因爲我的大慈悲而假名爲肉，你們才能獲得那些畜牲的肉味；怎麼可以在如來滅度之後，繼續殺食衆生的身肉，而自稱爲釋迦的弟子？你們都應當知道：這些食肉的人們，縱使自稱獲得心中開悟而相似於佛法中的金剛三昧境界，其實全都是大羅刹，當他們生到羅刹一類之中行惡，久後捨報時必定會沈墮於生死苦海之中，他們都不是佛弟子。像他們那樣的人，互相殺害、互相呑食，這樣世世互相呑食而不能停止，如何能說這樣的人可以出離三界？你阿難將來末劫之時教導世人修證金剛三昧境界時，除了先斷心婬以外，接著要教導他們再斷殺生，這就稱爲如來先佛世尊的第二種決定不易的清淨明白教誨。」

「由於這個緣故，阿難啊！如果不斷除殺心殺行而修習禪定的人，就譬如有人自己塞住耳朵，然後高聲大叫，卻想要使大衆都不能聽聞到他大叫的聲音；像這樣的一類人，就稱爲想要遮隱卻反而更加顯露出來。清淨比丘以及諸菩薩們若是離開大路而在小路行走時，尚且不踏生草，以免損壞小鬼神所依附的草木，何況以手拔除呢？爲什麼自稱有大悲心的佛弟子，卻取種種衆生的血肉來充作食物呢？如果諸比丘能夠不婬、不殺以外，還能不穿著東方來的絲綿絹帛，以及不使用這種由這裡出產的靴履裘毳乳酪醍醐等物，像這樣的比丘，於世間是眞實解脫的，他們將會因此而酬還往昔多劫以來所累積的眾生債，不會再遊行於三界中了。爲何這麼說呢？假使身上穿著眾生身上的皮毛，全都會成爲那些眾生所攀緣者；譬如人們食用大地中生產的百穀，果報就是足不離地。必須使色身與覺知心對於所有眾生不論是全身或身體中的某部分，在色身與覺知心二方面都不穿戴也不食用，我說這個人才有可能是眞正解脫的人。如同我釋迦牟尼這麼說的人，就可以說是佛所說的；不是如同我這樣說的，就是天魔波旬所說的。」

「**阿難！又諸世界六道眾生，其心不殺，則不隨其生死相續。**」這是預先講誰呢？當然還是一樣講密宗呀！世界上所有六道眾生，如果心中都沒有殺心，也就是沒有想要殺害眾生，也沒有想要吃眾生肉，就不會隨著殺心與殺業而不斷流轉生死。殺害眾生的目的，大部分是因爲想要吃眾生肉，單單是爲殺而殺的人是不多的。譬如吃葷的人出去郊遊，看到好美的湖中幾隻天鵝在游著，他隨即想到：「那天鵝肉一定很好吃。」他們心中第一個念頭還是想到吃牠的肉，即使是一條蛇爬過去，他也會想：「蛇肉很補。」還是想到吃，這就是其心有殺。其心有殺的人就會產生殺業，死後必然要隨著殺業而受報，於是生死相續不斷。爲什麼說會有殺心殺業，就會隨著殺心與殺業而生死相續呢？請聽下回分解。

……。（講經前的當場答問，因與本經法義無關，故移轉到《正覺電子報》〈般若信箱〉，以廣利學人，此處容略。）

「**汝修三昧，本出塵勞；殺心不除，塵不可出；**」佛陀向阿難菩薩說（這是講第二種清淨明誨，第一種清淨明誨是訓勉大眾斷除心婬的貪，第二種清淨明誨是要斷除殺心，也就是斷瞋的意思），如果所有六道眾生殺心都斷除了，就不會隨著殺業而生死相續不斷。現在台灣一年要吃掉幾百萬或千萬頭豬，雞鴨鵝魚等肉吃掉更多，究竟一年要吃掉多少眾生呢？大家想想看，這個殺業是多麼重？所以這些能殺與被殺的眾生當然得要輪轉相續。因爲你吃了我一斤，未來世就要還我十六兩。十六兩拿夠了，還要再加利息的；因爲眾生被殺害時大約都有瞋心，而且也經過一段時間而應該有孳息的，所以有時並不是還給對方十六兩肉，對方就會滿足的，因爲牠們心中還有被殺害時的憤怒種子，當然心中有瞋，必然要再加上許多利息，被殺者心中的瞋意才會滅除，這個殺業才算了掉。

這樣一來，當然會在緣熟時不斷糾纏著；如果某人犯了很多殺業，譬如每天在市場中宰殺雞鴨鵝等動物賣錢，當他氣運衰微而福報不夠時，心裡想：「我該捨報了，我得要念佛求生極樂，免得眾生來報冤。」於是他心中想著佛、口中唸著佛號，可是那些被殺的眾生們卻來索命了，讓他沒辦法念佛，還能夠生西成功嗎？那該怎麼辦？假使他對極樂世界 彌陀世尊的信心不夠，亂了心意，只好繼續輪迴而受生於畜生道中。那些被殺害的眾生就是要他起瞋，瞋心發作起來時就下墮三途而不離輪迴了，於是那些冤家債主就有機會找他索償了；所以說，求出三界生死的人，殺心一定要先除。

但是有很多人說：「我哪有殺？殺的是別人，我只是買來吃呀！」《楞伽經》中就說，有的人是爲了賣錢而用網子殺生，有的人則是用錢網羅眾生肉而殺生，雖然只是用錢殺生，殺業一樣會有呀！如果他不吃，難道捕獵的人會去殺害眾生嗎？所以，用網子以及用錢殺生的人之間是有共業的，正因爲有錢的人想要吃眾生，所以獵人們才要大量地殺；如果都沒有人要買肉，誰還會殺豬宰羊來賣？連養都沒有人要養了，還會有人殺嗎？佛說殺心如果除掉了，就不會被業力所牽而生死相續。所以佛對阿難菩薩開示說：你們若是想要修習佛菩提中的「金剛三昧」，而「金剛三昧」這個法本來是要讓你們出離三界塵勞的。但是如果沒有除掉殺心，想要消除三界生死塵勞，是沒有辦法出離的。

「縱有多智、禪定現前，如不斷殺，必落神道：上品之人為大力鬼，中品即為飛行夜叉諸鬼帥等，下品尚為地行羅剎。」就算是有很多的智慧，譬如人家說的「世智辯聰」，在世間法中的智慧非常好，也很會辯論；他又聰明伶俐，不論你講出什麼道理，他總是有話回你。然而就算是這樣很有智慧的人，修禪定的時候，假使有禪定境界現前時，也就是證得欲界定或未到地定了（有殺心的人無法發起初禪，更別說是二禪、三禪了）；當他證得禪定時，如果是不斷殺心的人，死後一定會落入鬼神道。落入鬼神道以後，上品之人是當大力鬼，大力鬼就如同鬼神信仰中所拜的王公、王爺、城隍，有時可以取人性命，這就是大力鬼。這都是因爲他們殺心不除而得禪定以後，就獲得這種果報，所以他們無法出生在欲界天中，更無法生到色界天中，所以成爲鬼神。

這都是因爲他們好樂於此道，此道又叫作辟荔之道，也就是鬼神之道。我有一次在定中看見辟荔之道，也有一些道具想要給我，但我心裡想：「**辟荔之道當然也很好，可以作種種變化。**」所以我也不敢小看他，我就跟他禮拜，但是我都不想學，因爲我知道辟荔之道就是鬼神之道。我們修證的是佛法，學鬼神之道想要幹什麼呢？學了辟荔之道以後，當然眾生會很崇拜而且很依靠你，但是你每天晚上要在廟裡抓了乩童來附身，你得要附在乩童身上爲眾生辦事呀！那我們親證佛法以後難道要去度那些沒有三寶信仰的人嗎？當然不想要，所以我客氣地婉謝了！

學了辟荔之道，死後就會有鬼神來迎接，就變成大力鬼王了。我都發起初禪，可以生色界天了，還跟他們在欲界鬼神道中混，難道還要再起殺心而對眾生判生判死嗎？那我可沒興趣。所以就算他們證得欲界定或未到地定，本質還是大力鬼，正是去當王公、王爺、城隍一類的神祇。但這跟玄天上帝、保生大帝並不一樣，他們是屬於欲界天忉利天的天主玉皇上帝所委派的，是上生忉利天而有正式誥封的正神，每天下來人間解救眾生的急難。一般的王公、王爺可就屬於大力鬼了，這是因爲他們多智而且修得未到地定的緣故。如果是中品修成欲界定，就成爲飛行夜叉以及種種鬼帥，這當然也是因爲證得一些定境了。如果是下品，就是沒證得欲界定而有殺心，在人間也曾修了少分福業，這一種人死後去當有力鬼，讓大力鬼或鬼帥驅遣，也就是被大力鬼所驅遣，或者被飛行夜叉所驅遣。

飛行夜叉有兩種：一種是天夜叉，另一種是空行夜叉。天夜叉可以出生在欲界的四王天中；空行夜叉到不了天上，只能在人間到處飛行。空行夜叉在西藏密宗以前的時代裡非常多，他們所謂的空行勇父或空行母，就是男性與女性的飛行夜叉，屬於殺心不除而且貪婬者。西藏密宗雙身法中所謂的空行勇父、空行母，其實就是飛行夜叉。諸位瞭解他們的本質，就曉得他們爲什麼會那樣穿著；他們把眾生肉吃掉以後，就用眾生的骨頭串起來，做爲項鍊戴在頸部；頭上也戴著一些骨飾，而下擺則是虎皮裙，然後手中拿個顱器，顱器中裝著被殺有情的生鮮血液，因爲空行夜叉要吃生鮮的血肉。密宗裡這樣的空行勇父、空行母，那不是空行夜叉，又是什麼？只要從他們的裝扮以及他們喜愛的供品，稍微觀察就可以知道那是什麼樣的鬼神了。

如果是更汙濁的鬼神，還得要準備一些小便、大便、濃痰等；假使有人感冒了，你就拜託他弄個盒子裝起來，然後就拿來供，保證那些鬼神會很喜歡。如果是修懷法時，或者供養空行勇父與空行母時（修懷法之目的是想要讓某人喜歡，然後會與他上床合修雙身法），可得再加上男精女血（也就是經血），他們可就很歡喜了。你若用清淨的食物供養他們，他們都會覺得沒滋味，討厭而不想要。所以從供品的內容來看，也能知道密宗所謂的空行勇父、空行母是什麼鬼神了。大家都要有智慧，沒智慧的人才會繼續迷信受騙。其實西藏密宗已經明白告訴信徒：他們的佛菩薩就是空行夜叉變化的。信徒們還要繼續迷信，還要去求法、親近，那是自己沒智慧，別怪喇嘛們欺騙；因爲西藏密宗已經在上供時明白指出所供養的護法神或空行母「非佛菩薩」的本質了！所以我們學佛時一定要有智慧去判斷，千萬別迷信表相。

中品者都是屬於這一類飛行夜叉，在眾多飛行夜叉裡面，勢力大或威力大，或者生前造作一些福業的夜叉，就可以成爲鬼帥。因爲飛行夜叉也有分部：這一部飛行夜叉由誰率領，那一部又是由誰率領，所以飛行夜叉中就會有許多鬼帥。下品者可就變成地行羅刹了，連飛行夜叉都當不了；地行羅刹又名捷疾鬼，因爲在地面上跑得很快，心性也極凶狠，很喜歡吃眾生血肉。現代人類很多，遍布各處，而且民智大開以後，羅刹也不容易再欺瞞很多人，所以現在正信佛教中很少看見羅刹，只有藏傳佛教信徒才會相應。這是說，下品人死後會成爲地行羅刹。

「**彼諸鬼神亦有徒眾，各各自謂成無上道；我滅度後，末法之中多此神鬼熾盛世間，自言食肉得菩提路。**」這一些鬼神們也是各各都有徒眾，這一些有勢力的鬼神統領者——鬼帥，他們也都自稱已經成就無上正遍知覺，宣稱他們已經成就無上道，自稱已經成就佛法。佛陀預記說，在祂滅度以後末法之中，也就是我們這個年代，會有很多這一類的鬼神，很活躍而熾盛於世間。這類鬼神在現代多得很，數之不盡；他們一向這麼說：「**學佛不一定要素食，吃肉也是一樣可以證得佛菩提道。**」密宗不正是如此嗎？所以他們要吃很多種肉，他們上供時用五肉：牛肉、狗肉、象肉、羊肉，最後一樣你們大概想不到，還想要吃人肉。他們自稱已經成就無上正遍知覺，也就是已經成佛了，卻還想要吃肉。

肉的味道，且先不說諸地菩薩、諸佛，就說你們吧！你們素食兩三年以後，誰再拿肉給你吃，你一聞就想吐。可是他們還很想吃呢！竟說他們已經成佛了，還得要五肉供養。這一些鬼神指的是什麼？就是密宗所謂的空行母、空行勇父、護法神，都是這一類鬼趣眾生。他們都自稱已經成就無上菩提，也常常宣稱成就了正遍知覺；而他們所謂的正遍知覺不是對如來藏一切種子的正遍知覺，而是與女人合修樂空雙運，到達第四喜時遍身都有樂觸了，這就是密宗的正遍知覺——全身普遍都有淫樂的知覺。佛法中的一切種智正遍知覺，西藏密宗竟然是這樣解釋的！這與諸佛在一切法體性上成就正遍知覺全然不同，而是在淫觸上面成就全身普遍知覺，這樣的西藏密宗怎麼會是佛教呢？眞的很荒唐！

我們不斷地寫出藏傳佛教密宗的眞相，可是密宗與各大山頭的大法師們根本不理會，繼續大搞下去。我今天接到法鼓山寄來的《法鼓雜誌》月刊，他們還繼續用一個很大的版面，報導他們與西藏密宗如何擴大交流，還照相出來彩色印刷，一點兒都不避諱。他們可能心想：**反正我法鼓山勢力大，我徒眾多，我道場大，我名氣大；不論你們正覺怎麼講密宗，我反正不甩你，我繼續呼應西藏密宗的邪法，我偏要繼續跟西藏密宗交流。**我們把邪淫而且破壞佛法的西藏密宗，寫書出來辨正與破斥，有一些佛門中的法師們不去破斥邪淫的西藏密宗，卻反過來說我們專門批評顯密法師、不破外道，難道西藏密宗不是外道嗎？他們有哪一些法是佛教的法？那些大小法師們還去跟密宗外道交流，末法時代就是這個樣子。

所以，我們講到口乾舌燥也沒有用，反正人家就是不理會我們。但是也沒關係，我們就繼續講下去，講到有人相信密宗是外道爲止，他們就不要嫌我太囉唆。他們如果改了，我就不講；他們如果不改，我就繼續講，我就是這樣堅持下去。所以密宗所有法義都是很荒唐的，這麼荒唐的密宗，都是跟飛行夜叉、鬼帥等有情每天來往；而那些鬼神們喜歡密宗提供的供品，所以就常常來幫助西藏密宗的信徒們；當他們有感應了，於是又趕快上供；就這樣往返增上，勢力就越來越大了。密宗行者總是誤以為他們供來的眞是諸佛菩薩，因爲這些飛行夜叉鬼帥等有情，也變成佛菩薩的模樣來，只是他們的身光不是金黃色的光，而是純黃色或純紅、純藍、純綠等顏色；但是密宗行者並不曉得其中的差別，所以我們還眞的要繼續講下去，要努力救他們回歸正法。

「阿難！我令比丘食五淨肉，此肉皆我神力化生，本無命根；汝婆羅門地多蒸濕，加以沙石，草菜不生，我以大悲神力所加，因大慈悲假名為肉，汝得其味；奈何如來滅度之後，食眾生肉，名為釋子？」有人也許會這樣說：「佛陀剛成立僧團的時候，不是也允許比丘們托缽時吃魚吃肉嗎？」可是後來佛有規定：托缽回來時，人家若給你肉，你不要吃肉，只要吃肉邊菜；菜有肉腥味，可以用水漂一漂，洗掉肉腥味。早期是沒有這樣規定，但後來有規定。最早期是沒有辦法規定的，因爲連僧團都才剛剛成立呢！

在很貧瘠的地方，如果地多蒸濕，加以沙石，所以草菜不生。在草菜不生的地方，有什麼辦法呢？有時只好吃一些動物的肉，因爲植物無法生長的緣故。但那是 佛陀以威神之力來加持，所以示現有一些眾生，可以讓眾生吃肉；但這是定果色，第八地以上的菩薩就可以變生出來，七地以下就沒有這種能力。八地以上菩薩，可以用三昧力變生一些魚米等食物出來；所以佛陀說這是以祂的大威神力加持而變生出來的，就因爲這樣的大悲心而假名爲肉，所以能使當時出家人吃的時候好像有吃到肉的味道。但是將來 如來滅度之後，如果還繼續再吃眾生肉，那已經不是世尊慈悲變生的了，怎麼可以叫作 釋迦牟尼佛的弟子呢？

三淨肉、五淨肉，都是方便施設，對於佛教界剛學佛者，我們還是要允許他們吃三淨肉、五淨肉，否則他們連三寶都不歸依了。以三淨肉來說，目的就是作一個限制，譬如說很多人喜歡吃海鮮，而且還指定說：「我要現撈、現宰的。」他要吃活的，認爲是最新鮮的肉。可是學佛以後就不敢這樣要了，往往還指定說：「我要已經宰好的。」一般人覺得奇怪：「人家都要吃活的，你卻要吃死的。」就好像市場中，以前活跳跳的蝦子價錢很貴，現在好像變成同等價錢了！聽說是因爲現在學佛人多了，大家不買活跳跳的，所以活跳跳的蝦子反而賣不掉了，於是活蝦與死蝦一樣價錢，就這樣賣了。這就是初學佛者遵守告誡而只吃三淨肉了。

也就是說，買回來給家人吃的肉，必須符合三個規定：第一、不是爲他而殺，這樣就比較清淨一點。如果是爲他而殺，是因爲他指定要吃那個眾生的肉，所以賣肉的人幫他殺，那就有殺心而不清淨了。第二、眼不見殺，買肉者沒有親眼看見那個眾生被殺；第三、不聽聞那個眾生被殺的哀叫聲。這樣是免掉直接殺業，但還是有間接的殺業。可是三淨肉的規定，只是方便度眾生，還是有違慈悲；只因爲眾生剛開始學佛，如果一開始就規定「一學佛就要立刻素食」，眾生心中無法改變生活習慣，於是就不想學佛了。應該先讓他們進來學佛，學久了以後慈悲心自然會生起來，自然就不會想吃三淨肉了。這是避免素食的規定成爲障礙眾生學佛的因緣，才會有三淨肉、五淨肉的施設。學佛久了以後，終究還是要改爲素食的。

但是西藏密宗喇嘛們是貪肉的，所以達賴喇嘛來到台灣時，飯店還是要爲他準備紅燒牛肉、什麼牛肉的，而且還要挑最好的品質（編案：此是二〇〇二年八月所說）。台灣素食這麼豐富，可以讓他吃起來就像眞的眾生肉一樣，口味絕對不差，他還是要吃眞的牛肉、眾生肉！可見那是貪肉，並不是因爲沒有蔬果而逼著他必須要吃肉。另外，他們吃肉還有一個原因，就是爲了攝取血紅素，所以他們不喜歡吃豬肉；他們都要吃紅肉，而牛肉中的血紅素很多，目的是爲了增加性交的能力，因爲他們每天都要修雙身法，所以密宗吃肉的目的也含有這種原因。密宗又怕人家說他們不慈悲，愛吃眾生肉，於是又發明新說法：被他們吃掉的眾生都可往生極樂世界，所以他們吃肉也是在度眾生。這是欺騙三歲孩童的說法，可是卻有許多五、六十歲的密宗行者智慧只有三歲，願意被這種謊言所欺騙。

所以，如來滅度之後還在吃眾生肉，確實不是「釋子」。依據這句經文，請問：西藏密宗那一些人算不算佛門中的弟子或出家人？（眾答：不算。）都不算了！從這裡就已經很清楚了。有的人看見我書裡面寫到達賴時不稱他爲喇嘛，心中很生氣；有些人看我書中寫到印順時也不稱呼爲法師，心中也很生氣。但我就是要直接的寫：印順如何、達賴如何。因爲我不承認他們是佛教裡的法師。印順把三乘佛法從根砍掉，這是最嚴重破法的人，我怎能再承認最嚴重破法的人是佛教裡的僧寶呢？所以我不承認印順是佛門中的僧寶，當然要直呼他的名諱：印順。凡是破法的人，我都不尊稱他爲僧寶；一般的小法師，我反而尊稱說某某法師。我都尊稱他們是法師，因爲他們並不破法。當印順與達賴破法以後，出家戒的戒體早就失掉了，怎麼還能叫作法師呢？諸位有沒有想到這一點？所以那個人眞是沒有智慧，就爲了我不稱呼印順爲法師、不稱呼達賴爲喇嘛，所以在這個表相上面生我的氣，於是就離開同修會而不學正法了。然而不學法是他的損失，又不是我的損失，所以我是無所謂的。所以，從今以後，凡是看見吃肉的喇嘛時，大家心中的第一個念頭就應該是：他們都不是釋子。既不是釋子，當然就是外道了！

「**汝等當知：是食肉人縱得心開似三摩地，皆大羅剎，報終必沈生死苦海，非佛弟子。如是之人相殺相吞，相食未已，云何是人得出三界？汝教世人修三摩地，次斷殺生，是名如來先佛世尊第二決定清淨明誨。**」佛又開示：阿難啊！你們應該要知道，這一些吃肉的人們，縱使有一天自認爲已經心開（開悟）了，認爲自己好像有證得金剛三昧的樣子；但是一旦推究他們的本質時，其實都只是大羅剎的境界罷了，根本不可能是菩薩道中的開悟所得「金剛三昧」。等他們在世間的福報享受完了以後，還是要再輪轉於三惡道中，理所當然地成爲羅剎了；像這樣的人，即使每天都在修善業，可是由於他們心中殺心不斷，死掉以後必定要繼續在生死苦海中輪轉，這樣的人不懂得尋求出離生死，並不是眞正的佛弟子。

像他們這樣種類的人，生生世世都互相殺來殺去，互相吞食對方身上的肉：這一世我當人，你當羊，我就殺你來吃；下一世換你當人，我當羊，你就殺我來吃；然後再下一世，又換過來相殺相吃。這樣相殺相吞，互相吃來吃去，永遠都吃不完，如何可以說這樣的人能夠出離得了三界生死苦呢？所

以　世尊又吩咐說：你阿難到了末劫時教導世人修習如來藏「金剛三昧」時，第一要先教他們斷除心婬，第二要教他們斷除殺心。殺害眾生的心，如果不先除掉，就無法出離三界生死，所以第二個次第是要教導他們斷除殺心；這個斷除殺心，就是如來以及過去諸佛世尊第二種決定不會改變的清淨明誨。

「是故阿難！若不斷殺、修禪定者，譬如有人自塞其耳，高聲大叫、求人不聞；此等名為欲隱彌露。」所以　佛作了結論說：如果不斷殺心而修禪定的人，那是難以修行成就的。因為口腹之欲屬於貪欲蓋，貪欲蓋和瞋恚蓋有關。如果殺動物來吃，那只是貪欲，是貪口腹之欲。如果是起瞋而殺，像西藏密宗歷代達賴，他們起瞋心而設計殺人，可以說幾乎沒有一世達賴喇嘛不殺人的。你若想要找到一位不殺害政敵或法敵的達賴，是幾乎不可能的。歷代達賴喇嘛為什麼要殺人？他們殺人是為了什麼？都是因為瞋心，而瞋心是從貪欲引生出來的，因為他們的名聞、利養、勢力受損了！所以當你的法跟我達賴不一樣時，你說得有道理而我無法辨正時，你就成為我達賴的眼中釘，所以我必須殺掉你。

我們以前在西藏時也是一樣，只因為法義跟他們不同，我們講的是如來藏法，他們講的是意識法，而且雙身法也被我們破斥而無法回辯，他們很生氣，所以就攀緣蒙古與清朝的政治勢力，把覺囊派的政治靠山毀掉，然後再利用薩迦派跟達布派來辯經；他們辯經當然輸了，接著第二天或第三天就會有一大票人拿著棍棒與刀子，就來打殺我們；所以那時我們被殺掉很多人，這都是達賴五世指使的。我們經過前後六次辯經的勝利，以及每一次辯經隨後而來的泥濘地上的混戰，我們就全盤輸掉了，死了不少人。可是他們不敢殺我，就給我一匹瘦馬，加上兩個隨從，把我趕出西藏。

從當時短期間看來，達賴是贏了！但是若從長期來看，他們贏了沒有呢？沒有！所以他們今天一定是隸屬於中國的領土，再怎麼樣也跑不掉了！因爲西藏政治上既然一向奉中國爲正朔，向中國皇帝稱臣，今天想要談獨立，怎麼可能獨立呢？西藏既然數百年來都奉中國爲正朔，當然要接受中國的統治。從元朝、清朝以來，西藏一直都這樣；在唐朝時的西藏，與中國還只是親戚，到了元朝時已經是宗主國和附庸國的關係了。到了清朝時，甚至達賴、班禪的選任都還是由中國政權選定的，到如今都還是如此的；而達賴五世奉清朝爲正朔以後，今天的達賴自稱是同一人的轉世，當然沒有正當理由要求獨立了。所以密宗不要老是怪別人，都是他們以前自己幹的好事，如今可就沒有反悔的理由了。

這意思就是說，歷代達賴與所有喇嘛們都有殺心，否則他們修誅法幹什麼呢？所以說歷代達賴喇嘛幾乎沒有不殺人的。像這樣的人，還能夠轉世再來人間嗎？當然可以呀！只是轉世再來時是在人間的畜生道、餓鬼道中，不然就是在地獄中了。歷代達賴都殺人，而且殺了不少人，又是主使者，怎麼可能轉世再來時還能成爲人類呢？所以一代又一代的轉世傳承都是騙人的，最後只好用抽籤；既然是抽籤的，不論有沒有往世的達賴轉生過來，在那些被選出來的幾個小孩子中，一定要選出一位達賴，還怕沒有人可以繼承嗎？這當然是不準確的。若是準確的話，還得要抽籤嗎？

所以說，修學佛菩提而想要出離生死的人，一定要先斷殺，然後再依本經中說的方式建立道場及學法；如果不斷殺而修禪定，一定修不起初禪，因爲被瞋恚蓋障住了，初禪當然起不來。瞋心重的人，初禪一定發不起來；而貪欲重的人—特別是密宗追求雙身法四喜的喇嘛們—初禪更是絕對發不起來，因爲都被貪欲所遮障了，這也是無可奈何的。所以我說，有佛教史以來，所有修學密宗雙身法的大小僧人，都不可能獲得初禪的實證，因爲他們的境界全都落在欲界中，根本與色界不相應，怎能發起初禪來？必須把瞋恚蓋、睡眠蓋、貪欲蓋都斷了，才能夠發起初禪。發起初禪之後才能進修二禪，這是永遠不變的法界定律。不能斷殺心和極重貪欲的歷世達賴，想要證得禪定，就好像有人把自己的耳朵塞起來，然後高聲大叫，希望別人都聽不到，這當然要叫作「欲隱彌露」。密宗歷代達賴正是如此，口中說要把自己性障消除，實證佛法；結果卻專幹一些讓性障越來越增長的事。

「清淨比丘及諸菩薩於岐路行，不踏生草，況以手拔？云何大悲、取諸眾生血肉充食？」所以清淨比丘以及所有的菩薩們，若是在岐路上行走時，因爲少人走的緣故，這種小路上總是會有一些草生長出來了！但是大眾還是要儘量避開生草，是因爲每一棵小草都有一個無福的鬼神住著，所以叫作依草附木精靈。附木，還算是有福報的，他的家是一棵大樹，也還算是不錯的。若是生草（不是枯掉的草），那是沒有福報的小鬼神所住的，若是有人過來一踩，他的家就完了，還得要等半天或一、二天，草又站起來而可以住了，他才重新有個家。所以菩薩及清淨比丘在岐路上行走時，連生草都要儘量避開而不踐踏，何況手拔呢？而西藏密宗那些人，卻是一天到晚口中大講慈悲（慈悲已經成爲他們的口頭禪了），但他們卻還繼續取眾生血肉來充食，這是身行跟口行互相違背的。

「若諸比丘不服東方絲綿絹帛、及與此土靴履裘毳乳酪醍醐，如是比丘

於世真脫，酬還宿債，不遊三界。何以故？服其身分，皆為彼緣；如人食其地中百穀，足不離地。必使身心於諸眾生若身身分，身心二途不服不食，我說是人真解脫者。如我此說名為佛說，不如此說即波旬說。」如果想要出離生死，就應該儘量少虧欠眾生；如果比丘們（當然也包括比丘尼）不穿東方來的，因爲這是在天竺所講的，所以說東方，也就是從中國來的絲綿絹帛，這種用絲做成的線以及絲絹製成一匹匹的布，是要養蠶繅絲才能製成的。當蠶結繭成蛹以後，就得繅絲；繅絲是把所有繭放入大鍋水煮熟，才能繅絲；想想看，一件絲做的布，要死掉多少蠶蛹？如果是絲被，裡面都是絲，要死掉更多蠶蛹才能製成（聽說現在絲被採用新技術，讓蠶無法結成繭而將絲吐成平面的，所以不必殺死蠶蛹。不過我們學佛人倒是比較歡迎人造絲，因爲蟲會吃蠶絲，但不吃人造絲，反而比較好）。這些東方來的絲綿絹帛製成一件僧衣時，是要死掉多少眾生呢？如果大家都不穿它，就不虧欠眾生，對於出三界是有幫助的。

世尊又交代說，也不要穿天竺本土出產的靴履，因爲靴履是用牛的皮革來做的；裘毳就是有長毛的外衣，也不要穿著，因爲這也是殺生得來的；出家人平常更不要吃乳酪醍醐，除非是爲了治病。否則，只要使用了或常常吃，就負欠眾生了。想要出三界，卻一天到晚不斷積欠眾生各種債務，還想要出三界，那就是逃債。眾生當然不願平白損失，所以欠債者在修行時就會有許多障礙出現，不讓他成功出三界去。所以如果想要出三界，就不要負欠眾生，應該盡量避免使用眾生身上的物質。

菩薩可就不一定了，菩薩是想：只要我不是殺害你，比如說絲綿絹帛，我就不用，因爲那是經由殺害生命得來的。如果某一條牛自然死了，確定牠已經脫身而往生去了，然後把牠的皮取來做鞋履，出家菩薩也是可以穿的；因爲菩薩就藉這種緣起而跟那條牛結了緣，未來世就有緣相見。相見時不會想要索命，牠對菩薩也不會有瞋，因爲是自然死亡而已經脫身而去的死皮，所以未來世遇見菩薩時，就因此得度了。菩薩就因爲這種緣故，於是也可以穿皮革。可是現在要找自然死的動物皮革還眞是難！古時是比較容易一些。

如果是蛋類（常常有人問起蛋的問題），如果你可以確定是專門生蛋的養雞場養的，不是野放而生的蛋，當然沒受精，就不是有情，那就沒有關係，因爲你並不殺生。這樣吃了蛋是跟生蛋的動物結緣，未來世就有機緣相見，可以度那隻生蛋的動物。西藏密宗常常說：我吃牠，我就度了牠。其實都是騙人的！他們是殺害眾生而吃的，眾生是含恨生瞋而死的，不可能被喇嘛所度；而且喇嘛們所謂的度，是用遷識法，根本只是妄想一場，全無度的本質。縱使喇嘛們所謂的度是可以成功的，那又是把被吃的眾生度到哪裡去呢？是到烏金淨土去，也就是飛行夜叉的淨土，那是穢土而不是淨土。那樣如果可以說是度眾生，還有什麼慈悲與博愛可說呢？

在家菩薩吃了鴨眾生的兩顆蛋，這一結緣以後，未來世就有因緣相遇，那隻鴨才有機會被菩薩所度；所以菩薩就這樣生生世世不離三界，不害眾生而與眾生結緣，這就是菩薩行。所以，你們今天聽完經回去以後，牛奶照喝，乳酪照吃，雖然一定是虧欠眾生，卻都沒問題；因爲我不只是要教你證得解脫果，同時也教佛菩提道、證佛菩提果。假使有人證道後就想出三界，我若是知道了，一定要上門痛罵一頓，我度來的竟是一個聲聞人，眞是冤枉。我要度的是菩薩，我傳的法是菩薩法，雖然也函蓋聲聞法，但是我不想度聲聞人，我弘法的目的是要度菩薩，才能續佛慧命。所以你們不必顧慮虧欠眾生，以後乳與酪都可以喝，如果現在還有醍醐，你一樣可以吃，因爲並不是殺害生命得來的，對動物的身體並沒有損害。

又如乳牛生的乳，本來就是該給別人喝的，有人幫牠搾乳吸出了，免得牠乳房漲得難受，牠還歡喜呢！所以牧場的乳牛，只要搾乳時間到了，當音樂放出來時，牠們就自動回來，等著牧場主人幫牠們吸乳，原來乳汁太多時也會覺得累贅而苦惱；所以用機器為牠們吸乳汁時，牠們是歡喜的；那你就喝它，也是跟眾生結緣，未來世就會有緣相遇。菩薩法跟聲聞出三界的想法是不一樣的。但是，你喝了它，你還是欠了牠，你別心裡想說：「**我是花錢買的**。」你花錢買，只是一個獲得的過程，你與牧場主人都同樣虧欠牠；而牠也虧欠牧場主人草料及照顧，就這樣互相結了緣。在這樣互相結緣的情況下，未來世你有因緣時再幫牠證悟，這也是一個結緣的方法，雖然不算是頂好的，因為不是布施。菩薩就藉著「**服其身分，皆為彼緣**」，來與眾生結下未來世相遇的因緣。

為什麼服眾生身皮、吃眾生肉等，都不能出離三界呢？佛就舉例說，就好像有人吃地上所長出來的百穀，那麼腳就離不開地面了。這在《阿含經》中就有講過，阿含部的《起世因本經》有說：這個物質世間本來是沒有人的，到了這個物質世間可以有人生存時，光音天人有時飛來欲界天生活；過慣了欲界天的生活，有時又飛來人間瞧一瞧。那時有人發現山壁或大地上有香味，好奇的緣故就去沾了吃吃看，覺得甜甜的，味覺不錯，再沾一口吃吃看；消息傳開了，於是大家都來吃，吃越多的人光明就越來越少，身體也越來越粗重。因爲大家喜歡吃，貪味的結果，那些地蜜就吃完了！眾生業力的關係，於是又出生了另一種食物——地肥。大家又拿來吃，吃久了身體就更粗重，光明更少，後來當然都飛不起來，足不離地，只能在地上行走。當地肥吃完了，又出生新的食物——粳米；粳米也是入口即化的，到了吃粳米的時候，當然更沒有能力飛行了！所以說：「**食其地中百穀，足不離地。**」

同樣的道理，吃了三界眾生的身肉，奪取了牠們的生命，這些眾生成爲債主了，當然要障礙殺牠們而吃牠們身肉的人修道，於是道業難成而離不開三界了。所以 世尊說：一定要使我們的身心，對於所有眾生的身體全部或牠們身上的任何部分，在我們色身與覺知心這二方面，都不要生起想要穿用和加以吞食的想法。佛說，這樣的人才是眞能解脫於三界的人，也就是對三界眾生的色身擁有或吞食，都沒有欲望了。如果求證解脫道的人，每天都想要吃眾生肉，還能得解脫嗎？在大乘佛教中，還有誰貪著吃食眾生肉的？只有密宗！凡是不好的事情，密宗都有分。密宗連上供時都要有眾生肉，他們供的食子叫作「多瑪」，「多瑪」的成分如果光是白米，他們認爲誠意不夠，其中得要包著肉類等物；密宗的假「佛菩薩」都還貪肉呢！何況供奉與受學的喇嘛們，還能解脫嗎？當然不可能，全都無法證得聲聞道的解脫果。但他們卻說吃肉也可以獲得菩提道，那當然不是佛說。世尊早就吩咐了：若不是如同 釋迦佛這樣的說法，就不是佛說，就是天魔波旬所說的。所以西藏密宗所講的全都是天魔波旬所講的。

【「阿難！又復世界六道眾生，其心不偷，則不隨其生死相續。汝修三昧，本出塵勞；偷心不除，塵不可出；縱有多智、禪定現前，如不斷偷，必落邪道：上品精靈，中品妖魅，下品邪人諸魅所著。彼等群邪亦有徒眾，各各自謂成無上道；我滅度後，末法之中多此妖邪熾盛世間，潛匿姦欺，稱善知識；各自謂已得上人法，詃惑無識，恐令失心；所過之處，其家耗散。我教比丘循方乞食，令其捨貪成菩薩道。諸比丘等不自熟食，寄於殘生，旅泊三界，示一往還，去已無返；云何賊人假我衣服裨販如來、造種種業皆言佛法，卻非出家具戒比丘為小乘道？由是疑誤無量眾生，墮無間獄。若我滅後，其有比丘發心決定修三摩提，能於如來形像之前，身然一燈，燒一指節，及於身上爇一香炷，我說是人無始宿債一時酬畢，長揖世間，永脫諸漏；雖未即明無上覺路，是人於法已決定心；若不為此捨身微因，縱成無為，必還生人，酬其宿債；如我馬麥，正等無異。汝教世人修三摩地，後斷偷盜，是名如來先佛世尊第三決定清淨明誨。是故阿難！若不斷偷、修禪定者；譬如有人水灌漏卮，欲求其滿，縱經塵劫，終無平復。若諸比丘衣鉢之餘，分寸不畜，乞食餘分施餓眾生，於大集會合掌禮眾，有人捶罵、同於稱讚，必使身心二俱捐捨，身肉骨血與眾生共，不將如來不了義說迴為已解，以誤初學；佛印是人得真三昧。如我所說，名為佛說；不如此說，即波旬說。」

講記：「阿難！而且，世界中的六道眾生，他們心中若是不會生起偷竊的想法，就不會隨著竊盜惡業而生死相續。你們修學金剛三昧，目的本是爲了出離三界塵世勞苦；然而偷竊之心如果不能滅除，三界塵勞就不可能出離；縱使擁有很多智慧而使禪定現前了，如果不能斷除偷竊之心，必定會因爲偷竊之心而墮落於邪道：上品人成爲精靈，中品人成爲妖魅，下品邪人就被種種鬼魅所附著。那些偷心不除的種種邪人，他們在世間時也都各有徒眾，他們每一個人都自稱成就無上道了；我釋迦如來滅度以後，到了末法時期的佛教之中，有很多這一類妖邪住於佛門中，很張揚地在世間到處走動，他們都潛藏隱匿自己不誠實的欺騙行爲，各自都宣稱是佛法中的善知識；也都各自宣稱已經證得上人之法，常常以言語自誇而迷惑對佛法無所認識的人們，又恐嚇那些初學佛人而使初學者失去正念之心；這一類妖邪所經過的地方，凡是追隨他們的家庭，資財不久便大多耗散了。」

「我教導比丘們依循所住方界乞食，以這種方式促使比丘們捨棄貪心而成就菩薩道。諸比丘等人不許自己設立廚房煮熟食物，要將身心寄託於殘餘的生命，猶如旅行而暫時停泊於三界中，顯示爲一往還以後便出三界，或是顯示捨離人間以後便不再返還人間；爲什麼那些賊人假藉我佛門的衣服假冒爲佛教中人而出賣如來？他們造作種種惡業而說那也是佛法，卻回頭來非議出家具足受持戒律的大乘比丘爲小乘道？由於他們這樣令眾生對佛法起疑而耽誤了無量眾生，死後將會下墮於無間地獄中。」

「如果在我釋迦如來入滅以後，佛門之中有比丘發心決定實修金剛三昧境界，能夠在如來的形像前面，在身上點燃一燈，焚燒一個指節，以及在身上焚燒一個香炷，我說這個人無始劫以來累積的眾生債，已經在一時之間酬償完畢，已經長久揖注所欠世間債務，永遠脫離各種有漏法；雖然他還沒有立即悟明無上正覺的道路，但這個人於佛菩提道勝妙大法已經獲得決定心。如果不造作這種捨身的微小法因，縱使能夠成就無爲法，必定還會再度出生於人間，一一酬還他久劫以來累積的債務；如同我釋迦如來三月之中常食馬麥，是完全不會有差別的。你阿難發願於末劫之時教導世人修學金剛三昧境界，在前面二種明誨之後，還要教導他們斷除偷盜之心，這就是我所說的如來與先佛世尊的第三種決定不變的清淨明白的教誨。」

「由於這個緣故，阿難！如果不先斷除偷盜之心而精修禪定的人；就好比有人以水灌入已經穿漏的酒杯中，想要求得酒杯中的水常常盈滿，縱使經過塵沙數劫以後，終究無法使漏杯中的水得以平整而回復盈滿狀態。如果諸比丘在平常所使用的僧衣與飯缽以外，其他的物品都不儲畜，並且把乞食之後多出來的食物分出來布施給飢餓的眾生，於大集會的時候合掌恭敬地禮拜大眾，遇到有人握拳來打或以口罵辱時，把它認作是跟稱讚一樣，必定要使自己色身與覺知心二方面都已經捐棄捨離了，寧可將自己的身肉骨血與眾生共有，也不將如來爲人悉檀的方便說，轉過來當作自己眞的完全理解，而用來耽誤初學佛法的人們；那麼我釋迦佛印證這個人是已經證得眞正金剛三昧的人。若是如同我所說的一樣來爲人轉說時，就名之爲佛說；不能如同我這樣爲人轉說，就是天魔波旬所說。」

「阿難！又復世界六道眾生，其心不偷，則不隨其生死相續。汝修三昧，本出塵勞；偷心不除，塵不可出；縱有多智、禪定現前，如不斷偷，必落邪道：上品精靈，中品妖魅，下品邪人諸魅所著。」佛又交代第三種清淨明誨：

如果世界上所有六道眾生，都沒有偷盜之心，也就是都不貪愛別人的財物，就不會隨著偷竊眾生財物的惡業而長時生死相續。爲什麼有偷心就不能出離生死呢？是因爲貪著人間的物質，特別是貪著別人所擁有的財物而想要竊爲己有，這是非常粗重的煩惱，已經落入外我所了！修行人貪著覺知心自己，更執著處處作主的意根自己，這是我執、我見，所以不能出離生死，總是落入識陰之內，無法出離三界。但心中有偷竊之心的人，是連我見與我執都觀照不到的，是把心向自我以外去貪求，而且還是貪求別人所擁有的財物，已經落入未斷我見的精進修行者已經遠離的外我所中，當然不可能出離三界生死，因此就不斷地輪迴在人間，甚至下墮於三惡道中。

所以 佛陀交代說：佛子們想要修證佛菩提道中的金剛三昧，本意是想要出離三界塵勞；可是這個偷心如果不能先除掉，三界塵勞是沒有辦法出離的；縱使有很多的智慧與方便善巧，懂得如何修學禪定，但是因爲偷心不斷的緣故，死後一定會落入邪道中。至於因偷而有的邪道又分爲三品：上品就是世間智慧很好也有修得欲界定的人，死後就去當精靈，隨機獲得自己想要的財物，或者指派下屬妖魅去偷盜他人的財物；中品人死後去當妖魅，由精靈指揮，專門幹一些雞鳴狗盜的事；下品就變成邪人，身行、口行、心行都邪，他想的都是世間種種貪著的事物，不斷地貪求世間有爲法的財物，於是就被鬼魅附身而專門行竊據爲己有。

「彼等群邪亦有徒眾，各各自謂成無上道；我滅度後，末法之中多此妖邪熾盛世間，潛匿姦欺，稱善知識；各自謂已得上人法，詃惑無識，恐令失心；所過之處，其家耗散。」這些上品、中品、下品的精靈、妖魅、邪人，死前在人間時，也都各各有其徒眾，他們也都自稱已經成就無上道，或者自稱已經成佛了，或者自稱是十地法王等等；全都假藉佛法而聚斂大量錢財，這些人若沒有殺業，死後都會成爲精靈。至於他們手下幫忙募集徒眾，以供他們蒐集大量錢財的幹部們，死後就成爲妖魅，在精靈手下服務，依舊爲精靈蒐集各種想要的財物。至於在這些附佛法外道中，藉機會獲得利益的下等層次者，死後轉生而成爲邪人，專門被妖魅附身而蒐集各種人間的財物，以爲是自己所有；其實只是供作精靈與妖魅在人間作事時的所需。但這三品人全都不知道自己已經成爲這三品人中的一分子，將來果報正在等著他們。

這些人當然是隨處分布於末法時的人間，大家應該有智慧加以觀察。所以也有附佛法外道爲了錢財，假藉佛菩薩名義去斂財。也常有一些神壇召集信徒辦法會時，突然就來一個「觀世音菩薩降」，然後就開始在沙盤上寫起來，結果講出來的都是常見外道法，還要信徒捐獻財物，這還會是觀世音菩薩說的嗎？當然不可能！觀世音菩薩早就已經成佛了，連七住菩薩都不會落到我見中，結果那些神壇中自稱爲「觀世音菩薩」的鬼神，講出來的佛法還是落入我見中，可見就是這一種精靈類的鬼神。他們也自稱成就無上道。但是這幾年的台灣也有人自稱成佛了，聽說還依照他的模樣製作了佛像，放在他們的道場給信徒膜拜，我也聽說他聚歛了幾十億元台幣。天啊！台灣人眞的很好騙，隨便講一些似是而非的假佛法，藉著氣功再配合宣傳，才幾年時間也可以騙到幾十億元。但是眞正的佛法弘傳者，對錢財都沒有興趣，因爲全都只是人生大夢中的錢財，與往世所擁有的錢財一樣不眞實，因此心中所想到的都是如何使正法久住，都不設想自己在世間法中的利益。凡是假藉佛法而聚歛大批錢財在自己身上的人，不論他是否披著僧衣，不論他是否假藉氣功而說佛法，其實都屬於精靈一類，死後都會成爲精靈。

佛說在祂滅度以後末法之中，將會有很多這類妖邪，熱烈地活動於世間，而且數目很多，所以說是「熾盛」，如今的台灣不正是如此嗎？他們很會「潛匿姦欺」：潛匿，就是隱藏自己的過失以及不如理之處，把自己下劣之處隱藏起來；姦欺，就是裝出一副大善知識的樣子，顯示他們證量有多麼高，讓人不敢懷疑，以免得罪他。還有一種人也是姦欺，他講話時總是慢條斯理、愛講不講的模樣，讓你覺得他很有修行、胸有成竹。譬如有的大師講話時這麼說：「我－－滅－－度－－後－－末－－法－－之－－中，多－－此－－妖－－邪－－熾－－盛－－世－－間。」（大眾爆笑……）那眞是太造作了吧？太過分裝模作樣了！這也是姦欺。這是擺出一副上人之樣：「我是人上之人，所以我講話時就是這樣，你們都得慢慢聽我講。」這就是「自謂已得上人法」。不一定鬼神道才有這樣的人，佛教中的大師們也有。不過佛教中的大師，最近我的觀察，好像講話不敢再那麼慢了！可見我們講一些事相上的法，還是有生起一些正面的作用。

這一些人全都各自稱爲善知識，都各自稱說已經獲得上人之法。上人之法就是所證超越人類之法，所證不是世俗之法，才能稱爲上人。但是往往人間所謂的上人，講的法理是什麼呢？全都是世俗法，有哪一個上人眞能講到解脫之道呢？他們連聲聞解脫道都無法說清楚，若是要他們講解超脫於二乘解脫道的佛菩提道，當然更沒辦法了。可是他們還是繼續裝出大善知識的模樣，以言語迷惑對於佛法尙無深入認識的民眾。當然，對你們已經明心的人來講，他們都沒有辦法欺瞞你們，可是他們仍然能欺瞞初學佛的人。剛學佛的人什麼都不懂，所以會信受，然後就崇拜迷信所謂的「上人」法。

若是屬於三品鬼魅，他們還會恐嚇信徒，令信眾失去正信之心，那就更可惡了！這些鬼魅施設三昧耶戒來恐嚇信眾，說如果不依三昧耶戒每天修雙身法，就得下金剛地獄。他們所謂的三昧耶是什麼呢？是指禪定，所以三昧耶戒就是禪定戒。可是他們的禪定是什麼呢？是說雙身法中正在受領淫樂觸覺之時的一心不亂，宗喀巴也說那個境界叫作「等至」：男女雙方同時到達高潮就是密宗的禪定等至，那時一心不亂地受樂就是密宗禪定。這也可以叫作禪定嗎？當你認爲這樣不對，私下跟某些修學密宗的人講：「某某師兄、某某師姊！這好像不對！這應該是違背佛法解脫的道理。我看，我們應該要再詳細研究看看，別再迷信下去了。」他們聽到有人轉述你的說法時，就會恐嚇你：「你這樣是在破壞佛法，也是違犯三昧耶戒，你死後將會下墮金剛地獄。」他們密宗另外發明一個金剛地獄。佛說有十八個地獄，密宗新創了一個金剛地獄來恐嚇你，使你失去對正法的信心，這就是「恐令失心」。

「你將來要下金剛地獄！」一般人聽了就怕，只好又回歸密宗的外道法中，就與眞正的佛法絕緣了，可是看來他好像還是在學佛呢！所以學密的人，眞的很難轉出來。特別是西藏密宗，因爲密宗祖師新創了三昧耶戒來控制信徒，只要信了密宗，就再也無法脫離了。密宗完全不依止比丘戒、比丘尼戒，更不依止菩薩戒，他們單依密宗祖師新創的三昧耶戒；要求密宗女行者必須隨時接受喇嘛們的要求，合修雙身法；如果拒絕了，就是違犯密宗的三昧耶戒，將來死後要下金剛地獄。被密宗喇嘛這麼一恐嚇，只好又迴轉回去密宗了，那就失掉正智正信之心，所以佛說這是「恐令失心」。

西藏密宗厲害的地方就是擅長於恐嚇，一般人聽了都會害怕，所以大陸常常有人公開說：「我要把蕭平實幹掉，我已經開始修誅法誅殺他。」最近四川地區也有喇嘛公開宣稱：「蕭平實已經死了。」可是我仍然好端端地坐在這裡講經。有許多大喇嘛聯合修誅法對付我，可是誅了我沒有？他們派遣來的都是一些鬼神，屬於很低層次的鬼神；別說要誅我，就算是想要誅殺一般的佛弟子都不可能，因爲佛弟子們身邊都有三十六位護法善神跟隨著，密宗修誅法所派來的所謂金剛部族，都是層次極低的鬼神；當那些低層次的鬼神被派來以後，看到佛弟子們身邊的護法神，心裡都害怕了，何況我的護法神層次太高了，他們哪能誅殺我？

所以，只有不懂密宗眞相的人才會被喇嘛們的言語所迷惑，以致於「恐令失心」：被恐嚇而失去信受正法之心。然後還叫你要修供養：供養喇嘛、供養密宗法王。並且告訴你：你信了密宗金剛乘的法以後，就不要再去信受顯教，也不要再去供養顯教，因爲顯教的層次太低了，不如供養最高層次的密宗。他們就是這樣教育密宗的信徒，這當然不會在書上寫出來，但會私下這樣告訴信徒，他們一直都是**崇密抑顯**的。然後還會要求你說：「你對氣功修不好，就是因爲福德不夠，所以你應該要供養上師。」一再要求信眾努力供養喇嘛們，貪心從來都不厭足，所以這一些人「所過之處，其家耗散」。

諸位還記不記得呢？七、八個月前，有一位師姊投書，爲她的朋友請問，我那時曾經在講經前答覆過。那是說她那位朋友打坐時有很多感應，常常看見佛菩薩來指導他修行。我當時不是公開答覆了嗎：「請妳告訴他，叫他要小心，快要出問題了！那些都不是眞正的佛菩薩。」後來果然出問題了，我才公開答覆差不多兩個月後，他已經精神失常了，並且眞的「其家耗散」。因爲他信受上海一位密宗喇嘛，那位西藏密宗的喇嘛告訴他：「你如果想要得這個法，要準備五百萬元台幣來供養。供養完了，你才會有福德資糧，才能證得。這不是我要你的五百萬元，是爲了培植你的福德資糧。」還講得振振有詞。他收了信徒的錢，還是爲了信徒好呢！我們同修會從來不曾有誰把錢收了，放進自己的口袋，都是明帳存在會中，誰都不許隨意動用，必須有正當理由而且全都用在大眾身上。但他不是，他收了錢是放在自己口袋中，由他自己享用。那個人眞的信了，就把台灣房子拿去銀行借了五百萬元，去上海供養喇嘛；供養了以後，他想要的法得到了沒有呢？還是沒有得到，因爲那位喇嘛是騙人的，他本身也沒有修成那個法，全都是靠小鬼感應來騙人。你看，那個人不就「其家耗散」了嗎？這是現成的例子。至於沒有被舉出來的，還沒有被公開的，其實更多。這件事情，我今天如果不講，諸位也不會曉得。這眞是喇嘛「所過之處，其家耗散」。

末法時期的眾生還眞的可憐，所以我們要做的事還很多，要趕快把這些眞相告訴眾生，所以我們《狂密與眞密》的第一輯，十一月一日會將全部內容貼上網站，並且要寄贈給各道場。總共四輯會分階段寄出，接下來就是二月一日再寄第二輯，同時在網站貼上第二輯，一步一步分階段來做，讓效果能夠持久一些。我們一定要救眾生，如果我們不做，眾生哪裡知道密宗錯了呢？他們都不曉得！而這一部《楞嚴經》，幾乎是爲末法時代的密宗而講的，因爲 世尊早就預見這種事情會發生，捨壽時不是爲末法眾生而流下兩行清淚嗎？都因爲早就預見天魔波旬會假藉如來衣而住如來家，然後假說如來法而破如來法，正是預見末法時會有密宗的破法行爲。

我聽一位法師說：淨心長老也是如同台灣話說的「槌心肝」，聽說很後悔請來達賴喇嘛。我聽那一位法師說：淨心法師當年請達賴喇嘛來，目的是要達賴導正台灣西藏密宗的錯誤說法和觀念，所以他付出一千五百萬元台幣代價，邀請達賴來台灣。台灣的中國佛教會不是很有錢，一千五百萬元台幣對台灣的中國佛教會而言是大數目；可是達賴喇嘛收了一千五百萬元台幣，來台灣時有沒有糾正密宗呢？根本就沒有！他的目的只是灌頂、傳法、收紅包，聽說達賴來台灣灌頂時又收了幾千萬元紅包，就離開台灣了，根本不肯導正密宗的邪見與邪行，所以淨心長老也是覺得很難過。這是我聽一位法師說的，事實上是不是這樣？我就不知道了！諸位也就姑妄聽之吧！是否要姑妄信之，就由諸位自己決定，因爲我也無法判斷此說的眞假，一樣是「只能存疑」。淨心長老現在於宗教電視台上開講《楞嚴經》之目的，或許肇因於此吧？但我也不知道。可是我要說的是：假使那位法師所說是眞的，就顯示淨心長老不懂密宗；因爲淨心長老提出要達賴改正密宗在台灣的惡行，其實是與虎謀皮。雙身法是密宗的根本教義，若眞的改掉雙身法以後，密宗就不再是密宗了，淨心長老怎能要求達賴把雙身法趕出密宗呢？那當然是與虎謀皮。而我們也正在講《楞嚴經》，至於我對此經的講解內容，將會等到講完後十五年，才會整理出版，不想太快出版，因爲時機還沒有成熟。（編案：後來由於某法師的助印，平實導師將此講記提前爲講後十年出版。助印的書籍將會轉贈大陸各寺院與各宗教主管機構）。至於我們能做的就儘量去做，不是爲自己的世間利益，而是爲佛教的未來，也爲佛教弟子們的共同未來，我們都應該要努力去做。

接下來 佛說：

「**我教比丘循方乞食，令其捨貪成菩薩道。諸比丘等不自熟食，寄於殘生，旅泊三界，示一往還，去已無返；云何賊人假我衣服裨販如來、造種種業皆言佛法，卻非出家具戒比丘為小乘道？由是疑誤無量眾生，墮無間獄。**」

這眞的是在預破天竺密宗，也就是後來傳到西藏的所謂藏傳「佛教」。佛說：我教導比丘們要循方乞食，要分散在各處，循著各個不同方向去乞食，目的是要比丘們捨掉口腹的貪欲，在離欲的心境下，才容易成就菩薩道。佛不許比丘們在寺院中設廚房自己炊煮，大眾都不要自己炊煮熟食，必須乞食，表示都不貪愛生存於世間，只是暫時寄存剩餘的壽命在世間活著修道或利樂眾生。但是在中國不太一樣，因爲中國的國情不同；如果在中國乞食，一般人大多會誤以爲是家貧如洗的貧賤者，會被輕視。若是在印度乞食，人們都知道那可能是很高尚的、離欲的修行者，所以大眾都很恭敬。在中國地區乞食，一般會認爲是乞丐，尊貴的僧寶卻被視同乞丐，可就不太好。

而且中國的寺院大部分屬於叢林制度，大多建在深山裡，如果要下山來乞食，可能早上寅時過後就得下山來，中午乞食得到一缽飯，吃完回到山上時已經是晚上準備就寢的時間了，那就沒時間修行，又如何能有正法來利益眾生呢？因此中國自從百丈懷海禪師制定了〈百丈清規〉以後，大眾都要自己種植，所謂「一日不作，一日不食」，從那以後就不用乞食了，卻是要下田耕種的。但這部經典是在古天竺講的，當然是依古印度的佛門情況來說：諸比丘都不要自己設爐灶來炊煮熟食，必須四處托缽，托缽的目的是在顯示「寄於殘生」。

我個人的觀念是這樣認爲：眞正修聲聞解脫道的人，譬如我如果出了家，是專修解脫道而不是修菩薩道，那我就三衣一缽一杖，到處行走；走到哪裡就托缽到哪裡，晚上走到哪裡我就睡在哪裡；當晚有人願意聽法，我就演說解脫道的法；若是沒有人願意聽，我當晚休息過了，明天又走向別的地方，就這樣子一直走下去，隨緣爲人說法。將來該捨報時，走到哪裡就死在哪裡，然後就入無餘涅槃了！對自己都不要有任何的執著，要全部放捨，願意在捨壽時滅盡無餘。平時就是要像鳥一樣，今天飛到這棵樹，這棵樹是我的住處；不把它當作家，只是爲了攝持水果食物；明天又飛到另一個地方，就這樣一直過下去；死的時候到了，飛到哪裡就死到哪裡；根本不要理會死掉時有沒有人會幫自己埋葬，我不會在意這件事。這樣才眞正是「寄於殘生，旅泊三界」眞修聲聞解脫道的比丘。古時初轉法輪時期的僧團中，凡是實證阿羅漢果的人，都是以這樣的心態而生存著。

既然出了家，目的又是想要求證解脫道，想要出離三界，就是要這樣修。若是無法生前就證得阿羅漢果、阿那含果，至少要示現爲「一往還」；也就是死後生到欲界天中，在那裡捨壽後下生人間時成爲阿羅漢，然後捨壽就入無餘涅槃了！或者示現爲「去已無返」，在此捨壽以後生在色界五不還天的下四天之中，將來在那裡捨壽後就直接入無餘涅槃，不再回到人間了；也就是在五不還天的下四天中，捨壽時就直接出三界去，這叫作「去已無返」，所以又名「不還果」，就是三果人（編案：這是上品三果人，但非最上品三果人，詳見平實導師《阿含正義》詳述）。眞正修習解脫道的出家人，若是眞的想要出離生死，是應該這樣修學的。

「云何賊人假我衣服裨販如來？」爲什麼有一些賊人（爲什麼叫作賊人呢？因爲假藉釋迦牟尼佛的法衣來求取錢財等世俗利益），假藉 佛陀的法衣來裨販釋迦牟尼佛呢？這是說，末法時代的天竺密宗法師們，當然也是說更後期的西藏密宗喇嘛們，把釋迦世尊所說佛法名相拿去販賣。怎麼叫拿去販賣呢？譬如喇嘛們常常提出條件：你想要得這個法？可以！台幣五百萬元！你想要那個法？可以！台幣一千萬元！假使我要像密宗喇嘛那樣求財，我可以開出條件：你想要明心？好！台幣五百萬元！你想要眼見佛性？可以！台幣一千萬元。而且我是有實質內涵的法，是確實可以親證的，不像密宗都是以假代真的假貨。但我如果學著密宗也這樣斂財，就成為「裨販如來」。而我們有沒有這樣？我們從來都沒有！以後也永遠不會有。我們所有的，只是做義工，包括我在內，全都是義工，從來不曾藉正法取得一分錢財或幾十萬元、幾千萬元錢財。

而你們只要努力為正法付出，就能得法；所以從來沒有捐過一毛錢的人，也可以明心，這也有現成的例子，只要夠努力為正法做事就可以呀！所以全都看你們各人的因緣。你的因緣是應該如何，我們就是順著你的因緣來幫你，主要是看你的心性與累世的福德因緣適不適合證悟。有的人是家財萬貫，他如果提出要求說：「我捐一百萬元，請你幫我明心。」我說：「門兒都沒有！」因為他只是九牛之中才拔一毛，心是吝嗇的，不符合菩薩樂修布施行的心性。如果是家徒四壁，眞的沒有辦法捐助錢財，但是他很用心在做義工來護持正法，我也幫他明心。可別指責我的心偏了！我的心本來就偏在左邊。（大眾笑……）各人的因緣是應該如何，我就如何幫忙。這意思是說，不應該拿如來的法來賣；即使我們所收的錢都在同修會中，沒有一分一毫掉到私人口袋中，也不能因爲有人願意捐大筆錢財，我們就販賣佛法。而我們又是只有一套帳本，所收得的每一分錢財也都全部入帳而用在正法的弘揚上面，沒有一分一毫是被誰移作私用的；所以正覺同修會即使收受了再多奉獻，也都不是「裨販如來」。如果幫人家明心或見性，所收的錢財是放在個人口袋中私用，就成爲「裨販如來」，即使少至一塊錢、十塊錢、一百塊錢，同樣是「裨販如來」；即使出家了，如果所收的錢財是私人所有而不是僧團共有，同樣也是「裨販如來」。我們正覺同修會的觀念就是這樣的。

「造種種業皆言佛法，」末法時期有一些賊人穿著 釋迦如來的法衣，把 釋迦如來的佛法拿去販賣，目的是聚斂錢財；他們造了種種惡業時，卻都說那是佛法，這眞是謗佛的惡行。請你們觀察藏傳佛教密宗那些所謂的修行，有哪一種法是佛法？根本就沒有，都是把外道法拿來，再把佛法名相套上去賣，說他們賣的是佛法，這就是「造種種業皆言佛法」。猶如一個米酒瓶子裡裝了餿掉的劣質醋水一般，密宗自古以來就是這樣在賣佛法。他們騙人說那就是眞正的佛法，就這樣騙人；可是就有那些愚癡眾生願意喝那種假米酒，把那些餿掉的醋水當作眞米酒，咱們也眞的沒奈何他們。不論我們怎樣說明密宗的法義錯在何處，也說明藏傳佛教密宗的法打從根本就錯了，他們反正就是不信。所以總是會有一些密宗行者寫信來罵，我看過笑一笑就把它丟了。有人看我不生氣，就問我說：「老師！你怎麼不生氣？」我說：「我爲什麼要生氣？你設身處地想一想，他們以爲自己所修的是最究竟的佛法，而且是超過你們顯教的特勝佛法，卻被你幾本書全部推翻掉，他們心裡痛苦得不得了，你也體諒體諒他們嘛！爲什麼看他們來信罵了幾句，你就生氣了呢？」我們即將把密宗的邪根邪幹都給鏟掉了，他們當然痛苦呀！罵我幾句也不算什麼，爲什麼我要跟著他們生氣？我就把來信當作是讓他們紓緩一下、發洩情緒的管道，不就好了？所以沒有必要生氣。

藏傳佛教密宗所謂的佛法，從灌頂一開始就是雙身法，號稱最清淨的西藏密宗黃教的教義就是這樣的。他們從一開始的入門灌頂，就是用雙身法的理論與觀想來爲信徒灌頂；而他們入門後開始努力修練氣功，也是爲了將來合修雙身法時可以保持不洩而長久繼續受樂。密宗裡的很多行門與種種助緣，都是爲了最後實修雙身法的目的而修習，到最後所謂的「成佛——成就報身佛」也是用雙身法，是利用氣功保持不洩而長久樂空雙運，達到遍身受樂而假稱爲證得「正遍知覺」，就說是成就報身佛了。眞是荒唐到極點了！這根本就與佛法全然無關，不論是與解脫道或與佛菩提道，都是全然無關的；其實正是讓學密女人的丈夫暗中戴了綠帽子，也是讓學密的男人背著妻子常常在外拈花惹草，都屬於邪淫，所以 佛陀預記末法時說：「**造種種業皆言佛法。**」

密宗在歐美國家弘傳時，對雙身法是從來都不隱諱的，也常常有藏傳佛教的道場因爲主持的喇嘛染上了性病或愛滋病而關門的，因爲他們是公然與信徒合修雙身法的，也是公然傳授雙身法而常常在道場中輪座雜交的。他們這樣子幹盡了種種邪淫的惡事，不斷地破壞信徒的家庭，倒也罷了！我們也不說他們的法義錯誤，偏偏他們密宗卻要一直來非議說：你們顯教中的出家人其實都是聲聞人。在一千五百年前的印度，他們就是這樣誣賴顯教法師的。而他們如今在台灣指責正覺同修會，則是因爲我們提出如來藏妙義，也說明離念靈知意識是常見外道境界；他們既無法實證如來藏，也無法證明意識心不是虛妄的，所以就化名在網路上不斷指責我們是邪魔、是破壞佛法的外道。他們把以前誣賴覺囊巴的手法又在台灣使出來了。

「卻非出家具戒比丘爲小乘道？」他們在天竺時一直大聲地說：「出家人都是小乘聲聞人，凡是受比丘戒出家的人都是聲聞人。」他們那時都不承認有出家的菩薩。像這樣的天竺譚崔密宗，我們能承認它是佛教嗎？當然不能！現代的西藏密宗，是因爲被趕出西藏了，所以他們現在姿態擺低一點，卻一樣在暗中非議顯教、貶抑顯教：「必須修完而且實證顯教的所有法義以後，才有資格可以修密法。修密法的人當然是以雙身法爲最殊勝，你們顯教出家二眾都不能修雙身法，只能觀想修雙身法，所以你們的證境一定比在家人低。」就這樣貶抑顯教出家人。後來又公開說：「顯教出家人可以接受灌頂以後再受密宗的三昧耶戒，就可以實修雙身法而不犯戒了，也可以快速成佛。」像這樣子邪淫的密宗，而且所有法義與修證都與佛法無關，怎麼可以承認是佛教中的一支呢？可是印順、星雲、證嚴、聖嚴……等人，到目前爲止還是承認西藏密宗是佛教中的一個支派—特別是印順與星雲、證嚴等人—只因爲他們的中心思想全部是密宗黃教的應成派中觀。（編案：此是二〇〇二年夏天所講。）如果把密宗六識論的應成派中觀剝離了，印順一派可就沒有絲毫自己的思想可說了。所以，去參加印順思想研討會的人，其實都不懂印順思想；如果眞懂印順思想，就不會再去參加了！因爲印順所有的思想就只是應成派中觀的六識論思想，除此以外就沒有任何思想可說了。

可是藏傳佛教這些人眞的是世尊所說的「賊人」，他們現在是公然竊佔佛教資源：穿著如來的衣服，住進如來的寺院中，吃如來家的飯食，說如來的法而破斥如來的法；然後造作了數不盡的最低賤、最下賤的破法重業，以及破壞信徒家庭的大惡業以後，卻公然謊稱那些都是佛法。雙身法假使可以成爲佛法，佛教可就眞的進入滅亡時期了，眞是太荒唐！然後密宗卻反過頭來貶抑說：「你們顯教佛法層次是很低的，你們全都是**因位**的修行法，我們則是**果位**的修行法。」然而推究到最後證明出來的結果是什麼果位呢？依據《楞嚴經》的判定：只不過是死後去當飛行夜叉的果位，或者死後去當地行羅刹的果位。密宗的實際本質是這樣，他們卻反過來批判說：「受具足戒的出家菩薩比丘們，其實都是小乘人。」只因爲當時天竺顯教中的出家人不肯放棄比丘戒，只因當時的天竺比丘們遠離邪淫，所以天竺密宗當然會這樣亂罵一場。而如今台灣的藏傳佛教密宗，現在私底下也還是這麼講的。由於這樣的緣故，所以就讓眾生對顯教正法生起懷疑，或者心中輕視正法，於是便誤導了無量眾生，耽誤了無量眾生的道業，投入密宗雙身法中；愚癡眾生不知道密宗的外道和邪淫底細，跟著走下去而完成雙身法以後，「**皆言已成正遍知覺**」，都是成就大妄語業者，死後的**果報**就是下墮無間地獄。因爲密宗除了大妄語業以外，同時也是破壞正法以及不斷違犯邪淫重罪，也是偷盜別人眷屬的大盜，所以死後果報就是佛所說的「**墮無間獄**」。

「**若我滅後，其有比丘發心決定修三摩提，能於如來形像之前，身然一燈，燒一指節，及於身上爇一香炷，我說是人無始宿債一時酬畢，長揖世間，永脫諸漏；雖未即明無上覺路，是人於法已決定心；若不為此捨身微因，縱成無為，必還生人，酬其宿債；如我馬麥，正等無異。**」佛說：如果在我釋迦牟尼入滅以後，有比丘發心決定要修證佛菩提道的「**金剛三昧**」；因爲這部經講的**三摩提**—三昧的境界—都是如來藏「**金剛三昧**」，就是講明心開悟而證得金剛心的智慧境界；末法之世若有比丘發心決定要修佛菩提道的金剛三昧，他如果能在如來的形像之前，在自己身上點燃一燈（不論是在頭頂或手上都可以），挖一個小洞放了油綿，以身體中的油脂當作燈油來點燈，這就是「**身然一燈**」。又如受菩薩戒時要在手臂上點燃香炷燒成戒疤，就是「**於身上爇一香炷**」。譬如出家時在頭上燒戒疤，應該也是根據《楞嚴經》中這個聖教引生出來的，就等於「**身然一燈**」一樣。現在他們出家人一直說要改進，說要把這個廢除掉；我認爲並不如法，我不曉得他們經典是怎麼讀的。

《楞嚴經》中這麼說，**聲聞法中的出家人**如果想要消除宿世以來所犯的罪惡，可以「**身然一燈**」，譬如在身上某處挖個小洞，把燈芯草插上去，以身肉中的油脂來點燃一燈，一直到它滅了爲止。再用手指的一節在燈火上燃燒，加上在身上點燃一小團的香炷，那麼他往昔無量世以來積欠眾生的債務，一時之間就酬償完畢了。這其實是由 佛陀主持的懺悔儀式，當這位聲聞比丘願意自己忍受這種痛苦，向累劫以來的怨家債主懺悔，所有累劫的怨家債主都受感動；也因爲 佛陀代爲主持公道，讓這位比丘懺悔宿世惡業，讓怨家債主看到這位比丘眞的誠心懺悔，當然看在 世尊的分上，也就不再計較了；於是怨結就打消了，那些怨家債主也就不再阻撓這位比丘的修行了。

有一些人不懂其中的道理，就毀謗說：「**你看！佛陀就是要你用身肉供養祂。**」佛陀還會接受人類供養這個污穢的人肉？那算什麼佛呢？那人肉燒起來的味道，很腥臭的；連我們修學佛法的人都不吃肉了，何況 佛陀還會享受他們這腥臭不淨的肉味？這其實只是讓聲聞比丘在 佛前這麼做，正在領受痛苦的感覺時，也就顯示了懺悔的誠意；再由 佛出面排解，那麼冤親債主見了自然認爲這位比丘有誠心懺悔，於是願意解冤釋結，怨氣自然全部被懺悔掉；於是比丘開始修證「金剛三昧」時，那些怨家債主就不再來遮障了，這樣才容易實證「金剛三昧」。

這意思是說，有業障的聲聞比丘，若是想要了結往昔虧欠眾生的業債而出離三界生死時，應該這樣身燃一燈或燒身臂，向怨家債主酬償，以免道業被他們障礙。在我們正覺同修會中的菩薩們，則是改為利樂往昔重新再來受生的怨家債主，或者盡未來際永不入涅槃而等待一切怨家債主前來相遇，然後以三乘菩提利樂他們；因為我們不是想要求出三界的聲聞人，而是想要利樂眾生成佛，永無窮盡，所以不鼓勵燒身燃臂。但是，同樣的道理，在想要親證佛菩提的「金剛三昧」以便將來可以利樂所有怨家債主時，必須先懺悔業障，要避免怨家債主來索債而產生遮障；因為真正的勝法在修習時，一旦親證了，往世的怨家債主就很難把被積欠的身命財再要回來了。他們在鬼神道中，對於什麼才是究竟正法，可是看得很清楚的；因為當他們看到你在學法的道場，那些護法神的神格很高，那絕對是極勝妙的正法，當然知道你一旦實證了，就是世出世間法中的賢聖，那時他們再想來要債時，也一定是無法要得到的；因為連靠近你都會覺得困難，何況能要得到被你所欠的債呢？因此他們當然要在你還沒有親證以前來要債了。

所以你若是到世間法的道場（譬如慈濟、佛光山、法鼓山……等道場）去，他們都知道你是無法實證賢聖法的，所以不會急著要債，由著你去學。可是一旦知道你確實可以實證如來藏「金剛三昧」，一證就入賢聖位中，那他們可就急了！這時你可別像聲聞人想要取證無餘涅槃時一樣，在手上或其他部位點了香炷燃燒，由佛陀為你排解；而是要常常在佛像前發願，盡未來際不入無餘涅槃，要以實證如來藏「金剛三昧」來利樂所有怨家債主，那麼一切怨家債主就會等待未來生在人間被你所度，心中就會認為你宿世所累積的債務已經償還完畢了，因為他們藉著與你的往世業債而與 佛陀結緣了，當然佛陀也願意度他們，所以便皆大歡喜了。佛說：「是人無始宿債一時酬畢，長捐世間，永脫諸漏；」這樣的聲聞人再過不久以後就能出離三界生死。而發起大願的菩薩也將會證悟佛菩提，悟前當然也會長時間住在世間來利益眾生，正式開始菩薩六度萬行了，這就是「長捐世間」；當然也會永遠脫離種種有漏法，不會再因為有漏法而造作任何惡業，這就是「永脫諸漏」。

能這樣作的人，雖然他在做這件事時還未能明白無上覺路，就是還沒有辦法立即明心開悟，但他對於《楞嚴經》中所講的「金剛三昧」，已經具足了決定之心，一定會繼續進修直到開悟而證得「金剛三昧」；這樣的決定心，就是前面講的「攝心為戒，因戒生定」了。一定是因為這個決心，才會去受菩薩戒而點燃香炷、燒出戒疤；並且願意在身上挖洞點燈，又燒掉一個指節，都是因為已經生起了決定心。如果不是「因戒生定」而造作這種捨身的微因，縱使眞悟了，也還得要繼續生在人間來酬還宿債，依舊無法出離生死。為什麼叫作「捨身微因」呢？因為這只是捨棄一小部分色身，不是全身都捨。佛也不會教你全身捨，若是全身都捨了，還能修學佛法嗎？還能利樂眾生嗎？所以教你只捨一小部分，在 佛陀的排解下，把過去多世積欠別人的宿業都償還了，以後就好修行了。往世把整條牛、整隻豬殺來吃了，如今只要捨這麼一點身體就全部償還了，這是很便宜的事，所以說「為此捨身微因」。

如果連這種捨身的微小因緣都不肯做，就算已經親證無為法了，其實還是無法解脫於三界生死，必定還要回來人間再度出生為人，償還過去世所積欠的宿債。菩薩則是發願世世受生人間而不取滅度，利樂一切往世的怨親債主，所以 世尊說：「就好像我釋迦牟尼受婆羅門請，為了那五百馬得度的緣故，三月之中都只吃馬麥一樣。」不過 釋迦牟尼佛那三月安居雖然只吃馬麥，祂的馬麥卻是很好吃的，那是因為諸佛都有「舌上味相」的功德。當年佛陀受婆羅門邀請供養，明知婆羅門會反悔而不肯供養，但是為了度五百馬

（因爲牠們以前都是菩薩行者），所以仍然前往，婆羅門卻不肯供養；於是守門人請　世尊暫時住在馬廄裡，佛陀就在那裡待了三個月，都吃五百馬所吃的麥；這當然是有往世的因緣，這裡就暫且不說它，有興趣的人直接去讀《大寶積經》就行了。馬吃麥子時當然覺得很好吃，因爲不但能夠吃飽，而且比起吃草，這實在太好吃了。然而人類吃馬麥，能吃得下嗎？當然吃不下！可是　佛陀的功德就是不論任何食物，一入口就都變成上上味，這是諸佛的三十二大人相之一，福德很廣大。話說回來，如果出了家而想要求證解脫道，卻不肯做這個捨身的微細因緣，就算是證得無爲法了，還是會繼續出生爲人，在未來世中償還宿債，不能出離三界生死。

「**汝教世人修三摩地，後斷偷盜，是名如來先佛世尊第三決定清淨明誨。是故阿難！若不斷偷、修禪定者；譬如有人水灌漏卮，欲求其滿，縱經塵劫，終無平復。**」世尊針對斷除盜心與盜業的部分，也作了一個結論。由於這樣的緣故，所以阿難菩薩將來末法時期度眾的時候，要教導世人：如果有人想要修證首楞嚴「**金剛三昧**」而想要「**入三摩地**」，必須教導他們先斷除心婬與殺心之後，接著要教導他們趕快斷除偷盜之心與偷盜的行爲，這就是　釋迦如來與先佛世尊的第三個決定不會改變的清淨光明的教誨。

偷盜罪也是很嚴重的罪業，有些人直到現在還不瞭解，所以我還得要再說一說。我們一直很清淨在弘法，從來不曾有偷盜正法資財的行爲；可是還有極少數人（當然他們現在已經離開了），還在正覺同修會中搞錢。我把妙法送給大眾，不但從來不曾收受供養或從中獲得利益，還把自己在世間法中如法賺得的錢財拿出來弘法；然而他們是來得到我的法，不思索要如何回饋正法道場，還想要在道場中藉機搞錢，這樣是有智慧的人嗎？我認爲沒有智慧。他們那幾個人在同修會利用機會得了世間財，但是自己的功德法財究竟要損失掉多少呢？可是他們並不瞭解這個道理。所以 佛說想要修證眞正的「金剛三昧」，而且想要眞的「入三摩地」——心得決定，一定要先斷偷盜之心；如果不斷偷盜之心，見了獲得錢財的機會就生起貪心，這樣的人無法出離三界生死，更不要說證得「金剛三昧」；即使有機會證了，也無法「入三摩地」，不可能心得決定，一定會退轉。所以 世尊交代阿難菩薩說：「如果你能夠教世人斷除心婬與殺心之後，接著再斷偷盜，這樣就是如來以及過去的諸佛世尊所說的第三種決定不改變的清淨明誨。」

佛又開示一個譬喻說：由於上面所說的這些緣故，如果有人不斷偷心而想要修證世間法的禪定；且先不說如來藏「金剛三昧」，單說世間的四禪八定，當他不能斷除偷盜之心而精進修習禪定，就好似有人用水灌入一個底部有破洞的酒杯一般，想要使酒杯保持著盈滿的狀態，是決定不可能的；縱使他歷經塵沙數劫不斷地灌水，始終都無法使底部有破洞的酒杯維持盈滿的狀態。這眞是斬釘截鐵的說法，意思是一定要斷除偷盜之心以後，才有可能證得禪定。證得禪定尚且要有如此條件，何況是證得佛菩提中的「金剛三昧」？而且是想要入於金剛三昧智慧境界中而不退轉？

「若諸比丘衣鉢之餘，分寸不畜，乞食餘分施餓眾生，於大集會合掌禮眾，有人捶罵、同於稱讚，必使身心二俱捐捨，身肉骨血與眾生共，不將如來不了義說迴為己解，以誤初學；佛印是人得真三昧。」如果諸比丘在隨身所用的三衣一鉢之外，還有人再度供養了別的衣服與鉢盂，不必留存太多，應該全部轉施出去：「分寸不畜」。以前我在 克勤大師座下就是這樣，那時常常有人供養我上好布料的僧服，我總是收下以後就先拿去供佛，這是我的習慣，我總是先把僧服供佛。不但往世，我這一世還是這樣，不論有什麼食物，我都是先供佛，撤下來以後我再吃。往世對僧衣也是一樣，我總是先供佛。這一世我就沒有供過衣服，因爲我這一世沒有僧衣可以供佛；但往世常常有人供養我好的僧服，於是我就先供佛，供佛以後撤下來就供養 克勤先師；我不貪求僧衣，所以我身邊的僧衣不多，就是那麼幾件。除非破了，如果還沒有破，我都會繼續穿，不換新的僧服。若是有新的僧衣，我就是供養師父；師父若是發下來還我，我就供養別的師兄弟，這是我的習性，已經習慣這樣子。這也是宿習難改，跟我破邪顯正的習慣一樣是宿習難改。這就是「衣鉢之餘，分寸不畜」。

累積了一堆好布料的僧服要做什麼呢？反正每一件穿起來都一樣是僧服，也沒有別的花樣可以改變，變了也會成為標新立異，反而招來別人的注目，何必呢？但現在有一些內地寺院的住持，他們的僧服是多得不得了，而且料子一定要指定是台灣的，大陸出產的就不要。我也曾供養過一個寺院的住持比丘，他指定要台灣的好料子。我想託人在大陸訂製，他還不想要呢！這跟解脫道的修行知見眞是背道而馳。世尊開示說，要「分寸不畜」，夠穿就好了，剩下的都去供養別人。即使是乞食來的食物，如果食量沒有那麼多，就把多餘的撥出來布施給別人。常常有人發大心：「供養三寶，這是我種福田的機會，怎麼能放過呢？」所以就以大碗滿滿地倒入你的鉢裡，你不能推辭，因爲你是福田，得要給人種福田，推辭就是不慈悲。然而你吃不完，就分送給飢餓眾生，譬如餓狗或乞丐，不想積蓄下來晚一點再吃，這是食的方面不貪：「乞食餘分施餓眾生。」

並且「於大集會合掌禮眾」，這個可就困難了。有哪一個大師來到眾人面前時是跟大眾頂禮的？總是眾生去見他們時，向他們頂禮，他們就大剌剌地坐著讓你頂禮，大師們都是這樣的。有些密宗居士也是這樣大剌剌地站著讓人頂禮，那是十來年前，我遇見一個東密的上師（名字我就不談），我當場看見他站著讓徒弟們向他頂禮，我覺得很不可思議。我想：你雖然是密宗上師，但終究仍是個居士，而且也悟錯了，怎能這樣大剌剌地站著不動接受頂禮？這個人現在也在電視台上開始說法了，我就不談他的姓名。這就是說，除了不貪，還要在消除性障上面努力；若是不能消除性障，我執習性很重，連聲聞解脫道都沒有辦法眞正修學，更別說是佛菩提道的「金剛三昧」了。

……。（講經前的當場答問，因與本經法義無關，故移轉到《正覺電子報》〈般若信箱〉，以廣利學人，此處容略。）接下來回到《楞嚴經》一一八頁：「於大集會合掌禮眾，有人捶罵、同於稱讚，」這是說，當我們眞正行菩薩行的時候，心中應該對於外境有所當忍，這是「生忍」，也就是能夠忍受眾生對我們無理的對待，是修忍辱行，也就是在菩薩六住位之前修忍。所以，如果有人打你，譬如捏起拳頭捶你，或者以言語辱罵，你就認定這是在稱讚自己：如果不是自己還有一些分量，對方怎麼會辱罵我呢？只管把它想作是稱讚，不必管他是罵了哪些話，然後起歡喜心去對待他；因爲他是爲你消掉一些業障，無妨當作是稱讚。既然是如此，就不必在身心兩方面作文章了！

如果眞的想要成就究竟佛道，一定要「身心二俱捐捨」。如果被人罵了就不高興，就是還落在身上與覺知心上。因爲「罵」只是一些聲音，這個聲音所罵的是自己的色身，如果不以色身爲自我，誰還罵得了我們呢？如果人家大罵：「某甲！你是渾蛋加三級！」那你想：某甲是這個色身，可是我不是這個色身，所以這個「渾蛋加三級」就不是在罵我，只是罵這個色身；而色身非我，所以不是在罵我。如果對方是罵我們這個覺知心，我們已經否定了這個覺知心，這覺知心也非眞我，那他是罵到誰了呢？從另一個層面來看，這個覺知心無形無色，對方怎能罵得著？那就隨他去罵。從此以後榮辱不關心，這也是「身心二俱捐捨」。並不是教你自殺或上吊，而是從見地上面把自我否定，也就不會再執著這個五陰身心了，這叫作「二俱捐捨」。

然後乃至有一種「生忍」是到等覺位才修的，比如有人來請求說：「我要做藥，需要你的眼珠子。」他帶了一根湯匙來，你就挖給他。這就是等覺菩薩百劫修相好的時節，也是「身心二俱捐捨」。等覺菩薩要修三十二大人相，就得要這樣做；因爲這三十二相全都要靠無量無數的福德才能修成，這三十二相的福德若還沒有修滿，可就成不了佛。這都要靠很多的福德來修，就是「身肉骨血與眾生共」。這是等覺菩薩所修的事，我們現在還做不了！也不是我們現在該做的事。所以如果有人來說：「蕭平實！請給我一顆眼珠！」我說：「對不起！我現在還要寶惜它，不能供給你，因爲我還有很多事要做。如果你要，我到了等覺位時就會立刻布施給你。」所以，如果有一天人家來要眼珠，我眞的當場挖給他了，你就知道我到等覺位了；如果我一直都沒挖給他，你就知道我絕對還未到等覺位。

在每一個階段，都要觀察自己的狀況與位階，一步一步逐漸完成自己所應當做的事。但也不該僭越，現在明明還不到等覺位，還有更重要的事等著自己去做，卻只是爲了名聞，希望大眾錯認自己是等覺菩薩，所以就眞的忍痛挖了眼珠子給對方，這種心態是不對的。應當如實去做，而不應該和自己的修證層次有落差時就去做。全都要契合自己現在的修證階位或層次，觀察因緣去做應該做的事。

接著是屬於「法忍」的部分：「不將如來不了義說迴爲已解，」有很多人把如來所說的不了義說，也就是爲人悉檀的方便說，認爲自己完全理解，就對大眾堅決主張那是 世尊的究竟說。如果有人這樣子做，便是在耽誤初學者，也是謗佛，因爲 佛陀只是方便說，是爲了專門對治某人的特殊情況而作的方便說，不該認定是了義說。又譬如聲聞解脫道是方便說，因爲不曾觸及第一義；如果有人主張解脫道是究竟說，便將聲聞解脫道取代佛菩提道，那就是「**將如來不了義說迴爲已解**」，這就是印順、星雲、聖嚴、證嚴等人的作法。

關於「**不了義說**」四字，有很多人作了錯誤的運用，譬如藏傳佛教密宗六識論的應成派中觀師們：現代的印順法師、達賴喇嘛，古時宗喀巴、寂天、月稱、佛護，他們一直都說第三轉法輪諸唯識經是不了義說。這就是顛倒見！其實第三轉法輪諸經才是最究竟的了義說：不單是了義說，而且是究竟說。可是他們都不瞭解，也因爲全都無法實證，就乾脆貶抑說：**第三轉法輪諸經的法義我全都知道了，那只是虛妄唯識**。說唯識法門是專說虛妄識的方便法，指控說那是在阿含期就已經講過的了，然後就指控唯識增上慧學諸經爲不了義說。這就是亂用**不了義說**四個字，已經遠遠超越這一句聖教所講的「**將如來不了義說迴爲已解**」了！把如來的不了義說迴爲已解，妄說自己完全知道而指爲了義說，會使了義說與不了義說互相矛盾或衝突，不但是「**以誤初**

學」，而且是破壞正法，成爲一闡提人。

接著 世尊作了一個結論：如果有比丘能夠如同前面所說如實履踐，我釋迦牟尼佛印證這個人已經得到了眞正的金剛三昧。只有親證金剛心如來藏的人，才是眞正獲得「金剛三昧」，除了這個三昧以外—除了明心的親證以外—其他的三昧都不能夠說是眞正的「金剛三昧」，因爲全都屬於世間的禪定三昧。若是密宗雙身法中所說男人的下體堅如金剛而能長久保持堅挺，那其實是可以毀壞的生滅法，不能像密宗古今祖師那樣愚癡地稱讚是金剛，因爲只要一把剪刀就可以剪掉它而毀壞它，怎能妄說是金剛呢？所有法界中，就只有如來藏是金剛法性，沒有一法可以毀壞祂；所以，親證如來藏心的金剛性而成爲實義菩薩了，才能說是證得金剛的人；現觀如來藏的金剛性而自己心得決定，對於經由親證金剛心如來藏而生起的法界實相智慧絕不搖動，才是證得「金剛三昧」而「入三摩地」的賢聖。

「如我所說，名爲佛說；不如此說，即波旬說。」佛又作一個小小的總結說：如果像我釋迦牟尼佛這樣說法時，所說諸法才能說是我釋迦佛所說的；如果和我所說的法義相違背時，就不該說是我釋迦佛所說，而應該說是天魔波旬所說的。

【「阿難！如是世界六道眾生，雖則身心無殺盜婬，三行已圓；若大妄語，即三摩提不得清淨，成愛見魔，失如來種：所謂未得謂得，未證言證。或求世間尊勝第一，謂前人言：『我今已得須陀洹果、斯陀含果、阿那含果、阿羅漢道、辟支佛乘、十地、地前諸位菩薩。』求彼禮懺，貪其供養。是一顛迦銷滅佛種，如人以刀斷多羅木，佛記是人永殞善根，無復知見；沈三苦海，不成三昧。我滅度後，敕諸菩薩及阿羅漢，應身生彼末法之中，作種種形，度諸輪轉；或作沙門、白衣居士、人王宰官、童男童女，如是乃至婬女寡婦、姦偷屠販；與其同事，稱歎佛乘，令其身心入三摩地，終不自言『我真菩薩、真阿羅漢』，泄佛密因，輕言未學；唯除命終，陰有遺付。云何是人惑亂眾生，成大妄語？汝教世人修三摩地，後復斷除諸大妄語，是名如來先佛世尊第四決定清淨明誨。是故阿難！若不斷其大妄語者，如刻人糞為栴檀形，欲求香氣，無有是處。我教比丘直心道場，於四威儀一切行中，尚無虛假，云何自稱得上人法？譬如窮人妄號帝王，自取誅滅；況復法王，如何妄竊？因地不真，果招紆曲；求佛菩提，如噬臍人，欲誰成就？若諸比丘心如直絃，一切真實，入三摩提永無魔事，我印是人成就菩薩無上知覺。如我是說，名為佛說；不如此說，即波旬說。」】

講記：「阿難！如同我剛才所說這樣，世界上的六道眾生，雖然已經修到色身與覺知心中都沒有殺、盜、婬，修除這三毒的法行已經圓滿了；但如果有了大妄語的行爲，就會使金剛智慧三昧境界不能獲得清淨，使他成爲『愛見之魔』，失掉了如來種性；這就是我所說的大妄語人：尚未證得的境界自稱已經證得，尚未親證的三昧自稱已經證得。或者心中希求成爲世間尊貴殊勝的第一人，便向面前的人說：『我如今已經獲得須陀洹果、斯陀含果、阿那含果、阿羅漢道、辟支佛乘、十地、地前諸位菩薩。』求得那些人對他禮拜、懺悔，貪求那些人對他供養。這種斷善根人在佛門之中其實是在銷滅諸佛的種性，猶如有人以刀斷除多羅木的樹心，我釋迦佛預記這類人永遠殞滅善根，此後多劫對於佛菩提道都不可能再有了知或聽見的因緣了；一定會沈墮三途苦海之中，不能成就金剛三昧。我釋迦佛滅度以後，教令諸菩薩及阿羅漢們，以應身出生於和那些人同時的末法之中，受生作種種不同的身分，度化各類正在生死中輪轉的眾生；這些應命受生於人間的菩薩們或阿羅漢們，或者受生爲出家人、白衣居士、人王宰官、童男童女，就像是這樣子，乃至應命受生爲妓女寡婦、姦偷屠販一類人；與各類不同心行的人們同事，藉著同在一起的機會稱揚讚歎佛菩提法門，令各類人士好樂修學佛菩提法門，而使他們的身心得以證入金剛三昧境界中；但被我指派受生於末法之中的菩薩或阿羅漢們，終究不會自己宣稱『我是眞菩薩、我是眞阿羅漢』，四處泄漏佛法中的祕密正因，又以輕蔑言語歧視尚未修學佛法的人們；只除了臨命終時，私底下有遺言付託時。我選派的眞正菩薩、阿羅漢們尚且如此，爲什麼後世那些凡夫眾生們可以迷惑擾亂眾生，而成就了大妄語？你阿難教導末法世間的人們修證三昧境界時，除了要先斷殺、盜、婬以外，隨後還應斷除各種大妄語，這就是我說的如來與先佛世尊第四種決定不變的清淨光明教誨。」

「由於這個緣故，阿難啊！如果不能斷除大妄語的人，猶如精心雕刻糞乾成爲栴檀香木的形狀，想要求得人糞雕成的假栴檀香木的香氣，是沒有這種道理的。我教導比丘們要以直爽之心作爲修行的道場，於行住坐臥等一切行爲之中，尚且都不可以有虛假，爲什麼末法時世的凡夫們可以自稱已得上人之法？就好像窮人妄自號稱爲帝王，是自己求取帝王加以誅殺滅除；人王尚且不許冒充，何況更加尊勝的法王，如何可以妄自竊取？像這樣因地所修已不眞實，將來的果報當然會招來種種無法講得清楚的曲折了；卻想要求得佛菩提，如同想要咬自己肚臍的愚癡人，有誰曾經成功呢？如果諸比丘心地如同直絃都無彎曲，一切言行完全眞實，將來進入金剛三昧境界中，永遠都不會有魔事擾亂，我釋迦佛印證這個人成就了菩薩道中的無上知覺。若是有人如同我釋迦佛這樣子說法，就名爲佛所說法；不如同我釋迦佛這樣的說法，就是天魔波旬所說的邪法。」

「**阿難！如是世界六道眾生，雖則身心無殺盜婬，三行已圓；若大妄語，即三摩提不得清淨，成愛見魔，失如來種：所謂未得謂得，未證言證。**」佛又交代說：就像是前面所說的這樣，所有世界中一切六道中的眾生，雖然他們已經具備了前面的三種清淨明誨，也就是離殺、離盜、離邪婬心或者離婬心，這三行已經圓滿修成了，心中不會再想違犯了，可是還有第四種清淨明誨一樣是不可以違犯的，這第四種就是大妄語。大妄語業如果違犯了，佛菩提道中的「金剛三昧」是不可能清淨的，一定會成爲「愛見魔」，會因此想要藉著證得如來藏而獲得廣大的名聞利養，於是都還沒有證悟，就在心中生起種種貪愛之見：想要趕快獲得名聞、想要趕快獲得無數利養、想要獲得一大片金碧輝煌的道場，想要獲得廣大徒眾、想要獲得佛教界的崇高身分。這就是愛見魔入心了，心中生起種種愛見了，佛說這種人已經喪失了如來種性。也就是說，犯了大妄語業的人，都是「未得謂得，未證言證」。換句話說，明明知道自己還沒有開悟，卻宣稱自己已經開悟了；心中知道佛菩提中的「金剛三昧」還沒有證得，卻每天示現「上人法」，表現出開悟聖者的模樣。雖然他在口中不說有開悟，示現出來卻是一副證悟聖者的模樣。譬如有大法師講經時如此說：「師父告訴你們：開悟的人從來都不說他已經開悟。」然後就扯到別的題目去，過一會兒卻又告訴大眾：「你們看，師父我，從來都不說我有開悟。」這就是「未得謂得，未證言證」，這是方便大妄語。他自己心裡很清楚自己是沒有開悟的，但是爲了讓大眾對他恭敬供養，於是以暗示的手法表示自己有開悟，是證悟的聖僧，這也是大妄語——方便大妄語。

有的法師乾脆就直接說：「開悟？開悟很簡單，如果你知道什麼叫作緣起性空，那你就是開悟了。」這樣就是開悟了？所以，他們認爲：譬如印順法師懂得緣起性空，就可以叫作開悟。這也是大妄語。然而他們懂得緣起性空了沒？還是沒有！因爲緣起性空不能外於如來藏而說，必定是有一個本住法恆存，才能藉眾緣來生起諸法，這才是四阿含中所說緣起性空的眞實義；可是他們卻外於本住法如來藏，是把本住法如來藏公然否定而說緣起性空，這樣的緣起性空與 釋迦佛所說的緣起性空迥然有異、完全不同，本質是**無因論**的緣起性空，因此印順一派人也是「未得謂得，未證言證」的大妄語人。

人間確實有很多種方便法可以暗示說自己已經開悟了，許多法師們也以為方便暗示開悟並不算是犯了大妄語業，誤以為口中不直接承認有開悟，就算是沒有大妄語；但只要是以方便法讓人誤以為他是證悟的聖者，本質依舊是大妄語。而這種「未得謂得，未證言證」，最常見的狀況就出現在藏傳佛教裡，他們也從來都不避諱，從來不用方便大妄語的手法，根本就是直接大妄語，總是大剌剌地直接自稱是十地、佛地，很少有人自稱是初地，因為他們都覺得初地太低了，不足以炫耀，也不足以籠罩人，所以密宗動輒自稱法王乃至報身佛。可是一一加以推究的結果卻是：他們不論是誰，在三乘菩提的見道法中，不論哪一種都沒有實證。說白一點：藏傳佛教所有人，連聲聞見道的斷我見智慧都還沒有。所以密宗那些人，我想到他們捨壽後的來世情景，真為他們不寒而慄、腳底寒涼、頭皮發麻；因為他們所說全部都是大妄語業中的最重罪，因為他們常常宣稱是超過釋迦佛的報身佛果，那是大妄語業中的最重業；可是他們都敢犯，心中完全不以為意；我真的不知道是要佩服他們有膽夠種呢？或者是要可憐他們愚癡呢？真的要好好想辦法趕快救他們遠離大妄語業中的最重業才好。

「或求世間尊勝第一，謂前人言：『我今已得須陀洹果、斯陀含果、阿

那含果、阿羅漢道、辟支佛乘、十地、地前諸位菩薩。』求彼禮懺，貪其供養。是一顛迦銷滅佛種，如人以刀斷多羅木，佛記是人永殞善根，無復知見；沈三苦海，不成三昧。」這一段經中講的已經不只是密宗裡的喇嘛們所犯的過失了，這些事項是目前顯教中也存在的事實，這讓我憂心忡忡，不曉得當代顯密各派的大法師們，轉生到未來世時將要怎麼面對？當代的顯教大法師們，如今不是各個都想要被世間人認爲他是尊勝第一的嗎？有人想要成爲學術第一、環保第一，有人想要成爲全球道場最多的第一，有人想要成爲道場建築最高的第一（因爲他們認爲證量最高所以寺院就建得最高），有人想要成爲全球慈善事業第一、醫療第一；如今台灣顯教中的大法師們，不都是正在求取各種不同的尊勝第一嗎？都是要讓人家覺得他是最尊勝，也是世間第一。

爲了達成尊勝第一，必須號召更多信眾來參與，於是就必須配合高抬佛法中的證量，使迷信的世俗人大量投入來追隨他們，於是有時就對著面前的人們說：「我如今已經證得須陀洹果，我已經證得第二果斯陀含，我已經證得第三果的阿那含不來果。」或者說：「我已經證得阿羅漢，我是應供、無生的果位。」或者私底下宣稱：「我已經證得緣覺、十地。」或者宣稱已經證地前三賢位中的各種菩薩位。他們各個都是凡夫，卻敢運用種種方便言語來暗示大眾。但他們這麼說的目的何在呢？無非是要促使大眾對他們禮拜、供養、追隨，或者讓大眾犯錯時去對他當眾懺悔。剛開始時的目的都是貪其供養，後來才演變成爲追求尊勝第一。關於供養，範圍可就很寬廣了，錢財、珠寶自然不在話下，最重要的還是色身供養。若是在密宗裡，當然更要以色身供養：女眾要以自己色身供養男上師，男眾要以自己色身供養女上師，當然前提必須是年輕英俊或年輕美麗。這就是「貪其供養」。

我們開始弘法以來總是如實說，後來則是想要擔任佛教界的防腐劑，促使佛教界弊絕風清。可是現在佛教界有很多人對我不滿：「你蕭平實是明弘禪宗，實際上是在貶抑禪宗。」爲什麼對我作這種不滿之言呢？因爲我判定禪宗明心只是大乘別教中的第七住位，還在三賢位中。他們卻是各個宣稱開悟了，並且還高抬說：「禪宗法門只要一悟了，就是成佛了。」然後還罵我這樣判教是高抬自己的證量，卻認爲他們悟了就成佛的說法是如實說而沒有自我高抬證量，眞是顚倒。可是今天諸位無妨檢查一下，首先我有沒有貶抑禪宗？沒有！因爲禪宗的明心都還不懂初地的無生法忍，而且禪宗的明心開悟者，連十住菩薩眼見佛性的世界如幻觀都還沒有親證、還沒有能力現觀，連十住菩薩的修證都還沒有，怎麼可以叫作成佛呢？所以今天佛教界都可以檢查一下：譬如開悟明心以後，有沒有眼見佛性的能力？是否獲得了十住菩薩的世界身心如幻觀？大家都可以檢查確定我一點兒都沒有貶抑到禪宗，我所說的都是如實語，禪宗的開悟明心眞的只是七住菩薩位而已，但是無妨二乘無學聽不懂七住菩薩所說般若實相法義。這都是事實。我也說：眼見佛性時才只是十住位，好在還有《大般涅槃經》爲我作證，否則我縱使說破了嘴，當代那些自以爲悟的法師們也是不會相信的。

而藏傳佛教密宗那些人，各各都說自己是法王、十地、報身佛，可是檢查確定的結果都成爲一顚迦人。一顚迦又叫作一闡提，一闡提就是斷盡善根。爲什麼叫作斷盡善根呢？是因爲他們犯了大妄語業以後，就好像有人拿了一把柴刀砍了多羅木一樣，再也不能生長而枯死了。多羅木類似檳榔、椰子樹。以前檳榔很貴，後來跌價跌到很厲害，有人很氣餒，就把檳榔樹的樹心砍斷（檳榔樹幹不是很高嗎？他們把檳榔樹砍下來，就把被樹葉包裹住的檳榔樹心剁下來賣，那個檳榔樹心就叫作半天筍，有很多人吃過），只要把檳榔樹頂端的樹心砍斷了，檳榔樹就不會再長枝芽，於是就死掉了。多羅木就像是這樣，你只要攔腰砍斷或者輕輕地砍斷它的樹心，它就不再生長了，隨即漸漸死掉。大妄語業者也是同樣的情形，只要他們未悟言悟而成爲「未得謂得，未證言證」，就已經成爲一闡提人了。在佛教界或者附佛法外道中，這種情況目前是很普遍存在的現象，才會令人憂心忡忡。明明還沒有開悟明心，仍然落在識陰之中，竟然說他們已經悟了；這其實是還沒有證得「金剛三昧」而宣稱已經證得，目的又是什麼呢？第一是爲了利養，第二是爲了名聞，第三是爲了廣聚眷屬。可是名聞利養與廣聚眷屬的目的又是爲了什麼？還是爲了爭得「尊勝第一」，還是名聞；所以現在台灣佛教界各大山頭都在想辦法聚集無量無數錢財，用來成爲各種「尊勝第一」。

現在請諸位爲台灣佛教作一個反省：幾十億元台幣投下去，一、二百億元投下去，建起來的金碧輝煌道場裡，講的是什麼法呢？是常見外道法，或者六識論的斷見外道法。如何是常見外道法？譬如法鼓山說一念不生時就是開悟，聖嚴法師的書中都有寫；你們下一週拿到我第六輯的《公案拈提》時，就會看到我的舉證，把他在某一本書的第幾頁所講的舉證出來。法鼓山聖嚴法師怎麼可以說一念不生就是開悟？怎能說一念不生可以保持很久時就是大悟徹底？那你們有很多人應該都是大悟徹底了！因爲你們可以無相念佛淨念相繼非常久，一整天都淨念相繼，那不是大悟徹底了嗎？聖嚴法師卻是連無相念佛或看話頭功夫都沒有的，但他卻又不承認我們的開悟，然後自己書中卻又講：一念不生能夠維持半天、一天，就是大悟徹底。那我們一天到晚都沒妄想，豈不是大悟徹底而且更徹底了嗎？但其實都只是意識境界，所以我說他落入「常見見」中，因爲都落在意識覺知心上。只有證得如來藏的人，才能說是開悟者，因爲只有這種實證才是首楞嚴中的「金剛三昧」。惟覺法師的中台山，幾十億元台幣建起金碧輝煌的道場，是世界最高的寺院，他座下的法師宣稱：因爲證量最高，所以建的寺院也最高。其實還是常見外道法；因爲惟覺法師公開演講時說：「師父說法時的一念心，諸位聽法時的一念心，就是眞如佛性，就是中道實相心。」他們的《靈泉雜誌》中也這樣公開登出來，證明他自己弘揚的正是常見外道法！剩下兩個大山頭：佛光山講的也是一切法緣起性空，承認印順所說是正確的；星雲即使講禪時也從來都不談如來藏，認同印順所說「如來藏是不了義說、是方便說」，與印順一樣成爲斷見，成爲誹謗見，本質是無因論外道見。《楞伽經》中佛說這是「誹謗見」，也說墮於誹謗見的人都是一闡提人。至於慈濟的證嚴法師，那就更甭提了，她是一向信受印順的法，她對佛法更是一知半解。你們看，比大陸興盛高明的台灣四大道場，若不是常見，就是斷見或無因論者，全都落入六識論中。但他們卻又全都示現上人法，一個個儼然是大師之狀。

我們是不敢示現大師狀的，我上台說法是穿得莊嚴一點；若是下了法座，我穿的是一套六百塊錢在榮總旁買的地攤貨，也許騎著破腳踏車，也許騎著舊摩托車到處去辦事。我從來不敢在出門時要求誰來載我。有很多同修發心說：「老師！爲了安全，還是讓我們去接你好了。」我說：「我寧可不要，萬一被撞了，也就撞了嘛！」我寧可自己開著舊車四處去辦事（老實說，我那部車子也該換了，已經開十一年了）。我從來都不敢示現上人相，既然要眞正修行，就別在表相上著眼。修行應該是修心地法門，要從自己心地中實修，別老是作表面功夫。但也不必矯枉過正：那我就把十一年的破車，想辦法開到二十一年。那也用不著，該換的時候就換，因爲菩薩並不在事相上面用心。有時菩薩示現，如同維摩詰大士那樣家財萬貫、子孫滿堂、眷屬成群，但是他心中無貪，該這樣就這樣，都沒有關係；所以菩薩示現時，不懼貧也不怕富。富貴有什麼可怕？富而不仁才可怕呢！富而且仁，才是在家菩薩應該示現的本分，菩薩道又不是修聲聞行。

這一段經文中，世尊說的意思很清楚：要遵守諸佛如來共通的四種清淨明誨，絕不能違犯，特別是最後一種。前三種若是犯了而下地獄，出離的時間還不會很久；最後這一項大妄語業若是犯了，下了地獄可就久了！那些大法師們都應該要特別注意！誹謗證悟的賢聖，下地獄七十大劫，但如果是大妄語，那可是「一顛迦」，是一闡提人，叫作善根永斷，那是無間地獄罪；無間地獄受報完了，還得要在其他各大地獄中次第受苦，才能來到餓鬼道受苦多劫，再去畜生道中多劫受苦，然後才能回到人間；剛回到人間當人時，前五百世還得要五根不具，盲聾瘖啞，又如何能學佛呢？

所以藏傳佛教密宗那些「法王、大菩薩」們，他們膽子眞夠大，我眞是佩服！我可是一點點都不敢僭越，因爲一旦僭越就成爲大妄語業。如果今天還不曾斷我見，我見具足存在，硬要說自己是初果人；如果否定如來藏，當然是還沒有明心，卻硬要說自己是七住或初地菩薩，都是成就大妄語業的人。如果你今天眞的明心了，有人問時，你不必說自己是第幾住菩薩、第幾地菩薩，都不需要，因爲那都是多餘的；但是當然可以承認是開悟了，若是自謙爲未悟，又成爲妄語了，因爲所說不實。如果口中自稱是十地菩薩，別人就一定會供養他嗎？也不見得。因爲他如果沒有披起僧服來，宣稱是十地菩薩，一樣不會有人願意供養的。我這些話是眞實語，因爲僧服的威德很大，但這是 世尊福德的餘蔭，不是穿僧服者自己的威德。今天我如果出去宣稱：我是十住菩薩，我是十迴向菩薩。誰會理我？沒有人會理我啦！只有你們識貨才會理我，但眾生大多是這樣子的。但是我卻說：就是要別人不理我才好，千萬不要處處示現上人相；這樣讓眾生輕視我，我的習氣就容易滅除。菩薩道中本來就應該如是。

所以大妄語業，是非常嚴重的事。可是我們所能救的只是那些大法師手下的人，有一部分人我們是可以救護的，可以藉著書籍中的法義細說，讓他們滅除大妄語業：當眾懺悔，永不復作，並且每天在佛像前至誠懺悔，就能在捨報前把大妄語的惡業消除掉。可是大法師們自己是不會改變的，世俗話說「騎虎難下」，他們縱使願意改變，他們手下的幾位大將爲了將來要繼續維持名聞與利養，各個都不可能讓他們改變的。所以，一旦有名有地位了，就很難改變了，因此他們是終其一生都不會懺悔的。對我們而言，懺悔是極平常的事；甚至於口說的懺悔還不算數，我往往還印到書上向佛教界公開懺悔。他們卻認爲懺悔是很丟臉的事。我們認爲面子一斤不值一毛錢，他們的面子卻是一斤值得幾百億元台幣，根本不一樣。但這個大妄語的果報與道理，還是希望諸位若是有機會時，要多多解說出去；凡是遇到有人可能有大妄語的事情時，一定要爲他提醒；這樣才是救他，免得他到了捨報的時候，想要救都來不及了。

佛說這樣大妄語的人是「永殞善根」，也就是善根永遠毀滅了。這種大妄語人，在未來世幾百劫、幾千劫、幾萬劫之中，不再有機會了知或聽聞到佛教正法的知見；將來回到人間以後所能聽聞與熏習的佛法知見，都將會是相似佛法的知見；眞正了義而且究竟正法的知見，他們從此以後是不可能獲得的。這種人將會沉淪於三途苦海之中很久、很久，就算是出了地獄道，隨後的畜生道、餓鬼道等花報，也都是跑不掉的；像這樣子，在未來幾百大劫之中，都沒辦法成就佛菩提的「金剛三昧」。前面所說的「三摩提不得清淨，成愛見魔，失如來種」，就是講這個道理。爲什麼他們「成愛見魔」呢？都是因爲貪愛名聞、利養，也是爲了聚集廣大眷屬，讓他處處受到恭敬而顯示他們在佛教界中的崇高地位。這個就是被「愛見魔」侵入心中了，當然「三摩提不得清淨」：明明自己是錯悟了佛法，硬要狡辯說是正確的，反過來排擠正法，這樣怎麼可能親證眞正的「金剛三昧」呢？所以他們所證的所謂「金剛三昧」一定是不清淨法，不可能是實證金剛心而「入三摩地」。這樣的行爲，根本就不是菩薩所應當爲，所以當然會失掉了如來種。所以大妄語眞是最嚴重的事。接下來說：

「我滅度後，敕諸菩薩及阿羅漢，應身生彼末法之中，作種種形，度諸

輪轉；或作沙門、白衣居士、人王宰官、童男童女，如是乃至婬女寡婦、姦偷屠販；與其同事，稱歎佛乘，令其身心入三摩地，終不自言『我真菩薩、真阿羅漢』，泄佛密因，輕言未學；唯除命終，陰有遺付。」佛又說：我釋迦牟尼應身滅度而轉入報身佛境界以後，會派一些菩薩或者通教法中的阿羅漢，讓他們應身來出生在末法之中（應身與化身不同，化身是只有影像，用影像來跟你示現之後就憑空消失了。應身則是應化而來的，是如同世俗人一樣來受生入胎而出生，與眾生一樣有色身存在），派了這樣的菩薩或者通教中的阿羅漢菩薩，來出生在末法之中，示現爲種種不同身分的人。如果是定性聲聞阿羅漢，一定不會再來人間，捨報一定入無餘涅槃。只有通教阿羅漢菩薩願意受命再來人間，因爲他們永遠不取無餘涅槃，發大願要世世在人間度化眾生同證解脫。如果有因緣遇到大乘別教如來藏妙法時，他們就會隨順因緣而修學、取證。

這一類受佛之命以應身來出生在末法時代的眾生之中「作種種形」，所以這些菩薩或阿羅漢們來人間受生以後，不一定示現比丘相或比丘尼相，往往「作種種形」：示現種種不同身分來度化種種正在人間輪轉的眾生。如何是種種形呢？有時候作沙門，也就是出家人的身相；有時示現爲「白衣居士」

身分，就像我這一世的模樣；有時示現爲人王，也就是國王或總統一類（當然我們台灣現在的總統都不是菩薩們來示現的，這很清楚可以斷定）；有時示現爲宰官，也就是當宰相或大官。（有一段時間，有幾位同修們說：「陳履安應該就是菩薩來示現。」可是我們今天再來檢驗一下，他究竟是不是菩薩示現？顯然不是！因爲他連我見都沒有斷，而且他已經走到意識境界的西藏密宗裡去了，還鼓勵兒子追求西藏女人作空行母，當然是想要開始努力研修藏傳佛教的「密」法了！這會是菩薩的示現嗎？菩薩示現時都不可能落入我見中，也都會清淨修行而遠離外道法。）

有時示現爲「童男童女」。「童男童女」並不是指小孩子那樣的小菩薩們。有時八十歲的老人都還是童男，九十歲的女人都還是童女，是說他們終身獨居無偶而且貞潔不婬，專修清淨梵行而住持佛法，才是眞的「童男童女」。有時示現爲「婬女寡婦」，成爲死了丈夫或者賣身的婬女，譬如婆須蜜多就是婬女，卻是已經證悟的菩薩摩訶薩；雖然她有時用婬觸來度人，但卻是實證「金剛三昧」，是以親證如來藏或以眼見佛性來度人的，不是像密宗落在享受淫樂中的一念不生覺知心裡，不是與樂觸相應的覺知心，這一類就是示現爲婬女或者寡婦。

乃至有時示現為「姦偷屠販」，「姦」就是心地不直而欺騙人的行業，藉著與那一類人同事而隨機說法改變那一類人。或許有一天突然出現一個曾經幹奸犯科的證悟者出來弘法，被人指認說：「這個人以前是個專門騙人的詐欺犯。」不斷辱罵，你可別跟著罵，他也許只是一種示現；菩薩應化在人間時，都是隨順因緣而示現的；有時因緣必須如此，這也很難說。所以若是無法觀察因緣時，咱們就閉口不說。「偷」是竊盜者，也許有一天突然冒出來一個證悟的男人正在弘揚了義法，卻有人罵他：「他是草上飛！」罵他是樑上君子，因為他的輕功很好，所以去當樑上君子，曾經專門偷竊有錢人的錢財。其實樑上沒有君子，這全都是偷；但也許有菩薩受命這樣示現，假使因緣必須如此時。「屠」是在市場中殺雞宰羊的人，現代也許就是開了大屠宰場的大老闆，後來證悟了賣給別人不做這行了，然後出來弘法。「販」就是當商人，從事貿易，也許只是在市場中當個小販，或者是到處叫賣的人。

總之，菩薩受命而作種種示現，都有可能。因為某些眾生，得要有菩薩與他們同事而產生了認同感以後，才會聽受菩薩所說的正法，所以要去受生當沙門、白衣居士、人王宰官、童男童女，與他們同事、利行之後，他們才會聽菩薩的話而轉入正法中。乃至有一些與菩薩有緣的眾生，由於過去世的某一些惡業，所以這一世成爲婬女、姦偷屠販等行業的身分，世尊若是想要度他們，菩薩就得受命去投胎而與那些人同事、利行，才能度化他們一起修學正法。

菩薩的四攝法，諸位大概沒有忘記吧：布施、愛語、同事、利行。其中有一樣就是同事，就是要跟眾生做一樣的事，讓眾生有認同感而覺得是自己的同類人，說話就很親切，就願意聽受。如果有一個小販，突然間有一位很有名的大法師來找他：「我來教你如何開悟證果。」這小販一定懷疑不信：「某某大師！您是不是瞧不起我，故意來作踐我？」因爲他心中有卑劣慢。但你如果示現爲一個小販去找他，他就會認同，因爲是同類人，不可能是心懷惡意。他心中認同了，你就可以在平常同事的過程當中，次第爲他說法，慢慢把他引進佛門，這就是「同事」的功德。佛說「與其同事」，要在同事的前提與過程中，來「稱歎佛乘」，使得對方一步又一步漸漸走入佛門中，經過一段長時間的修習以後「令其身心入三摩地」，就是幫他證得「金剛三昧」。

但是這樣作了以後，始終不會高抬自己：「我是八地菩薩，你現在才剛明心，要懂得恭敬我。」絕對不會這麼講，所以不會故意自己稱說：「我現在是第幾地的大菩薩。」常常有人寫信來說：「恭敬禮拜法王平實菩薩。」

我最近常常接到密宗的人寫信來讚歎我是法王菩薩，可是法王這個名號，我可不敢用，我又沒有準備要下地獄。所以我從來不說我是三賢位的某一位，或者是十地的哪一地，我只是就法論法而不講果位。若是不懂的人，我講了也沒有用，他也不會因此而恭敬我；若是已經有證量而能自己判斷的人，我也不必講，他自然懂得不該輕賤我。既然講了沒用，懂的人我也不必講，那我又何必刻意講出來呢？刻意講出所證果位的目的，無非是想要別人供養或恭敬；我又不求恭敬與供養，當然也就不必講了。

藏傳佛教最會宣揚果位了，但他們在台灣時都很聰明，都不自己講，而是由自己來說某某人是法王、是十地菩薩，再由被自己所稱讚的某某人來說自己已經成佛。他們來到台灣時都不自己講，眞的很聰明；被宣稱是成佛或法王或大菩薩的人，就自己默認而不否認，這樣獲得佛教界的恭敬與供養，其實都是地獄業；因爲他們所有人都是我見不斷的凡夫，都落入雙身法樂空雙運的意識境界中。眞正通教的阿羅漢或眞正的菩薩奉佛之命前來受生應化時，絕不會對大眾明講：「我是幾地菩薩，我是十迴向位，我是十行位菩薩，我是阿羅漢菩薩。」因爲他不想獲得世間法中的恭敬與供養，所以不會輕易洩露佛法中的密因。

從事相上而言，把 世尊吩咐受生於人間的事情講了出來，叫作「泄佛密因」。然而眞正的泄佛密因，其實是將佛法密意洩露。因爲佛法密意是諸佛的眞正密因，連不迴心阿羅漢們，諸佛都不幫助他們證悟佛菩提的，何況是輕易洩露給外道，或洩露給悟緣未熟的凡夫們。而且，「泄佛密因」的後一句是「輕言未學」，意思是輕視還沒有開始學佛的人：「這種開悟明心的事，你們縱使再學幾十劫以後還是沒有機會開悟的。」所以這裡講的「泄佛密因」，還是以諸佛究竟密義的洩露作爲主要的禁止內容。

但是，「泄佛密因，輕言未學」的事相，往往也會顯現在附佛法外道中，往往自稱是受佛之命前來度眾，而輕視一切未學者，讓大眾只能盲目崇拜他們，不許追求與他們一樣的證境，於是他們就名正言順獲得名聞與利養了。幾年前，桃園南崁有喜饒根登、義雲高，他們不是這樣搞的嗎？都是「輕言未學」，對還沒有眞正進入佛法中修學的人，不斷地假藉新聞媒體哄抬自己。大力哄抬的結果，許多愚癡無智的人就把金錢一堆又一堆送去給他們。如果遇到有緣的人，你們要趕快告訴他：那根本是外道。至於他們爲什麼是外道？要把理由說明給大眾瞭解。有許多人因爲剛開始學佛，知見還不夠，被附佛法外道所籠罩，我們應該讓他們知道事實眞相。這才是台灣四大法師們應該做的事情，也是他們應該盡的義務，而不是像吸金機一樣不斷吸取金錢搞大道場；四大法師們應該要對佛法與附佛法外道的差異性，廣泛教導眾生深入瞭解什麼是眞正的外道；但他們都閉嘴不談附佛法外道的義雲高與喜饒根登，反而指責弘揚正法的我們是不如法。於是只好由我們來破斥這個附佛法外道，現在這個附佛法外道終於消聲匿跡了！這樣，我們便救了許多人。因爲他們一樣是從藏傳佛教密宗出來的，仍然不會離開雙身法。而那些附佛法外道，正好就是「泄佛密因，輕言未學」。

常常有人向我說：「會外有人寫信來說：你們正覺弘揚自己的法就好了，只要把正法講出去，人家就知道了，你們何必要破斥人家？」會裡也有同修好意勸我不要跟各大山頭與附佛法外道們全面爲敵，事實上，我也不想與他們全面爲敵。你們看，以前我不是一直都讚歎佛光山、讚歎慈濟嗎？爲什麼我近來要說他們的法義過失？因爲他們已經嚴重抵制，而且私底下已經罵我們是邪魔外道了。所以我們都沒有主動去與人爲敵，只有誰是我主動與他們爲敵呢？第一是印順法師，第二是藏傳佛教，其他都是被動的回應。這就是說，在弘揚或護持佛教正法的事情上面，除非我們的法與他們的意識境界法一樣，否則他們不可能認同我們，也一定會抵制我們。從最早的法鼓山、自在居士與我們對立開始，一直到最近的慈濟、佛光山，都是因為我們的法和他們不同而對立，而我們也都是處於被動回應而不得不加以辨正的狀態。只要所證的法全然不同，就一定有一方錯誤，我們說我們如來藏是正法，與他們不同，就會間接顯示他們悟錯了；所以我們不說他們錯了，他們卻一定會無根毀謗說我們錯了，就會抵制我們正覺；這是無法避免的，所以我們終究無法繼續當老好人。我們剛弘法時雖然處處與他們為善，但他們始終不與我們為善，都因為我們的法和他們不同。當我們把如來藏正法弘揚出來以後，就顯示出他們落在意識境界，所說諸法是不了義而且是落在常見中；縱使我們不說他們的法義錯誤，他們一樣對我們心生不滿，所以就是要破壞我們弘法。這不是我們不與人為善，而是他們不與我們為善。

所以，像西藏密宗那樣，一天到晚自稱他們是果位修行，動輒自稱是十地、法王、成佛，並且還有教《廣論》的法師們說：「你們顯教的居士們，都是一壺永遠燒不開的水。」這都是「輕言未學」。如果是眞正奉佛之命而來，絕對不會跟錯悟的大法師們和稀泥，也不會跟附佛法外道和稀泥；一定就法論法：對就對，不對就不對。但是他也不會公開宣稱是幾地菩薩，或是幾住位、幾行位、幾迴向位；一直要到捨報時才會說出來，哪像密宗那樣各個都是活佛、法王、最尊貴的人——仁波切。所以你們也不必問我說：「**老師！你是不是過去世的某某人？**」我絕對不會告訴你，但我也沒必要否認，否則你們還是可以用排除法，問出名堂來。但我將來臨走時，自然會交代。又不想求名聞與利養，講它作什麼？而且我這一世也沒有披著僧衣，世人崇拜表相，反而會罵我大妄語，只是多害一些法師造口業而已，沒什麼好處。所以我們還是依照 佛所吩咐的：「**唯除命終，陰有遺付。**」只會在命終時對身邊的幾位同修們說，終究不會公開地說。

「**云何是人惑亂眾生，成大妄語？汝教世人修三摩地，後復斷除諸大妄語，是名如來先佛世尊第四決定清淨明誨。**」可是，你們看藏傳佛教那些人，他們眞的是在惑亂眾生。密宗那些人，至今還不曾看到有誰是斷我見的人；至於證得金剛心如來藏，就更別說了，所以他們全都是凡夫而作各種大妄語。但他們爲什麼要不斷地惑亂眾生呢？爲了名聞與利養，竟然可以造下未來許多劫中都必須自己獨自承受的尤重純苦地獄果報，眞的沒智慧。所以佛交代說：阿難啊！你教導世人修學這個「**金剛三昧**」的智慧境界時，除了前面我說的三種清淨明誨以外，接下來還要教導他們斷除種種大妄語：「**如果你能夠依照這四種清淨明誨來導護眾生，最後滅除大妄語，這就是我釋迦牟**

尼以及先佛世尊第四種決定不會改變的清淨光明的教誨。」

「是故阿難！若不斷其大妄語者，如刻人糞為栴檀形，欲求香氣，無有是處。我教比丘直心道場，於四威儀一切行中，尚無虛假，云何自稱得上人法？譬如窮人妄號帝王，自取誅滅；況復法王，如何妄竊？」接著 佛陀用一個譬喻交代說，由於以上所說的這些緣故，如果有人不肯把大妄語過失斷除，他就好像是拿了一坨乾掉的大便，把它雕刻成栴檀香木的模樣，以為把糞乾雕刻成栴檀木的模樣來焚燒，就會散發出栴檀木的香氣，這根本就沒有一點點的可能。所以 釋迦牟尼佛教導比丘們應該以直心為道場來修行（當然這個直心不是像《維摩詰經》所講的直心，而是說覺知心要像如來藏一樣處處直心，不是有時直心有時不直）。佛教導比丘們直心道場，要求比丘們在一切行住坐臥的身口意行當中，尚且都不可以有虛假，何況未來末法時節的人們，卻自己冒稱已經證得「上人法」呢？這些沒有實證的人，自稱已經證得「**上人法**」，就好像很貧窮的人妄稱他是皇帝或是國王，結果就是招來眞正的國王或皇帝把他抓去懲處，依法律加以誅滅。

人間的帝王之號尚且不可以僭越冒稱，譬如在皇帝專制的時代，如果有人敢穿起龍袍，乃至暗夜裡偷穿而被瞧見了，都是要殺頭的，何況公開稱說自己是皇帝？連人間的帝王名號都不可以僭稱，何況是無上佛法中所講的法王的名號呢？又如何可以虛妄盜用？法王至少是十地滿心的稱號，有時還是指佛地的稱號呢！如今觀察密宗那麼多的古今法王，除了藏密以前的覺囊巴法王以外，從來不曾有人是斷我見的，何況是證得明心的不可思議境界？全都是凡夫，竟然敢自稱成佛或是法王、十地菩薩等證量，干犯大妄語業以後仍然沒有一個人願意公開懺悔。

「**因地不真，果招紆曲；求佛菩提，如噬臍人，欲誰成就？若諸比丘心如直絃，一切真實，入三摩提永無魔事，我印是人成就菩薩無上知覺。如我是說，名為佛說；不如此說，即波旬說。**」世俗人眞的非常愚癡無智，有一些洋人也一樣；譬如有個洋人生了個兒子，西藏密宗的喇嘛們想要在歐美地區獲得認同，於是就找上門去，說他的兒子就是過去世的某某法王轉生再來，洋人們也就相信了，就把兒子給捐出去了！結果只是害了兒子將來相信自己眞的是法王，成就了大妄語業，也快樂享受法王的帽子榮譽和許多女人以後，捨報就下墮地獄去了，那眞是可憐呵！結果密宗那些人，是在利益人還是在害人呢？所以說眾生眞的顚倒，這叫作「因地不眞，果招紆曲」。

在因地凡夫境界中妄稱爲十地、法王，妄稱已證、已悟、已得，將來果報還能順利修行佛菩提嗎？當然不可能呀！所以這樣的人下了地獄受盡苦楚多劫以後，轉生出來到餓鬼道中受苦多劫，離開餓鬼道後再去畜生道，一世一世讓人家殺了吃，最後當牛當馬時，已經算是好的；接下去即將生爲人類之前，就是當人家的寵物；終於出生爲人了，前五百世盲聾瘖啞，而且生在邊地不聞佛法。等到有一天信了佛法而想學佛，但因爲過去世「因地不眞，果招紆曲」的種子還沒有懺除，剛聽聞到聞所未聞甚深了義正法時，他還會再度毀謗，於是重新再下三塗去，就這樣輪轉三塗，難可得出。這眞是很可怕的事情，而人間不過短短幾十年或者近百年的名聞利養，可是換來的下地獄受罪，可不比人間，因爲地獄是長劫；可是密宗那些人全都不害怕，各個都是敢死隊一般。像他們這樣做，想要求證佛菩提，就如同愚癡人飢餓難耐時，想要咬食自己的肚臍卻永遠咬不到一樣，能夠有什麼人可以成就佛菩提呢？像這樣的愚癡人，有誰能夠成就如來藏「金剛三昧」？

如果諸比丘們「心如直絃」，心地始終都是直爽而俐落，從來不彎曲，所以身口意行一切所行全都眞實不曲。這樣的人若是證得「金剛三昧」而「入三摩地」以後，永遠都不會有任何魔事來擾亂他。我常聽人這麼說：「學佛很可怕，要小心喲！會走火入魔呵！」其實沒這回事，只有「因地不眞」的人才會「果招紆曲」而招來魔擾。都因為心地不直，才會有許多魔事障礙；如果沒有造下那些紆曲的惡業，怎會有那麼多的障礙呢？因此常常有人說他打坐時就會怎麼樣，也常常有人說有誰在咒他，我說：「為什麼人家都不咒我？」只要心地直爽而不彎曲，就沒有那些魔事；就算有，也不會有事嘛！

所以我破參、弘法以來，在弘法過程中，以及悟後早期有很多時間可以打坐時，就只有一次得初禪以後，在初禪等持位中，天魔派了三個美女來勾引我，只有這樣而已。但是我不理會她們，指出她們的過失以後，第二天就全都沒再來了，從此以後就永遠沒有魔擾了。不必理會什麼魔事，如果自己心不正，心中貪那些美女，那你就完了。你們以後如果證得初禪，有俊男或美女來了，都別貪愛，都不理他們，自然就沒事。

我也只有那麼一次魔擾，在打坐當中，前後來了三個美女，長相與膚色都不同，眞的都很漂亮；但是漂亮有什麼用？我只是在心中默唸地說：「妳們都別騙我，除非妳們能到人間來，否則示現再漂亮，對我都沒有用，所以妳們以後都不必來了。」她們聽了我這一句話，當然知道被我看破手腳了，所以走了以後都不曾再來過。她們的目的就是擾亂你，讓你退失定境而離開色界境界，讓你不能超過欲界天。除此以外，其他的魔境我都沒瞧見過；縱使遇見了，你怕什麼呢？只要心地「猶如直絃」，從來不貪非分之想，「一切眞實」就沒什麼可怕的。像這樣直心證得「金剛三昧」，都不會有後遺症。如果「心如直絃，一切眞實」，將來證得「金剛三昧、入三摩地」，乃至將來修學世間的四禪八定，一定「永無魔事」。如果心中彎曲不直，老是在計較，工於心計，修學禪定時的魔事可就多了，必然會像俗話講的「內神通外鬼」。如果自己心是直的，外鬼全都奈何不了你。如果自己心中有非分之想，外鬼才會跟你相應，他們會製造一些環境讓你走下去，於是漸漸深入魔道去了。如果心地直爽，都沒有魔事可說。

最後 佛陀交代說，如果有人眞的依照我這樣的說法去實修，我印證這個人將來可以成就菩薩位中的無上知覺，也就是證得法界實相的眞實體性：明心證悟而獲得金剛三昧，而且可以永遠入住金剛三昧的智慧境界中。如果有人說法時像 釋迦牟尼佛這麼說，才能說那是佛說；如果不是像 釋迦佛這麼說法，就是天魔波旬所說的邪法。

【「阿難！汝問攝心，我今先說入三摩地修學妙門，求菩薩道，要先持此四種律儀；皎如冰霜，自不能生一切枝葉；心三口四，生必無因。阿難！如是四事若不失遺，心尚不緣色香味觸，一切魔事云何發生？若有宿習不能滅除，汝教是人一心誦我佛頂光明摩訶薩怛多般怛囉無上神咒；斯是如來無見頂相無為心佛，從頂發輝，坐寶蓮華所說心咒。且汝宿世與摩登伽，歷劫因緣恩愛習氣，非是一生及與一劫；我一宣揚，愛心永脫，成阿羅漢；彼尚婬女，無心修行；神力冥資，速證無學；云何汝等在會聲聞求最上乘決定成佛，譬如以塵揚于順風，有何艱險？若有末世欲坐道場，先持比丘清淨禁戒，要當選擇戒清淨者第一沙門以為其師；若其不遇真清淨僧，汝戒律儀必不成就。戒成已後，著新淨衣，然香閑居，誦此心佛所說神咒一百八遍，然後結界、建立道場，求於十方現住國土無上如來，放大悲光來灌其頂。阿難！如是末世清淨比丘，若比丘尼、白衣、檀越，心滅貪婬，持佛淨戒，於道場中發菩薩願，出入澡浴，六時行道；如是不寐，經三七日，我自現身至其人前，摩頂安慰，令其開悟。」】

講記：「阿難！你請問應該如何攝心，我如今先說進入金剛三昧境界修學的微妙法門；末劫之時的比丘，在求證菩薩之道以前，應該先受持這四種清淨律儀；精進受持而且清淨皎白猶如冰霜一般，自然不可能發生一切雜枝亂葉；心三業的殺心、貪心、盜心，以及口四業的大妄語、綺語、惡口、兩舌，即使想要出生也必定沒有因緣可以出生。阿難！如我所說的這四件事相，如果不曾壞失或忘記，心中尚且不會緣於色香味觸等六塵，一切魔事又如何可能發生呢？如果有宿世熏習的惡習不能滅除，你教導那個人至誠一心誦唸我的佛頂光明大白傘蓋無上神咒；這個神咒是由如來無見頂相無為心佛，從頂蓋發輝光明，坐於大寶蓮華上所說的心咒。而且你阿難以前無量世以來與摩登伽，經歷多劫因緣而成就的恩愛習氣，這種關係不是只有一生乃至一劫而已；然而我這個心咒才一宣揚，摩登伽對你的貪愛之心便永遠脫離了，隨即成為阿羅漢；她今世尚且是個婬女，本來無心於修行；經由我的心咒神力暗中資助，使她快速證得無學果；為何阿難你們在楞嚴會中的迴心聲聞人，求證最上乘而發起大心決定將來要成佛，譬如以灰塵揚于順風之中，必然輕易地隨順遠飄，怎麼還會有艱難危險呢？如果有末世佛子想要坐於道場修道，應該先受持比丘原本所受的清淨禁戒，還必須選擇持戒清淨者中的第一沙門作爲他的老師；如果他不能遇到眞正清淨的僧寶，你們在末法時持戒的律儀必定不能成就。如果受持比丘戒的法式已經完成之後，要穿著新製的清淨僧衣，點燃淨香而安閑獨居、不受打擾，持誦這首心佛所說神咒一百◯八遍，然後再結成界址範圍、建立修道的場所，再虔誠禱求十方世界現住於諸國土中的無上如來，同時放出大悲光來灌入這個比丘的頂門。阿難！像這樣的末世清淨比丘，或者是比丘尼、在家人、施主，心中已經滅除貪婬，受持諸佛清淨戒律，於楞嚴道場中發起菩薩大願，出入之時要記得洗澡沐浴，每天晝夜各六個時辰中都在修行佛菩提道；像是這樣子都不眠寐，經歷三七二十一日以後，我釋迦牟尼佛自然會現身來到那個人面前，對他摩頂以及安慰，使他開悟佛菩提道的金剛三昧。」

「阿難！汝問攝心，我今先說入三摩地修學妙門，求菩薩道，要先持此四種律儀；皎如冰霜，自不能生一切枝葉；心三口四，生必無因。阿難！如是四事若不失遺，心尚不緣色香味觸，一切魔事云何發生？」世尊又開示說：

阿難先前請問「攝心爲戒時應該要怎麼攝心？」然而 世尊卻先不說「攝心爲戒」，改以四種清淨明誨來解說，也就是說：現在已經先爲大眾解說想要進入「金剛三昧」智慧境界修學的勝妙法門，就是在追求菩薩之道的實證以前，應該先受持以上所說的四種清淨律儀；也就是說，殺盜婬妄四種重戒，千萬不可以違犯。如果這四種清淨明誨所含攝的心三口四的二類聖戒，也就是殺盜婬妄四種清淨身口意的聖戒都能嚴持不犯，也能受持到冰清玉潔一般，皎白清潔而光明無瑕，自然就已經身心清淨了，自然不會再出生雜枝亂葉來遮障光明，於是可以直探諸佛的根源而獲得「金剛三昧」。這樣受持清淨時，心三業的殺心、婬心、盜心，口四業的大妄語、綺語、惡口、兩舌，即使想要再出生，也是不可能會有所緣之因。

心三業，講的就是貪瞋癡，也就是淫心、殺心、盜心；口四業，講的是惡口、綺語、兩舌以及大妄語，其中最重要的當然是大妄語業。如果末世比丘完全遵守 世尊的四種清淨明誨，心三、口四等惡業，當然再也沒有所緣之因了，自然就不會有色身所造的殺、盜、淫三業，也就不會有障道的各種因緣出現了。所以 佛說：就像我剛剛所說的這四種清淨明誨，如果沒有忘失或遺棄，那麼末世修證佛菩提的能覺能知心，也就是能分別思惟的覺知心，尚且不會去攀緣色聲香味觸等外境諸法，完全住心於清淨的參禪境界當中，一切魔事又如何可能發生呢？一定是自己心中對六塵境界有所貪著，才會有魔事內外交感而發生；若是自己覺知心中清淨而不貪不厭，尚且不緣於六塵境界，專心於參究如來藏心的境界中，還能有誰來影響他呢？當然魔事也就無從發生了。

「**若有宿習不能滅除，汝教是人一心誦我佛頂光明摩訶薩怛多般怛囉無上神咒；斯是如來無見頂相無為心佛，從頂發輝，坐寶蓮華所說心咒。且汝宿世與摩登伽，歷劫因緣恩愛習氣，非是一生及與一劫；我一宣揚，愛心永脫，成阿羅漢；彼尚婬女，無心修行；神力冥資，速證無學；云何汝等在會聲聞求最上乘決定成佛，譬如以塵揚于順風，有何艱險？**」但是其他人雖然沒有婬心、殺心、盜心、大妄語心等四種魔業，卻因為過去世的宿習，也就是往昔多劫不斷地互為配偶而產生的恩愛習氣，譬如阿難和摩登伽宿習多劫的婬因不能滅除；如今學佛以後雖然遠離婬行與婬心，但在二人初見之時還是會因為多劫宿習的緣故，產生無法控制的情況；此時就要教他們誦持大佛頂的光明神咒—大白傘蓋神咒—簡稱楞嚴咒，這種多劫恩愛宿習就可以消滅。對於多劫互相恩愛的宿習可以如此對治，對於多劫瞋恚的宿習，或者多劫宿習的強烈追求名聞、利養、眷屬等貪心，或者多劫喜愛殺生、大妄語等宿習，由於是多劫無量世不斷熏習下來，一時沒有辦法滅除的人，就教他們誦持佛頂光明神咒，即能對治成功，這一世就有可能親證「金剛三昧」而「入三摩地」了。

「佛頂光明摩訶薩怛多般怛囉無上神咒；」這個神咒是從佛頂發輝光明而說出來的，所以稱爲「佛頂光明」。「摩訶」是「大」。「薩怛多般怛囉」，譯爲中文即是「白傘蓋」，是指如來藏心；因爲如來藏心是一切法的根本，宇宙中的一切莫不由如來藏心各自或共同所成，可以說是「心量廓大函蓋無數塵沙世界」，所以具有「偉大」的實質，因此就稱爲「摩訶」，就是「大」；如來藏心自體本來清淨涅槃，絕無虛妄雜染，所以具有清淨潔「白」的實質；如來藏心含攝宇宙中一切法，乃至十方世界山河大地莫不含攝於如來藏心中，如同大傘遮覆一切，所以具有「傘蓋」的實質；由於如來藏心具有這三種意義，所以從佛頂放光而說的如來藏心神咒，就稱爲「大白傘蓋咒」。而這個神咒是從 佛陀的如來藏心直接放光演說出來的，所以就名爲如來藏心咒，當然也可以名爲咒心。

解釋完楞嚴咒心以後，回頭再來討論：爲什麼末法時世還沒有證悟的學佛人，會故意示現證悟的模樣，花了很多錢去宣傳而聚斂錢財以及很多眷屬呢？這其實就是宿習，那些大法師們，哪個不是如此呢？但我們沒有這種宿習，所以自從我們出來弘法，一直都有人建議說：「我們來辦大型法會以及大型演講。」但我一直都不願意做，十二年來一直都不願意做，因爲我們沒有那個宿習。每次聽到有人建議辦大型的演講，我心裡面就嘆氣。有兩個原因：第一、那要勞動多少人辛苦布置？我心裡覺得很過意不去。第二、像這種深妙法，去辦大型演講，誰能聽懂？如果我們辦了大型演講，跟那些大山頭一樣講一些世間法，用世間法在解釋佛法，當然大家都聽得懂；但這種淺化的佛法，各大山頭已經有在做了，我們又何必搶來辦？所以就乾脆不要辦。由於我們沒有那種宿習，所以不想辦大型演講會，除非將來有什麼特殊因緣，使我們不辦不行，否則最好是不要辦大型演講會。

但別人有這種宿習，所以他們越辦越多、越辦越大場，人來得越多就越好。但我們的觀念並不一樣，這顯示他們是宿習不能滅除。可是有人提出問題說：「他們四大山頭不是每天早上四點起床，四點半就要早課，不是都要誦楞嚴咒嗎？他們爲什麼沒有辦法消掉這些宿習？」這當然有原因，因爲他們只誦咒，並不受持這四種清淨明誨，也不知道咒裡的意思，無法與神咒的功德相應。他們如果有眞的受持這四種清淨明誨，也知道楞嚴咒中是講什麼道理，這些愛名、貪財、執著眷屬的宿習就會漸漸消除掉。所以，我們正覺總持咒不把它翻譯成梵文，因爲這樣一來，中國人就無法理解正覺總持咒的意義了！而我們現在又不是要度天竺人。他們若是遵守四種清淨明誨，也知道楞嚴咒的意思，難道每天早上誦的時候，不會覺得慚愧嗎？既然會生起慚愧心，就會漸漸改過，宿習當然就會漸漸消除了。他們既然不瞭解神咒中的義理，每天誦持也無法產生作用，與神咒功德不能相應，當然都是枉費功夫。

這就好像誦大悲咒一樣，剛開始爲什麼一定要合掌？大眾都不知道。因爲那是　觀世音菩薩的聖號，你當然得要合掌；接下去誦到菩薩所派令的那些神王名號時，當然就不必合掌了。誦到最後又得要合掌了，因爲最後又重新稱誦　觀世音菩薩聖號了。至於其他神王，是由菩薩所指派來擁護你，那我們對菩薩當然得要恭敬合掌。所以誦咒時，應該要先知道咒中的意思。有的人教導大眾要一心誦咒，不需要知道咒中的意思，那是錯誤的想法；誦咒的意思又不是要教人修定，爲何要藉誦咒來修定？所以，如果未來有人把我們的總持咒譯成梵文，卻不是在天竺流通，那我就要罵他；即使死後也要從墳墓裡爬起來罵他，因爲這樣失掉正覺總持咒的原意了。

當你受持四種清淨明誨，也知道神咒中所說的意思，誦持時才會與神咒相應；所以他們雖然每天早上誦楞嚴咒，就算他們知道意思也沒用，因爲只有下面的法師們做早課在誦持，堂頭和尚是不參加早課的；大法師們都不誦楞嚴咒，所以就算知道了也沒有用。必須知道楞嚴神咒的意思，然後誦持，才能把宿習滅除。爲什麼能滅除呢？因爲楞嚴神咒是「**如來無見頂相無爲心佛，從頂發輝，坐寶蓮華所說心咒**」，這是由 佛陀的自受用法身示現誦出的，知道咒中意義的人，誦持時就會與法身佛的如來藏心相應，當然可以滅除這四種宿習。諸佛的法身如來藏心，修到佛地時就會出現自受用身，也就是自性法身。一般說法身，是指佛地眞如第八識；但是到達佛地時，從自心眞如又會示現一個自受用身，唯佛與佛乃能相見；等覺菩薩仍然見不到諸佛這個自受用身，只能見到諸佛的他受用身。這個道理，以後重講《成唯識論》課程時會說，現在先不談它。這個自受用法身就叫作「**無爲心佛**」，由這個「**無爲心佛**」從頂上放光說出來。而「**無爲心佛**」是「**坐寶蓮華**」來放光說出楞嚴神咒的。關於寶蓮華，在《佛地經》中有說，我們這裡且不談它。這意思是說，楞嚴咒的咒心大白傘蓋咒，是「**無爲心佛**」從頂上放光而說出來的心咒。

佛說：阿難啊！你過去多劫以來不斷與摩登伽互相貪戀，這樣多劫恩愛的習氣因緣，並不是一生一劫所累積下來的。換句話說，中國民間信仰故事中講的七世夫妻，還眞是小事情。事實上，有許多人是多劫以來常常結爲夫妻的，並不是只有七世，只是這種多劫以來的眞愛還沒有遇到，所以不太相信；將來一旦遇到了，你不信也不行（眾笑⋯）。你們不要輕笑這件事，這是眞實有的。你們有沒有聽到過，有人已經結婚了，有一天偶然間遇到一位異性，然後一見鍾情愛得欲生欲死，甚至連王位都可以拋棄。有沒有呢？多的是呵！但你們既然學佛了，要在心中先預設一個立場：當你偶然間遇見一個陌生人，突然使你產生同樣狀況時，一定要當機立斷，當下就把往世的因緣中止。因爲這一世是不可能再續前緣的，否則一定會對修學佛菩提道產生極大障礙，使你一生所修唐捐其功還不打緊，恐怖的是還會導致下墮三塗，使今世所證果位與智慧，下墮以後一切皆失。

這種事情是眞實有的，不但是諸位日後有可能會遇上，我也曾遇上過。但我在第一刹那發現時，第二刹那就斬斷了！所以我所知道的某些人是我過去世的父母、兄弟姊妹，也有幾千年前的配偶，我總是一發覺了就斬斷，不再延續下去。這一世歸這一世，上一世歸上一世，不能混淆在一起。菩薩不是這樣嗎：一切男子爲我父，一切女人爲我母，我生生世世無不從之受生。這道理引申出來就是：一切男人爲我夫，一切女人爲我妻；一切男人爲我子，一切女人爲我女。世世都是互爲眷屬的。如果過去世不是互爲眷屬，想要見上一面，今世想要碰上的機會是極小的，只是親情之緣有深淺遠近的差別不同罷了。若是遇到往世極親密的眷屬時，要有智慧當機立斷，否則不但學佛學不成，甚至於要在這一世下墮，所以得要有智慧。如果我沒有先教導你們，將來事情發生時，在第二剎那你還不能當機立斷，那麼接著第三剎那、第四剎那再延續下去，可就拉不回頭了，所以一定要當機立斷。

阿難與摩登伽這兩位聖者，他們以前正是經歷多劫的夫妻因緣，不是只有七世夫妻而已，所以說是宿習。但是 佛陀交代 文殊師利菩薩以神通飛到婬坊中，把楞嚴心咒一誦，他們的恩愛習氣就斷除了！然後 文殊師利菩薩把他們兩人攝到楞嚴會上來，摩登伽婬女當時就成爲阿那含，名爲「性比丘尼」。這眞是撿便宜，她是因爲多劫與阿難的親密關係，所以這一世就這樣證得阿羅漢果「愛心永脱」。摩登伽女對種種財物都不執著，就是執著阿難菩薩；當她有一天看見阿難來托鉢時就愛上了，心心念念都在想他，才會請求母親施用先梵天咒攪亂阿難的心，攝入婬席、婬躬撫摸，阿難幾乎被她破了戒體。但摩登伽就在 文殊菩薩持誦大白傘蓋神咒時，斷了對阿難的貪婬之心。她對什麼都不貪愛，就是多劫以來和阿難的恩愛習氣作怪，所以只要這個貪愛習氣一斷，就立即「成阿羅漢」。

佛陀善觀因緣，有的人什麼都不執著，連自己的命也可以不要，就是瞋恚斷不了！他寧願自己滅失死亡，即使永遠消失都沒有關係，就是瞋心捨不了，佛就告訴他：你什麼都不要管，只要專心思惟瞋的過失，把瞋斷了，就可以成爲阿羅漢了。他眞的去斷瞋，斷了以後還眞的成爲阿羅漢。不知道的人就引申出來亂講：「斷貪也可以成阿羅漢，斷瞋也可以成阿羅漢，何必一定要斷我見、我執呢？」他不知道人家是我見、我執早就斷了，就只是我所執的貪無法斷，就只是我所執的瞋無法斷。聲聞菩提尚且如此難會，佛菩提大法當然更是難會難解，因爲末法時世佛教界中，似是而非的表相佛法非常多，因此就產生末法學人跟著邪師說法而團團轉，卻始終轉不出蘊處界範圍。

佛說，只要把楞嚴神咒正心誠意誦持的人，乃至連摩登伽與阿難之間的宿世婬習都可以「愛心永脫，成阿羅漢」；而摩登伽婬女本身尚且無心於修學佛法，卻由於楞嚴神咒的咒心神力，如來冥冥中的加持，她就很迅速證得解脫果中的無學果位了。所以正在楞嚴會上的聲聞人們，若是想要求最上乘

（也就是唯一佛乘的最上乘），想要求得決定成佛，這些迴心大乘來修學佛道的聲聞初果乃至阿羅漢們，受持大白傘蓋咒而修學佛法時，當然會比無心修學佛法的婬女更好。所以當他們受持大白傘蓋咒而修學最上乘佛法，想要求成佛時，在修道時就好像將塵土在順風中飄散，一定是隨即順風吹走了，不會如同逆風散塵一樣吹到自己身上來。像這樣子修行，以後在成佛過程中，還會有什麼艱難、危險可說呢？所以楞嚴心咒無妨持一持、誦一誦，只是要在持誦之前，要先受持四種清淨明誨，也要先瞭解楞嚴心咒是什麼意思，誦了才會有功德受用。

「若有末世欲坐道場，先持比丘清淨禁戒，要當選擇戒清淨者第一沙門以為其師；若其不遇真清淨僧，汝戒律儀必不成就。」如果有人在末世時想要坐道場（坐道場就是想要證悟，還有一個意思是想要出世住持正法、弘傳正法，最後一個意思就是想要成佛。譬如最後身菩薩坐道場，是坐在菩提樹下的吉祥草上，就是坐道場，當然是指即將成佛。這裡講的坐道場，就是求證悟或出世弘法），如果末法之世出家的學佛人，想求證悟—想要坐道場—先要執持比丘的清淨戒（因爲這時是針對迴心大乘的聲聞出家人而說的），所以才這樣說：第一、能持比丘戒或比丘尼戒，一定要清淨禁戒，所持的戒法不能有所虧損。意思是說，如果不能嚴持比丘、比丘尼清淨禁戒，心中想要修學雙身法，當然無法證得佛菩提的「金剛三昧」，不可能「入三摩地」。一定只能修得密宗的「假金剛三昧」，進入密宗「假三摩地」的樂空雙運破戒境界中。

關於清淨禁戒，就得要從頭說起了！這應該從哪裡說起呢？就從受戒開始說吧！所以 世尊交代說：後世修學佛菩提「金剛三昧」的人，即將開始修證之前要先受持比丘、比丘尼戒，這時「要當選擇」就是一定要、而且是應該要這樣選擇：即將爲你傳戒者本身必須是持戒清淨的人，而且最好是所有持戒者中最清淨的那個人，他就是持戒清淨的第一沙門；要選擇這樣的人來傳戒，才能眞正得戒清淨。如果不求證悟佛菩提的「金剛三昧」，隨便找誰去受戒都可以；如果想要親證「金剛三昧」，就必須尋找當代所有說法之師中，有誰是持戒第一清淨的人；要找出來請他當你的傳戒師，來爲你傳戒——請他來當你的得戒和尚。如果你所遇到的，都不是眞正清淨的僧寶，譬如曾經謗法、謗如來藏、謗賢聖、犯過行淫罪，或者修過雙身法成爲邪淫罪，都不是持戒清淨的人，這些人其實只是穿著出家僧服而住在如來家的世俗人，因爲他們早已失去出家戒體了。若是沒有遇到眞正清淨的僧寶，那他這一世想要證得佛菩提的「金剛三昧」，一定無法成就。

請問，當代的知名大法師們，誰是持戒最清淨的？誰啊？（有人答：宣化上人）他持戒確實清淨，不過他有一個大過失—以悟者自居而說錯了義法—所以才會落入鬼神道。所以還算不上持戒第一清淨。那麼還有誰呢？印順法師嗎？你們看他不沾女色、不貪錢財，是不是最清淨？不！他成爲一闡提了，因爲他公然否定第八識如來藏與第七識意根，這是最嚴重破法的行爲，是《楞伽經》中說的謗菩薩藏，成一闡提人；也是具足誹謗三寶，不只是破壞法寶，這樣怎麼叫作持戒第一清淨？那還有誰？中台山嗎？法鼓山嗎？佛光山嗎？全都談不上。還有誰？（有人答：廣欽老和尚）廣欽老和尚並不是在世的人，如果有人想要求受這種戒律儀，當然是要問仍然在世的法師。（有人答：懺公）懺公確實可以。所以如果誰要去受出家戒，就找懺公去（編案：此書整理出版時，懺雲法師已經捨報了）。一定要找到世間持戒第一清淨的比丘來傳戒，否則末法時世自修「金剛三昧」成功的機會是不存在的。

也有大陸法師請問說，他的師父是不是破戒了？因爲有一位日本人捐了五百萬元人民幣，指定要整修寺院，他的師父卻把所有錢都放進自己口袋，拿回俗家去；而且這個法師又吃魚吃肉，所以他們心裡很難過。難過之餘就想到另一個問題：「我們跟著他受出家戒，那我們到底有沒有得到出家戒體？」我說：「沒有戒體。」因爲他既然破戒了，就不是僧寶了，因爲他犯的是波羅夷罪——斷頭罪。出家人，在古時若是竊盜常住財物值五錢以上（五錢現在大概相當於多少錢？最多不超過幾千元或幾萬元台幣。古時五錢也算不小，因爲一錢似乎是十文或是一百文吧？）那位法師把五百萬元人民幣私吞入己，這不是毀破極重戒嗎？這是不通懺悔的。不通懺悔，意思就是說，只能重新再去受戒，而原來的戒體已經失掉了！在他還沒有重新受戒之前，他已經不算是僧寶了。

同樣的道理，如果是誹謗正法，已經破了菩薩十重戒，也是斷頭罪，失去聲聞戒與菩薩戒。印順把第八識如來藏否定了，然而三乘菩提都以如來藏作爲根本；當印順把如來藏否定而採信**六識論**以後，他用來取代大乘菩提的二乘菩提解脫道，就無可避免地成爲斷滅空的本質，那麼他所說的大乘菩提般若自然也成爲斷滅空，所以印順跟著宗喀巴判教說般若就是「性空唯名」；印順又把大乘唯識種智判教爲「虛妄唯識」，所以他的大乘佛法一切種智也變成戲論；事實上，印順是把三乘菩提都演變成爲戲論法。印順這樣嚴重破壞正法，謗菩薩藏，已經犯了十重戒的不可悔之罪，哪裡還有僧寶的戒體存在呢？所以印順本質上已經成爲穿著僧服的在家人了！他既然沒有比丘戒體，求他來當比丘戒的得戒和尚，當然不是遇到清淨僧；即使他來傳了比丘戒，這個出家戒的律儀一樣是不能成就的。所以在末法時代要求得一個眞正清淨的第一沙門，眞的很困難。所以如果以後懺公要出來傳出家戒，大家都應該去擁護；至於其他人所傳的出家戒，就要好好斟酌一番了。

這就是說，末法時世如果是要以出家僧的身分自修實證「金剛三昧」，戒法就很重要了！不過這裡有一個前提是說，在末法時代若是沒有遇到眞的善知識，就得自己建立楞嚴密壇來求悟，而且是要由 佛親自來加持而證悟，所以求得第一清淨沙門來傳授比丘、比丘尼戒，是必須具備的第一個條件。如果有福報遇到眞正的善知識，就不必靠這個了。接下來說：

「**戒成已後，著新淨衣，然香閑居，誦此心佛所說神咒一百八遍，然後結界、建立道場，求於十方現住國土無上如來，放大悲光來灌其頂。**」已經獲得持戒清淨的第一沙門來傳授聲聞比丘戒之後，當然還要再傳菩薩戒，不是單受聲聞比丘戒就行了。因爲這是菩薩法，所以如法得到聲聞戒與菩薩戒之後，戒律儀已經成就了；接下來要穿著新的、乾淨的僧服，因爲想要感應親見 佛陀，這事情非同小可；而且是由 世尊親自來加持而證得不傳給聲聞阿羅漢的「金剛三昧」，這一定是大事因緣，當然要穿著新淨衣服。這時還要「然香閑居」，要點燃好香，摒除諸事，安心住下來，專心持誦 如來心佛所說的楞嚴咒心，也就是持誦大白傘蓋咒一百〇八遍；誦完之後再結界，結界以後再建立道場。結界就是劃定一個範圍，作爲建立楞嚴密壇專修「金剛三昧」的範圍，讓鬼神不能進來侵擾。結界並建立行道的道場之後（建立道場的內容隨後就會講解，現在不說），要開始祈求十方世界現在還在住持佛法的一切無上如來，請十方世界一切諸佛共同放大悲光，來爲楞嚴密壇中開始修法的比丘或比丘尼灌頂。這樣的灌頂才有用，千萬別受密宗的灌頂，那種灌頂眞的很髒，這個才是眞正的灌頂。

「**阿難！如是末世清淨比丘，若比丘尼、白衣、檀越，心滅貪婬，持佛淨戒，於道場中發菩薩願，出入澡浴，六時行道；如是不寐，經三七日，我自現身至其人前，摩頂安慰，令其開悟。**」這樣完成了，接著 佛陀又交代說：像這樣的末世清淨比丘，或者清淨的比丘尼、白衣、檀越（白衣是在家人，檀越是施主。因爲在家人以供養三寶、布施眾生爲主，也可以叫作檀越），心中滅掉了對婬欲的貪著，也已經執持 釋迦佛的清淨戒法，在新建立的楞嚴道場中，要先發起菩薩大願。菩薩大願主要就是指四宏誓願，四宏誓願是大願，當然應該要先理解這四大願的眞實道理。當這四宏誓願發起了（當然是要自己在佛前很誠懇的宣示，願依這四宏誓願而生生世世廣行菩薩六度波羅蜜），然後「**出入澡浴**」，凡是暫時離開道場出去辦事回來，即將重新入壇時，必須要先「澡浴」；剛離開壇場時也要澡浴，因爲印度大部分地方都很熱，精進修道時往往滿身是汗。

有事出入是偶爾，大部分時間都要在楞嚴法壇中「**六時行道**」，六個時辰就是十二個鐘頭；佛說「**如是不寐，經三七日**」，也就是早晚各六個時辰，總共二十四小時都不睡覺，全部時間用來參究如來藏心，每天早上則要誦持大白傘蓋咒一百〇八遍；這樣滿足二十一天以後，不知道是在哪一天，總之會有一天 釋迦佛親自現身來這位比丘面前，爲他「**摩頂安慰**」，加持這位比丘悟得如來藏心。這就是開悟明心而證得金剛心，獲得「**金剛三昧**」而「**入三摩地**」了。整整三七二十一天不眠不休參究如來藏心，每天早上也要誦持大白傘蓋咒，「**如是不寐**」。這對於睡眠蓋比較重的人眞的很難，即使睡眠蓋很輕微的人，整整二十一天，也不容易呵！

有許多人參加精進禪三，到了第三天晚上已經是昏昏沉沉的了，因爲前三天精神已經差不多耗光了，所以那時參禪確實是很辛苦。而這裡說的是晝夜六時不寐，那就是除了飲食、大小便和澡浴時間，以及每天早上定課誦持大白傘蓋咒以外，所有時間都依照《楞嚴經》中 世尊的指示，精進用功，或者努力參究如來藏妙義；這樣每天早晚六時行道不寐，經過整整三七二十一天以後，將會有一天由於 釋迦佛觀察這位比丘的因緣成熟了，就現身在這位比丘面前，為他「摩頂安慰」，並且為他開示，於是這位比丘就可以悟得如來藏金剛心了。確實是可以開悟明心，其實想要明心開悟，並不很困難，在禪宗裡，善知識往往只需要兩三句話，就可以幫人證悟。在還沒有證悟之前，心中總是想得很玄：「這開悟是何等大事！怎麼可能兩三句話就講清楚？」事實上真的可以，甚至於有時用禪宗的「第一句」，根本都不用講話，一樣可以開悟明心。所以只要 釋迦佛現前說法，哪有不悟的道理？不論是聲聞初果或者佛菩提中的「金剛三昧」，都一樣可以開悟。不過，開悟時是容易的，但這個「如是不寐，經三七日」，可就難了。而且 釋迦佛的示現是在三七日以後的某一日，所以真的要求法心切的人，才有可能在楞嚴壇中證得如來藏心而獲得「金剛三昧」。

【阿難白佛言：「世尊！我蒙如來無上悲誨，心已開悟，自知修證無學道成。末法修行建立道場，云何結界、合佛世尊清淨軌則？」佛告阿難：「若

末世人願立道場，先取雪山大力白牛，食其山中肥膩香草，此牛唯飲雪山清水，其糞微細；可取其糞，和合栴檀，以泥其地；若非雪山，其牛臭穢，不堪塗地。別於平原，穿去地皮五尺已下，取其黃土，和上栴檀沈水蘇合薰陸鬱金白膠青木零陵甘松及雞舌香，以此十種細羅為粉，合土成泥，以塗場地。方圓丈六，為八角壇；壇心置一金銀銅木所造蓮華，華中安鉢，鉢中先盛八月露水，水中隨安所有華葉；取八圓鏡各安其方，圍繞花鉢。鏡外建立十六蓮華，十六香爐間花鋪設，莊嚴香爐，純燒沈水，無令見火；取白牛乳，置十六器，乳為煎餅。并諸沙糖油餅乳糜酥合蜜薑純酥純蜜，及諸果子飲食葡萄石蜜種種上妙等食，於蓮華外各各十六，圍繞華外，以奉諸佛及大菩薩。每以食時，若在中夜，取蜜半升，用酥三合，壇前別安一小火爐，以兜樓婆香，煎取香水，沐浴其炭；然令猛熾，投是酥蜜於炎爐內，燒令煙盡，饗佛菩薩。令其四外遍懸幡華，於壇室中，四壁敷設十方如來及諸菩薩所有形像，應於當陽張盧舍那、釋迦、彌勒、阿閦、彌陀；諸大變化觀音形像兼金剛藏，安其左右；帝釋、梵王、烏芻瑟摩并藍地迦諸軍茶利與毘俱知四天王等、頻那夜迦，張於門側左右安置。又取八鏡覆懸虛空，與壇場中所安之鏡方面相對，使其形影重重相涉。於初七日中，至誠頂禮十方如來、諸大菩薩及阿羅漢；恒於六時誦咒繞壇，至心行道，一時常行一百八遍。第二七中，一向專心發菩薩願，心無間斷，我毘奈耶先有願教。第三七中，於十二時一向持佛般怛羅咒。至第四七日，十方如來一時出現鏡交光處，承佛摩頂，即於道場修三摩地；能令如是末世修學，身心明淨猶如琉璃。阿難！若此比丘本受戒師及同會中十比丘等，其中有一不清淨者，如是道場多不成就。從三七後端坐安居，經一百日；有利根者，不起于座得須陀洹；縱其身心聖果未成，決定自知成佛不謬。汝問道場，建立如是。」】

講記：阿難稟白世尊說：「世尊！我承蒙如來爲我廣作佛法的無上慈悲教誨，心中已經開悟如來藏心，自己清楚知道修證無學之道已經成就了。末法時代世間修行金剛三昧而建立道場時，應該如何結界，才符合佛世尊規定的清淨軌則？」佛陀告訴阿難說：「如果末法時候的世間修行人願意建立道場，應該先取雪山大力白牛的糞便，牠們只食雪山中的肥膩香草，這種牛也只飲用雪山流下來的清淨水，所以牠們的糞便很微細；可以取來牠們的糞便，和合了栴檀香粉以後，用來泥塗壇場中的土地；若不是雪山大力白牛的糞便，那些牛的身體以及排泄出來的糞便都很臭穢，不堪用來塗刷道場的場地。此外，還應該另外在平原中，除掉地表五尺的泥土，只挖取五尺以下的黃土，混合各種上等栴檀、沈水、蘇合、薰陸、鬱金、白膠、青木、零陵、甘松以及雞舌香，以這十種物品研細而且用細羅篩成粉末，混合挖來的黃土混合成泥，在場地中的大力白牛糞上面再塗上一遍。」

「然後在場地內室中量取方圓丈六的範圍，建造一個八角壇；壇的中心安置一個或金或銀或銅或木所造的蓮華，在蓮台中安置一個鉢，鉢中先盛放八月時取得的露水，並於露水中隨著所能取得的花朵，安放各種花瓣；再取來八個圓形的鏡子，各自依照八方一一安放，要圍繞在蓮花與水鉢的周圍來安放；然後又在八面圓鏡的外圍，再建立十六朵蓮華，並以十六個香爐分別於十六朵蓮花的間隙中鋪設，並且還要把這些香爐莊嚴美觀；然後在所有香爐中，純粹只焚燒沈水香，只要有煙就可以，不可以有火燃燒起來。接著再取來白牛所生的乳汁，放置於十六個容器內，再各自安置於十六個香爐上面，用這些牛乳來煎餅。並且要準備各種沙糖、油餅、乳糜、酥合、蜜薑、純酥、純蜜，以及各種水果、飲食、葡萄、黑糖塊、種種上妙的食物，各各供奉於十六蓮華的外圍，總數各各都有十六盤，圍繞於十六蓮華外圍，用來供奉諸佛及大菩薩們。每到進食的時候，或者是在中夜之時，都要各取蜂蜜半升，用熟酥三合，於壇前另外再安置一個小火爐，事先以兜樓婆香煎煮而取得的香水，用來沐浴木炭，等候木炭乾燥後使用；這時就把小火爐中的木炭燃燒到很猛熾的狀態，再把這些沾了蜂蜜的熟酥投於火炎熾盛的小火爐內，焚燒直到煙已經都沒有了，這樣供養佛菩薩。」

「此外還應在道場四面外圍，普遍懸掛幡與華；於壇場內室中，四壁要敷設十方如來以及諸菩薩的各種形像，應該要在面臨太陽之處，也就是面對大門的內壁張掛盧舍那、釋迦、彌勒、阿閦、彌陀五佛等畫像，以及各種示現偉大變化的觀世音菩薩不同形像的畫像，以及金剛藏菩薩的畫像，都安置於五幅佛像的左右兩邊。釋提桓因、梵天王、烏芻瑟摩以及藍地迦等各種明王與毘俱知四天王等，以及頻那夜迦等護法神的畫像，張貼於門側左右安置。又取八面圓形的鏡子覆懸於虛空中，要與壇場中先前所安放的八面鏡子，在方位與鏡面上成爲互相對照，使上下鏡子的光明一層又一層互相涉入。於第一個七天之中，要至誠頂禮十方如來、諸大菩薩及阿羅漢；並且長時不斷於晝夜之中都誦咒繞壇，以至誠心在壇中行道，每一時辰之中經常要繞行及誦咒一百〇八遍。在第二個七天之中，則是一向專心發起菩薩大願，心心念念都無間斷，如同我在律部諸經中先前所說的各種大願與教導。在第三個七天之中，每天晝夜之中只專心持誦如來的大白傘蓋神咒。到了第四個七天時，十方如來將會同時出現於上下圓鏡互相交會光明之處，於是行道比丘們承受諸佛摩頂，隨即安住於楞嚴道場中進修金剛三摩地；這樣用功修行，能促令這一類末劫之世修學金剛三昧的人，使身心明淨猶如琉璃一般。」

「阿難！如果這些壇場中的比丘們，本來領受比丘戒與菩薩戒時的戒師，以及同在楞嚴會場中的十位比丘等人，其中若是有一個人是持戒不清淨的人，那麼像這樣子建立楞嚴道場而行道的人，道業大多是不會成就的。如果沒有這些惡緣，從第三個七天結束以後，大眾端坐安居於楞嚴壇場之中，歷經一百日的行道；其中若是有利根的人，在離開道場之前就可以證得須陀洹果；縱使他們身心中的聖果仍然未能成就，也能決定自知將來一定成佛而不會有錯誤。你阿難請問道場的建立，就如我所說的這樣。」

「世尊！我蒙如來無上悲誨，心已開悟，自知修證無學道成。末法修行建立道場，云何結界、合佛世尊清淨軌則？」因爲剛才 佛說要結界、建立道場，所以阿難就請問要怎麼結界，要如何建立道場。結界，是劃定界限，讓鬼神不能侵入，就免掉鬼神等打擾障道的事情了。所以阿難說：「世尊啊！我承蒙如來這種無上大悲心的教誨，如今已經開悟了。」他這時說自己開悟了，當然不是大妄語，因爲已經證得如來藏金剛心了。所以自己知道所修證的無學道已經成就了！這當然是從理上來說的，因爲如來藏是要證悟而不是要修成的；如來藏心是本來就存在的，不是經由修行而一分一分成就如來藏心。所以證得如來藏以後，並不需要把如來藏心加以修行，所以從理上說明心時就是無學道已經成就了！但阿難菩薩這時其實是已經成爲阿羅漢，而且已經進入通達位，成爲初地菩薩了；於是就得要爲末劫時期的比丘、比丘尼想要自修實證「金剛三昧」的人，請問要如何建立道場、如何結界，才能合乎佛世尊的清淨軌則？

……。（講經前的當場答問，因與本經法義無關，故移轉到《正覺電子報》〈般若信箱〉，以廣利學人，此處容略。）回到《楞嚴經》一百二十一頁，關於這段經文，有些人心中有一些疑慮，所以提出來討論。在經典結集時，有個很有名的典故，大家所知道的是：結集時大迦葉尊者不讓阿難尊者進去，因爲他不是阿羅漢，所以不讓他進去，說他沒有資格參與四阿含的結集。阿難後來急了，晚上精進用功，終於通達而成爲阿羅漢，所以大迦葉尊者就放他進去參加結集。但那只是解脫果的果證，不是佛菩提果的實證。有很多人對佛法沒有正確認知，把解脫道的修證和佛菩提道的修證混爲一譚，弄不清楚成佛之道跟解脫道有什麼不同；所以他們往往認爲成佛之道就是四阿含所說的解脫道，而不曉得成佛之道是佛菩提道，不曉得佛菩提道也是含攝解脫道的。這其實也是被印順的邪見所害，才會把四阿含中說的解脫道錯認爲佛菩提道。因爲他們不瞭解，所以大部分人總是以爲阿難尊者當時不能參與結集，就是還沒有悟，那麼經中怎麼可以說他開悟了呢？那這部經是不是僞經呢？其實不是他們所誤會的那樣，因爲那是解脫道的修證；而《楞嚴經》所講阿難的開悟，是佛菩提道的見道，當然也函蓋了解脫道的見道；佛菩提與解脫道兩種法道，是有異同差別的。想要進入初地的人，不需證四果，只需成爲品質上好的三果人就行了；在佛菩提道的第二阿僧祇劫中，是必須留惑潤生的；成就聲聞解脫道的無學果以後，還得要再故意發起一分思惑，才能繼續受生於人間而修習第二阿僧祇劫應修的無生法忍，所以阿難菩薩這時已經「自知修證無學道成」，因爲已經是留惑潤生而不是依我執繼續受生人間的。聲聞人結集的解脫道經典四大部阿含經中的說法，有許多是值得斟酌的。

不過在公案中，有一個公案很有名，那個公案我們稱之爲「第一句」，而《楞嚴經》講的是「第三句」，佛陀平常對迴心阿羅漢們所用的機鋒則是「第一句」。那個公案中這麼說，有一天阿難問：「世尊傳給您金襴袈裟以外，還傳了什麼法給您呢？」迦葉尊者並沒有答覆他，卻呼喚：「阿難！」阿難應諾，迦葉卻說：「倒卻門前刹竿著。」叫他去把寺院門前掛著幡的刹竿放倒下來；但這是比 世尊在楞嚴法會中明說的第三句更深細，所以當時阿難並沒有體會出迦葉的言外之意；因爲悟有深淺，並不是所有證悟的人智慧都一樣深細的。如果是「第一句」，應該我上座了以後都不用開口，你們就已經開悟了，這才是「第一句」。你們已經破參的人，聽了就知道迦葉尊者在講什麼。但是《楞嚴經》法會中，阿難尊者是聽了 佛的開示而悟明如來藏心的所在，這裡就是這麼說的。後來與迦葉在那件公案中，阿難一時還是沒有悟出迦葉所悟的深細處，我們如今且不探討它。

所以說，很多人不瞭解三乘菩提的異同，就依據第一次結集的事相，判定《楞嚴經》講阿難尊者聽 佛說法而開悟了，就誣指楞嚴是僞經，那都是因爲不瞭解三乘菩提的異同所在，所以被印順所說**解脫道就是佛菩提道**，就是**成佛之道**的邪見所誤導。像他們那樣，不但無法實證佛菩提的「**金剛三昧**」，甚至連聲聞解脫道的見道都不可能獲得。末法時世修學佛法時，腦袋瓜一定要靈光，要能先行瞭解三乘菩提的異同，然後也要親證，再通達三乘諸經所有法義，才算是在大乘法中心得決定，才能說是「**入三摩地**」。這時可以貫通三乘經典了，不會心中還有動搖，這才叫作眞正的開悟：**入三摩地**。

只證二乘菩提成爲阿羅漢，來到般若系列諸經法義中就不懂了，來到唯識系、如來藏系經典的法義時當然更不懂，根本沒有辦法通達。所以，怎麼樣把三乘諸經的法義通達，全都能夠貫通起來，才是悟後最重要的事，細節暫且不去談它。

佛告阿難：「若末世人願立道場，先取雪山大力白牛，食其山中肥膩香草，此牛唯飲雪山清水，其糞微細；可取其糞，和合栴檀，以泥其地；若非雪山，其牛臭穢，不堪塗地。別於平原，穿去地皮五尺已下，取其黃土，和上栴檀沈水蘇合薰陸鬱金白膠青木零陵甘松及雞舌香，以此十種細羅為粉，合土成泥，以塗場地。」上週講到這個地方，阿難尊者請問：既然到了末法時代，佛陀已經不在人間了，那時的比丘們想要證得「金剛三昧」時，應該如何建立道場、設立楞嚴壇？然後應該如何求悟「金剛三昧」？這是預見後末世會有密宗行者，所以特地施設這種方便法。佛陀就告訴阿難尊者說：**「如果我釋迦牟尼將來不在人世時，末劫之世的學佛人若是願意如法建立道場求悟『金剛三昧』，應該要先結界。」**佛陀就開示說，應該先去雪山（這個雪山當然不是指新疆阿克蘇上面的雪山，而是講喜馬拉雅山）。說雪山上有大力白牛，黑色犛牛可就不行了！所以這第一個條件就不容易完成了。要先找到大力白牛，大力白牛在雪山中只吃雪山中「肥膩香草」。肥膩是專指一種草，據說葉很厚，質地很細膩，而且還有香氣，所以叫作「肥膩香草」。這種大力白牛只喝雪山流下來的清水，只吃「肥膩香草」，所以牠們排出來的糞便是很微細，而且也不臭的；可以取回牠們的糞便，與栴檀木磨成的粉末和合起來，先在道場地上刷一遍，等到乾了以後，就不會有土中的水分滲透上來。當然，現在有水泥地面等等，就用不著牛糞了。

現在年輕人可能想：「佛法那麼勝妙，怎麼會使用牛糞？」但我們小時候，鄉間有很多房屋，特別是鄉下，都是用竹子建造的；先用竹子做好骨架之後，牆壁也是用竹子搭成骨架，牆面中間成爲一框一框的空洞，就用竹篦編成一片一片裝上去，然後先用泥巴加上穀皮混合以後再泥上去，但泥巴很容易掉，而且被雨一淋就壞了，所以接著就用新鮮牛糞再糊到泥壁上，當然都是用手糊上去。若是有錢人家就不糊牛糞，就用石灰加上麻絲，攪拌了以後糊上去。我們小時候，我那時大約十歲左右時，鄉下房子大約都是這樣的。一九八九年去印度朝聖時，印度還有很多鄉下地方都還是用牛糞糊壁的，所以你們年輕人不要覺得牛糞很髒。在生活條件差的地方，牛糞還是好東西，可以在建築上面扮演一個角色，晒乾了也是很好的燃料。

大力白牛所吃的既然是肥膩香草，又是喝沒有污染的雪山清水，當然牠的糞便很微細而且不臭，所以和合栴檀以後拿來先塗上地面。如果不是雪山的大力白牛所排出來的糞便，是臭穢而不堪塗地，當然不能使用。但這終究還是牛糞，只是用來防止泥地中的水分滲上來，還得要加上一層非糞類的物質才行；所以應該「**別於平原**」另外去別的平原「**穿去地皮五尺已下**」，先把地表挖掉五尺深，把五尺以下的黃土挖取回來，混合栴檀香、沉水香、蘇合香、薰陸香、鬱金香、白膠、青木、零陵、甘松、雞舌香，把這十種香磨成細粉，跟五尺以下挖得的黃土混合起來，再鋪於前面所鋪的牛糞上面。

「**方圓丈六，為八角壇；壇心置一金銀銅木所造蓮華，華中安鉢，鉢中先盛八月露水，水中隨安所有華葉；取八圓鏡各安其方，圍繞花鉢。鏡外建立十六蓮華，十六香爐間花鋪設，莊嚴香爐，純燒沈水，無令見火；取白牛乳，置十六器，乳為煎餅。并諸沙糖油餅乳糜酥合蜜薑純酥純蜜，及諸果子飲食葡萄石蜜種種上妙等食，於蓮華外各各十六，圍繞華外，以奉諸佛及大菩薩。**」接下來說，地面弄好了以後，要把道場周圍圈起來，然後在裡面先丈量一下，劃出直徑一丈六尺寬的方圓；在這樣大小的地方，要建造一個八角形的楞嚴壇。在八角壇的中心要安放一個蓮華，如果很有錢，就用黃金製造這朵蓮華；如果比較沒有錢，就用白銀製造蓮華；若是不太有資糧，就用銅或用木頭製造也可以。在這個蓮華的中央有個蓮台，在蓮台上面放置一個水鉢；在水鉢中要存放事先準備好的八月每個清晨去收集回來的露水；然後在露水中「隨安所有華葉」，是要在露水中隨著自己所能找回來的蓮華的花瓣，散放在露水上面。

然後還要取八個圓形的鏡子，把這八面鏡子隨著八角壇的八個面向周圍一一安放，是平放向上照，而不是豎立著的。這八面鏡子不能太小，因爲它們是有作用的，後面緊接著就會說明。然後在這八面鏡子外圍還要安置十六朵同樣材質製成的蓮華，在這十六朵蓮華之間的間隔處，各各安置一個香爐，總共是十六個香爐；也就是在每兩朵蓮華中間就要安放一個香爐，同樣是圍繞在八個圓鏡的周圍。而這十六個香爐，得要事先莊嚴一下；香爐中要焚燒純粹的沉水香，不許夾雜別的香木。以前沉水香還便宜一點，現在可是貴得很；但不許因爲貴，就買了雜香木混著燒，得要純的沉水香。但焚燒時不可以見火，只能以煙薰的方式焚燒。

然後再準備十六個容器，這十六個容器中都要裝著白牛所產的牛乳，都放在十六個香爐上面，以容器內的白牛乳來煎餅；這當然是用麵粉一類和水成爲一片一片的模樣，放在十六個香爐上的容器內，以容器內的白牛乳煎成餅。並且要在十六個香爐外圍，準備沙糖、油餅、乳糜、酥合、蜜薑、純酥、純蜜，以及各種不同的水果、飲食、葡萄、黑糖塊等種種上妙食物，每一種食物都同樣用十六個容器盛裝，平均分布於十六朵蓮華的外圍。這樣的供養才算是眞正豐盛，如果是大富長者，蓮華以及容器當然可以全都用黃金製造，或者以玻璃製造；古時玻璃是很貴的，是很有錢的人才用得起的。若是比較沒錢的人，就以白銀製造。若是再沒有錢，就只能用磁器或陶器了！要像這樣把各種勝妙飲食圍繞於十六朵蓮華外圍，用來上奉諸佛及諸大菩薩，這是在表示誠敬的供養。

因爲在後末世，如果福報不好，沒有善知識可以教導，就只好走這一條路了。這也是事實，當廣老捨壽後，而我還沒有出來講解脫道、佛菩提道之前，哪裡能夠找到眞正的解脫道、佛菩提道？找不到的。當然，如果像徐恆志那一些人，他們聽到我這些話，一定會毀謗說：「蕭平實眞的很驕傲。」這也難怪他們，因爲我講出這個話來，誰都不會相信（編案：這是二〇〇二年所說，今已時移勢易了）。可是諸位！當你們破參以後詳細觀察，會發覺事實確實是這樣。所以到了後末世時，眞的沒有眞正善知識存在了，就只好走這一條路了。那你們就合計合計看看，建立這樣的道場與壇場，要準備多少錢財與身力心力。光是一種沉水香，就得花掉不少錢；白牛乳，可能也要花掉很多飛機票；其他部分，就自己去衡量一下，確實也不容易。這樣做好之後，用來供養諸佛菩薩，但是應該要怎麼供養呢？佛開示說：

「**每以食時，若在中夜，取蜜半升，用酥三合，壇前別安一小火爐，以兜樓婆香，煎取香水，沐浴其炭；然令猛熾，投是酥蜜於炎爐內，燒令煙盡，饗佛菩薩。**」這是說，每到中午用餐的時間到了；因爲這是指末劫之時的比丘，是應該日中一食、過午不食的，所以是說每天中午過堂的時間，就是「**每以食時**」；若是到了每日的中夜時分，也就是晚上子時之前，每次都同樣要取蜂蜜半升，再把熟酥取來三合；一斗是十合，三合就是一斗的十分之三；用這三合熟酥及半升的蜂蜜，放入八角壇前預先安置的小火爐中焚燒，用來作供養。在這三合的熟酥與半升的蜂蜜放進去焚燒以前，也就是將熟酥沾上蜂蜜放進小火爐以前，要先準備木炭；那些木炭都要事先用兜樓婆香煮過的香水來浸泡，這叫作「**沐浴其炭**」。也就是說，小火爐中所燒的炭，不能用普通的木炭，要先用兜樓婆香煮過的香水把它泡過，等木炭乾了，再拿來火爐中生火焚燒。這時要把木炭燒成熊熊烈火，然後把沾了蜂蜜的熟酥放入小火爐中，這樣作火供。而且不許沒有燒完，要燒到連煙都不見了，要完全燒化了才行。要這樣「饗佛菩薩」，就是供養佛菩薩。如果預見未來世末法時會有密宗的火供，當然要這樣預先施設後代密宗行者會認同的供養方法。

「令其四外遍懸幡華，於壇室中，四壁敷設十方如來及諸菩薩所有形像，應於當陽張盧舍那、釋迦、彌勒、阿閦、彌陀；諸大變化觀音形像兼金剛藏，安其左右；帝釋、梵王、烏芻瑟摩并藍地迦諸軍茶利與毘俱知四天王等、頻那夜迦，張於門側左右安置。又取八鏡覆懸虛空，與壇場中所安之鏡方面相對，使其形影重重相涉。」接下來又說，要在「**四外**」——在八角壇的外圍，也就是房子外面都要遍懸各種布幡與花朵。至於壇場房屋裡面的四面牆壁，則是要敷設十方如來及諸大菩薩的各種畫像。「**當陽**」，就是面對著門，可以被太陽照到的那一面，要安放盧舍那佛、釋迦牟尼佛、彌勒佛、阿閦如來、彌陀如來畫像。在佛像兩旁，要懸掛各種作出大變化相的 觀世音菩薩畫像。觀世音菩薩有三十二應身之相，看你能請人畫出幾種，就掛在佛像兩旁。這一類畫像，密宗裡叫作唐卡。這樣是要準備幾張唐卡呢？佛像是五張，「**諸大變化觀音形像**」，就看你能力所及能夠備辦幾張，你就備辦幾張。還要有一張金剛藏菩薩的畫像，這些菩薩像要放在五大如來畫像的兩邊。接下來是釋提桓因、梵天王、烏芻瑟摩以及天龍八部等畫像，要懸掛在進門的左右兩側牆壁。

然後在原來所平放的八面圓形鏡子上方的虛空中，再安置同樣大小的八個圓形鏡子，這八面新安置的同樣大小鏡子，要把鏡面向下照，使下方八面圓鏡與上方八面圓鏡可以對準而能夠上下相照。上下方互照的鏡子，當然不能距離太近，大約要有一個人的高度，這樣把八面鏡子「覆懸虛空」，要跟先前壇場所安置的鏡子，不論方所與鏡面都要兩兩相對，「使其形影重重相涉」。你如果把眼睛靠近上下兩個相應的鏡子中，不論往上看或者往下看，都會看到無量無數的鏡子，這叫作「重重相涉」。壇城布置好了，接下來怎麼修行呢：

「**於初七日中，至誠頂禮十方如來、諸大菩薩及阿羅漢；恒於六時誦咒繞壇，至心行道，一時常行一百八遍。第二七中，一向專心發菩薩願，心無間斷，我毘奈耶先有願教。第三七中，於十二時一向持佛般怛羅咒。至第四七日，十方如來一時出現鏡交光處，承佛摩頂，即於道場修三摩地；能令如是末世修學，身心明淨猶如琉璃。**」在第一個七天之中，要至誠頂禮十方如來，至誠頂禮十方諸大菩薩、諸大阿羅漢。頂禮完了以後，晝六時、夜六時，就是全天二十四小時中，都要誦咒繞壇，是依順時針的方向右繞，一面繞行楞嚴密壇，一面在口中誦持楞嚴咒；這樣七天之中誦咒繞壇，晚上不休息睡覺，這叫作「至心行道」。既說是「至心」，當然不可以一面誦咒一面打妄想。在每一個時辰中最少要唸完一百〇八遍楞嚴咒，你如果唸的速度不夠快，兩個鐘頭要唸完一百〇八遍，是不容易的。這就是第一個七天之中的修行。

第二個七天之中，要「一向專心」而不能打妄想，要專心發菩薩願，主要是四宏誓願，時時刻刻都要專心發願。如果你有大心，也可以勇發十無盡願，這是想要進入初地時應該要發的大菩薩願。「心無間斷」是心中不可以被妄想打斷，要時時刻刻都專心發願。還有其他種類的菩薩大願，也都可以發願；譬如毘奈耶，也就是律藏裡面事先就已經有說過的菩薩大願，都可以遵循來發願，這是第二個七天的精進行道。這意思是說，第一週要先頂禮諸佛菩薩，把業障消除掉；第二週則是要發起菩薩大心，世尊不要你當自了漢。如果不是發菩薩願，佛世尊不會來感應、不會來傳授如來藏「金剛三昧」，所以要發菩薩願。當然發願的整整七天也都是不睡覺的，晝夜之中不間斷的發願，願力當然會成就。

第三個七天，則是十二時中都是專心受持唸誦釋迦佛的心佛所誦出來的「般怛羅咒」，也就是大白傘蓋咒心。繼續再誦持大白傘蓋咒心到第四個七天時，在第四個七天中的某一天，十方如來一時出現在上下各八面鏡子的上下交光之處，也就是上鏡對下鏡光影相交會的地方，就會出現十方諸佛；由十方如來爲這位末劫之時的行道比丘摩頂。摩頂就是加持，然後就在這個壇場內開始修證「金剛三昧」，也就是獨自在這個壇場內參禪。這樣修行，可以使末世修學佛菩提「金剛三昧」的佛弟子們，「身心明淨猶如琉璃」。至於這時有沒有開悟而證得金剛心如來藏呢？接著就會談到了：

「阿難！若此比丘本受戒師及同會中十比丘等，其中有一不清淨者，如是道場多不成就。從三七後端坐安居，經一百日；有利根者，不起于座得須陀洹；縱其身心聖果未成，決定自知成佛不謬。汝問道場，建立如是。」所以這個壇場建立好以後，並沒有保證行道者一定可以證得聲聞初果。至於明心呢？更沒有保證；還得要在第四個七天以後，再繼續努力修行，最多是聲聞初果，不一定能明心。在這一段經文中說，修建這個楞嚴壇來修行時，要有十位比丘，不然就是十位比丘尼，來共同建壇。當這十位比丘或比丘尼去受聲聞戒而獲得出家戒時，如果他們的得戒和尚是不清淨的，也就是傳給他們出家戒的戒和尚，本身持戒時是不清淨的，其餘九位比丘的辛苦行道就同時都不可能成就。意思是說，在這個楞嚴壇中共修的十位比丘之中，只要其中有一位所得的比丘戒是不清淨的，這十位比丘便全都無法成就道業了。

建了楞嚴壇，想要證得初果，還是很不容易的：二十一天都不睡覺，一般人就不容易做到；大力白牛的糞，也難以拿到；白牛乳也難拿到，現在的乳牛所產的乳汁或許可以充用吧？我也不知道；還有壇城中的種種布置，也是不容易的。這些全都不容易，再加上如果十個人之中，有人去受戒時，眼睛暗鈍而沒有看清楚，找到的戒和尚是戒行不清淨的，只要菩薩十重戒或者比丘戒中的四棄重罪犯了，他所傳的比丘戒就是無效的，那麼受了戒來合修楞嚴密法的十位比丘們，就全部都不成就，都無法證得「金剛三昧」了。只要十位比丘之中有一個人是在不清淨的戒師那裡受戒的，那麼十位比丘三七或四七精進修行，都是白費功夫了——大多是不可能成就的，除非某人的因緣特別好。

這樣子經過三七二十一天，不眠不休的努力修行以後，到了第四七開始（因為第四七時有諸佛現前摩頂，當然這也是說十位比丘所受的戒法都是清淨的）才會有諸佛感應現前摩頂。但是摩頂以後，還沒有成為聲聞初果，還要在第四七開始以後，在壇場中「端坐安居」一百天，繼續再參究如來藏心。如果是利根的人，在這一百日之內「不起于座」，也就是還沒有離開道場之前，就可以證得初果，這已經算是利根的人。如果是這樣，我認爲在正覺同修會中修學「金剛三昧」的你們，眞是幸福的學佛人；因爲我們在禪淨班中教完所有課程時，你們依照各班老師所教的內容去作十八界的觀行，我見就可以斷掉，聲聞初果已經證得了，誰也搶不走了。除非沒有如實觀行，若是有如實去觀行，願意將觀行結果承擔下來時，十八界的一一界你都全部推翻掉了，三縛結自然就斷除了，聲聞初果也就完成了。

但是在末劫之世的楞嚴壇中，三七日之中都不睡覺，進入第四個七天以後，端坐安居而作觀行，還得要利根人才能在第四七開始的百日之中斷除三縛結而證初果；若是中根人或鈍根人，可就是陪人辛苦一場而無所證了，至於佛菩提的「金剛三昧」，就更別提了。不過，也還是有收穫的，因爲三七天精進行道而不睡覺，接下來一百天中努力行道以後，「縱其身心聖果未成」，也就是聲聞初果都還沒有證得，然而至少諸佛摩頂加持以後，心中「決定自知成佛不謬」，也就是確定自己將來一定可以證道，眞的有佛道可成，未來一定可以成佛。只不過是要等到三大無量數劫以後。因爲阿難菩薩請問道場的建立與修行，所以 世尊說道場應該如是建立。

在這樣的情況下，我還是不想在末劫之世建立楞嚴密壇來修法，還是寧可去正覺同修會修學。佛陀有說「這個人於三七日以後再繼續下來的一百天之中端坐安居修行」，這體力也得要夠。如果在正覺同修會中修學，就算平常對十八界的觀行沒有作好，後來去到禪三精進共修時，大不了是四天三夜不睡覺，至少可證得聲聞初果。也有一些人可以開悟明心而證得「金剛三昧」而「入三摩地」，住於「金剛三昧」的智慧境界中。因為我們有很多方便施設，不但使你斷了三縛結而證得初果，而且也可以使七住菩薩位的實相般若現前；這樣算來，還是你們來到正覺同修會中修學比較輕鬆容易。

因為末劫之時已經沒有眞善知識住世了，得要熬二十一天不眠不休，再加上後來的一百天端坐觀行，眞的不容易，其他的部分就不提了。所以這個楞嚴密壇的修法，是在末劫之世沒有福報值遇善知識的人，就得要照這樣子修；若是有福報的人，來正覺同修會修學這個法，去到禪三的四天三夜之後就完成了，佛菩提的「金剛三昧」親證了，心得決定就可以「入三摩地」了；而且聲聞菩提的初果證德也有了，這樣看起來，算是你們有福報。如果依楞嚴壇的行門來看，你們算是很有福報的學佛人。不過，若是要比起眼見佛性的同修們，開悟明心而獲得「金剛三昧」的同修們，福報又顯得差一些了。

我這些話是不是如實語？你們開悟明心的人，以及眼見佛性的人，都是自己心中清楚知道的；其餘還沒有破參的人，你們心中當然可以先打個 question mark（問號），這都沒有關係。接下來：

【阿難頂禮佛足而白佛言：「自我出家，恃佛憍愛；求多聞故，未證無為；遭彼梵天邪術所禁，心雖明了，力不自由；賴遇文殊，令我解脫。雖蒙如來佛頂神咒，冥獲其力，尚未親聞；唯願大慈重為宣說，悲救此會諸修行輩，末及當來在輪迴者，承佛密音，身意解脫。」于時會中一切大眾，普皆作禮，佇聞如來祕密章句。爾時世尊從肉髻中涌百寶光，光中涌出千葉寶蓮，有化如來坐寶華中，頂放十道百寶光明，一一光明皆遍示現十恒河沙金剛密跡，擎山持杵遍虛空界；大眾仰觀畏愛兼抱，求佛恃怙，一心聽佛無見頂相放光如來宣說神咒。】

講記：阿難頂禮　佛陀足下，又向　佛陀稟白說：「自從我出家以來，自己仗恃是佛陀的最小堂弟，心中有憍愛之心；又爲了求多聞的緣故，未能實證無爲果，以致遭受摩登伽的先梵天咒邪術所禁制，當時心中雖然明了即將犯戒，但自己的心力卻不能自由離去；幸賴值遇文殊菩薩持誦大白傘蓋咒，令我得以解脫先梵天咒邪術。我雖然蒙恩於如來佛頂神咒，暗中獲得神咒威力加持，但我至今尚未親聞；唯願大慈世尊重新爲我宣說，以大悲心救護此會所有修行之人，最末尚能及於當來末劫之中尚在輪迴的修行人，都能承恩於世尊的祕密法音，令色身及心意都能解脫於婬術。」阿難菩薩此話才剛說完，會中一切大眾，全都起身向 世尊禮敬，然後安靜地等著聽聞 如來的祕密章句。此時 世尊從肉髻中涌出百寶光明，於光明中涌出一朵擁有千瓣的寶貴蓮花，有一尊化現的如來安坐於寶蓮華中，再由這尊化現的如來頂門放出十道百寶光明，每一道光明都普遍示現十恒河沙數的護法神——金剛密跡，各自都擎著山、執持金剛杵，遍滿於虛空界中；此時大眾仰觀如是景象，畏懼與敬愛的心情同時涌現於心中，祈求 釋迦牟尼佛作爲自己的仗恃與依怙，一心聽受 釋迦佛無見頂相放光如來即將宣說的楞嚴神咒。

阿難頂禮佛足而白佛言：「自我出家，恃佛憍愛；求多聞故，未證無為；遭彼梵天邪術所禁，心雖明了，力不自由；賴遇文殊，令我解脫。雖蒙如來佛頂神咒，冥獲其力，尚未親聞；唯願大慈重為宣說，悲救此會諸修行輩，末及當來在輪迴者，承佛密音，身意解脫。」阿難聽聞 佛陀的開示以後，隨即向 佛陀頂禮，稟告 世尊說，自從他出家以來，仗恃著 佛陀對他的憍憐和寵愛（因爲他是佛陀的最小堂弟，所以佛陀很疼惜他）；由於這個緣故，阿難菩薩一直都是求多聞而不曾實修，以致於還沒有證得無爲法的果位，因此才會遭逢摩登伽的先梵天咒邪術所禁制；他當時心中雖然明了即將破戒，可是並沒有力量可以反抗，不能自由離去。幸好仰賴 文殊菩薩前來，用佛頂神咒讓他解脫於先梵天咒邪術的拘繫。雖然已經蒙恩於如來佛頂神咒的加持，沒有破壞了戒體；可是阿難當時並沒有聽到神咒的內容，所以爲自己、也爲大眾，希望 釋迦如來大慈大悲重新爲大眾宣說尊勝的佛頂神咒，悲憐救護楞嚴法會中的所有修行人；乃至恩及未來末劫之世還在輪迴的人，都可以承蒙 佛的密音而獲得色身和心意的解脫，不再被婬心所拘繫。

于時會中一切大衆，普皆作禮，佇聞如來祕密章句。爾時世尊從肉髻中涌百寶光，光中涌出千葉寶蓮，有化如來坐寶華中，頂放十道百寶光明，一一光明皆遍示現十恒河沙金剛密跡，擎山持杵遍虛空界；大衆仰觀畏愛兼抱，求佛恃怙，一心聽佛無見頂相放光如來宣說神咒。當阿難菩薩請求完了以後，所有大眾都向 佛陀禮敬，安靜地等候如來宣說楞嚴神咒祕密章句。世尊聽聞阿難的請求之後，從頂上的肉髻涌出百寶光明，在光明中涌出千葉寶蓮。千葉寶蓮是示現報身佛的影像，是將 佛陀莊嚴報身的影像顯示出來；

因爲只是顯示，所以稱爲化如來。報身佛 盧舍那坐千葉寶蓮，蓮瓣共有一千葉，是圓滿報身的報身如來才有這種莊嚴相。但是已有報身如來應化的應身如來 釋迦佛在這裡了，當然就不可能再示現報身如來眞身，所以就用報身如來的化現影像在千葉寶蓮上面安坐。

千葉寶蓮上的化身如來，又在頂上再放出十道百寶光明，每一道百寶光明都普遍示現出十個恆河沙數的金剛密跡。金剛密跡們是護衛應身佛的，讓眾生不能傷害應身佛的色身，平常是看不到的。每一道光明中的金剛密跡都有十恆河沙數之多，而這些金剛密跡都是手持金剛杵，另一手是擎著大山，遍滿虛空界而無法計算。世尊如是示現給大眾看到時，大眾唯恐密跡金剛們手中的大山掉下來，或者被金剛杵打中，所以大眾仰觀時，又是畏懼又是愛敬，兩種不同的心情同時涌現在心胸之中。這時大眾只好祈求 佛陀作爲依靠，求 佛憐憫保護；所以稱爲**「畏愛兼抱，求佛恃怙」**。當然大眾也都一心等待聽聞 釋迦如來所涌現的報身放光如來，宣說無見頂相的楞嚴神咒：

【南牟薩怛他蘇伽哆耶（歸命一切諸佛一）**阿囉訶帝三藐三菩陀耶**（歸命一切如來應正等覺二）**娜牟薩婆勃陀**（敬禮一切諸佛三）**勃地薩哆吠弊**（歸命菩薩四）**娜牟颯哆喃三藐三菩陀俱胝喃**（敬禮正遍知五）**薩失囉**（引）**皤**（去）**迦僧伽喃**（敬禮辟支佛

及四果人六）娜牟嚧雞阿囉喝哆喃（歸命羅漢等眾七）娜牟蘇嚕哆半那喃（八）娜牟塞羯唎（二合）陀（引）伽（輕去）彌喃（敬禮斯陀含阿陀含眾九）娜牟盧雞三藐伽哆喃（敬禮過去未來十）娜牟三藐缽囉（二合）底半那（去）喃（十一）娜牟提婆唎史喃（敬禮三十三天及一切諸仙天等十二）娜牟微悉陀耶微地也（二合）陀囉喃（敬禮咒仙十三）娜牟悉陀微地也（二合）陀囉栗史喃（敬禮持咒成就仙人十四）舍波（去）拏揭囉訶娑訶摩囉陀（二合）喃（捨惡作善十五）娜牟皤囉（二合）訶摩（二合）涅（歸命梵天十六）娜牟因（去）陀囉（二合）耶（歸命帝釋十七）娜牟婆伽嚩帝（歸命世尊十八）嚕陀囉（二合引）耶（大自在天十九）烏摩缽底（天后）娑醯夜耶（及眷屬等二十）娜牟婆伽筏帝（歸命世尊二十一）那囉延拏耶（地祇眾二十二）半遮摩訶沒陀囉（大印二十三）娜牟塞訖哩（二合）多耶（頂禮世尊二十四）娜牟婆伽（上呼）筏帝摩訶迦囉耶（大黑天神二十五）底哩（二合）補囉那伽（上）囉（城二十六）毘陀囉皤拏迦囉耶（破壞二十七）阿底目多迦尸摩舍那縛悉涅（尸陀林中二十八）摩怛唎（二合）伽拏（鬼神眾二十九）娜牟塞訖唎多耶（三十）娜牟婆伽筏帝（舊）怛他揭多俱囉耶（如來族三十一）娜牟缽頭摩（二合）俱囉耶（歸命蓮華族菩薩等三十二）娜牟筏折囉俱囉（半音用同下）耶（歸命金剛族三十三）娜牟摩尼俱囉耶（歸命寶族三十四）娜牟伽（上）闍俱囉耶（歸命眾族三十五）娜牟婆伽筏帝（三十六）地唎（二合）茶輸囉哂那（三十七）缽囉（二合）訶囉拏囉（引）闍耶（大猛將各持器仗入三十八）怛他揭多耶（如來三十九）娜

牟婆伽筏帝（四十）阿彌陀（引）婆（引）耶（無量壽佛四十一）怛他揭多耶（四十二）阿囉訶帝三藐三菩陀耶（應等正覺四十三）娜牟婆伽筏帝（四十四）阿芻鞞也（阿閦如來四十五）怛他揭多耶（四十六）阿羅訶帝三藐三菩陀耶（四十七）娜牟婆伽筏帝（四十八）毘沙闍俱嚕（二合）吠琉璃唎耶（藥師如來四十九）缽囉（二合）婆囉（引）闍耶（光王五十）怛他揭多耶（五十一）阿囉訶帝三藐三菩陀耶（五十二）娜牟婆伽筏帝（五十三）三布瑟畢多娑囉囉（引）闍夜（娑羅花王五十四）怛他揭多耶（五十五）阿囉訶帝三藐三菩陀（引）耶（五十六）娜牟婆伽筏帝（五十七）舍枳也（二合）母娜曳（釋迦牟尼佛五十八）怛他揭多耶（五十九）阿囉訶帝三藐三菩陀（引）耶（六十）娜牟婆伽筏帝（六十一）囉怛那俱蘇摩（寶花六十二）雞都囉（引）闍耶（寶幢王如來六十三）怛他揭多耶（六十四）阿羅訶帝三藐三菩陀（引）耶帝瓢（六十五）娜牟塞訖哩（二合）多皤翳摩含婆伽筏多（六十六）薩怛他揭都烏瑟尼衫（如來佛頂六十七）悉怛多（引）缽怛嚂（二合華蓋六十八）娜牟阿波（引）囉支單（半音敬禮是辰勝六十九）缽羅登擬囉（七十）薩嚩部多揭囉（二合）訶迦囉尼（一切神眾作罰七十一）波囉微（入）地也（二合）掣陀儞（能斷他咒七十二）阿哥（引）囉微哩（入二合）駐（橫死七十三）波唎怛囉耶（引）那揭唎（救取七十四）薩嚩畔陀那冒乞叉那迦唎（一切縛禁解脫七十五）薩嚩突瑟吒（二合除一切惡七十六上）突莎般那儞縛囉尼（惡夢七十七）者都囉（引）室底喃（八萬四千眾神七十八）揭囉訶娑訶娑囉（引）喃（七十九）微陀防娑（引）那羯哩（打破八

十）阿瑟吒冰設底喃（去聲呼八十一呼皆同）諾刹怛囉喃（八十二）鉢囉（二合）娑（引）陀那羯哩（正行）阿瑟吒（二合）喃（八十三）摩訶揭囉訶喃（辰八十四）微陀防（二合）薩那羯哩（打破八十五）薩嚩舍都嚕（二合）儞嚩囉尼（除一切惡八十六）巨（去）囉喃（八十七）突室乏（二合）鉢那難遮那舍尼（除卻嚴惡八十八）毘沙設薩怛囉（器仗八十九）阿祁尼（火九十）烏陀迦囉尼（水九十一）阿波（引）囉視多具囉（苻能勝嚴九十二）摩訶跋囉戰拏（大力嗔怒九十三）摩訶提哆（火天九十四）摩訶帝闍（大滅九十五）摩訶稅尾（二合）多（太白九十六）什伐（二合）囉（光焰九十七）摩訶跋囉（大力九十八）半荼囉嚩（引）悉儞（白拂九十九）阿唎耶多囉（聖者一百）毘哩（二合）俱知制嚩毘闍耶（最勝菩薩百一）筏折囉（二合）摩禮底毘輸嚕多（摧碎金剛百二） 鉢蹋罔迦（降伏百三）跋折囉兒（熾曳反）訶縛者（金剛力士百四）摩囉制縛（隨一逐百五）般囉室多（金剛神杵百六）跋折（時熱反上）囉（二合）檀持（金剛神杵百七）毘舍羅摩遮（天神力士百八）扇多舍毘提嚩布室哆蘇摩嚕波（參辰日月天子及二十八宿百九）摩訶（引）稅尾（二合）多（引太白星百十）阿哩耶多羅（百十一）摩訶（引）跋囉阿波囉（百十二）跋折囉（二合）商羯囉制婆（金剛連鎖百十三）怛他（天可反）跋折囉俱摩唎迦（金剛童女百十四）俱藍他利（金剛童子百十五）跋折囉訶薩哆者（二合金剛手百十六）微地也（大明咒藏百十七）乾遮那摩（引）唎迦（四天王太子百十八）俱蘇婆喝囉怛囉怛那（百十九）毘嚕遮耶那俱唎耶（百二十）鞱淡夜囉烏瑟尼（二合）沙（佛頂百二十一）毘

折藍婆摩邏遮（羅剎神女百二十二）跋折囉（二合）迦那迦（金剛使者百二十三）鉢囉（二合）婆咾（去）遮那（蓬華神眾百二十四）跋折囉（二合）敦尼遮（金剛擎山百二十五）稅尾多遮迦摩（引）囉（引）乞叉（二合百二十六）舍施鉢囉（二合）婆翳帝夷帝（如是等百二十七）母（引）陀囉（二合）尼揭拏（眾印可百二十八）娑吠囉乞懺（二合一切護我百二十九）俱囉飯（二合）都印耨那麼麼（某乙稱名）那寫（誦咒者但至此語皆自稱名百三十）嗚吽（二合）牟哩（二合）瑟揭拏（仙眾百三十一）鉢囉（二合）舍（引）薩多（善相百三十二）薩怛他揭都（一切如來百三十三）烏瑟尼沙（百三十四）呼吽（二合）咄嚕吽（三合警誤百三十五）瞻婆那（押領百三十六）呼吽（二合）咄嚕吽（三合百三十七）薩耽婆那（鎮守百三十八）呼吽（二合）咄嚕吽（三合百三十九）婆囉微地也三婆乞叉那囉（百四十）呼吽（二合）咄嚕吽（三合百四十一）薩婆部瑟吒喃（百四十二）塞曇婆那羯囉（喫卻他咒百四十三）呼吽（二合）咄嚕吽（三合百四十四）薩嚩藥叉（勇猛百四十五）喝囉（引）剎娑揭囉訶喃（百四十六）毘陀防娑那羯囉（打破百四十七）呼吽（二合）咄嚕吽（三合百四十八）者都羅尸底喃（百四十九）揭囉訶娑囉喃（八萬四千神王眾百五十）毘陀防娑那羯囉（百五十一）呼吽（二合）咄嚕吽（三合百五十二）阿瑟吒微（二合）摩舍帝喃（上百五十三）那佉（上）沙怛囉喃（上百五十四）婆囉摩馱那伽囉（百五十五）呼吽（二合）咄嚕吽（三合百五十六）囉剎囉剎（護一切諸佛菩薩金剛天仙皆護百五十七）薄伽梵（佛百五十八）薩怛他揭都烏瑟尼沙（佛頂百五十九）　鉢囉登擬哩（百六十）摩訶薩訶薩囉部兒（千臂大

神百六十一）娑訶薩囉室囇（千頭神百六十二）俱胝舍多娑訶薩囉寧怛隸（百千眼神百六十三）阿弊地也什嚩哩多那吒迦（百六十四）摩訶跋折嚕陀（引）囉（大輪金剛百六十五）帝哩菩嚩那（三世百六十六）曼荼囉（壇場百六十七）嗚吽莎悉底（百六十八）薄婆都（與我平等百六十九）印耨麼麼（某乙百七十）囉闍婆夜（王難百七十一）主囉婆夜（賊難百七十二）阿祇尼婆夜（火難百七十三）烏陀迦婆夜（水難百七十四）吠沙婆夜（毒難百七十五）舍薩多囉婆夜（刀仗難百七十六）波囉斫羯囉婆夜（兵難百七十七）突栗叉婆夜（穀貴飢饉難百七十八）阿舍儞婆夜（雹難百七十九）阿迦囉沒栗駐婆夜（掩死難百八十）阿陀囉尼部彌劍波（總持地動百八十一）伽波哆婆夜（險難百八十二）烏囉囉迦波多婆夜（道路難百八十三）囉闍彈荼婆夜（王刑罰難百八十四）那（上）伽婆夜（龍怖難百八十五）微地揄婆夜（閃電難百八十六）蘇跋栗尼婆夜（金翅鳥難百八十七）藥叉揭囉訶（百八十八）羅刹娑揭囉訶（百八十九）畢唎哆揭囉（二合）訶（餓鬼難百九十）毘舍（上）遮揭囉訶（廁神百九十一）部多揭囉（二合）訶（神鬼眾百九十二）鳩槃茶揭囉訶（守宮婦女鬼百九十三）布單那揭囉（二合）訶（魄鬼百九十四）羯吒布單那揭囉（二合）訶（奇魄鬼一百九十五）塞揵陀揭囉訶（鳩摩羅童天子百九十六）阿婆娑摩囉揭囉（二合）訶（羊頭鬼百九十七）烏檀摩陀揭囉（二合）訶（熱鬼百九十八）車耶揭囉（二合）訶（影鬼百九十九）梨婆底揭囉訶（陰謀鬼二百）闍底訶哩泥（食初產鬼二百一）羯囉婆訶哩涅（食懷孕鬼二百二）嚧地囉訶哩泥（食血鬼二百三）芒娑訶哩泥

（食肉鬼二百四）計陀訶哩泥（食脂鬼二百五）摩闍訶哩泥（食髓鬼二百六）闍多訶哩泥（食氣鬼二百七）視吠哆訶哩泥（食壽命鬼二百八）婆多訶哩泥（食風鬼二百九）皤多訶哩喃阿輸遮訶哩泥（食不淨鬼二百一十）質多訶哩泥（食心鬼二百十一）帝衫薩毘衫（如是等眾二百十二）薩嚩揭囉訶喃（一切執祖鬼二百十三）毘地也（明咒藏二百十四）嗔陀夜彌（斬伐罪者二百十五）枳囉夜彌（二百十六）波哩跋囉斫迦羅（外道二百十七）訖哩擔微地也（明咒藏二百十八）嗔陀夜彌（二百十九）枳囉夜彌（捕罰二百二十）茶枳尼（狐魅鬼二百二十一）訖哩擔微地也（明咒二百二十二）嗔陀夜彌枳囉夜彌（二百二十三）摩訶鉢輸鉢底夜羅夜彌（二百二十四）嚕陀囉（大自在天二百二十五）訖哩耽微地也（明咒二百二十六）嗔陀夜彌枳囉夜彌（二百二十七）那囉耶拏耶（天神二百二十八）訖哩耽微地也（明咒二百二十九）嗔陀夜彌枳囉夜彌（二百三十）怛怛嚩伽（上）嚕茶（金翅鳥王二百三十一）訖哩耽微地也（二百三十二）嗔陀夜彌枳羅夜彌（二百三十三）摩訶迦羅（大黑天神二百三十四）摩怛囉伽拏訖哩（離枳反上）耽微地也（二百三十五）嗔陀夜彌枳羅夜彌（二百三十六）迦波哩迦（髑髏外道二百三十七）訖哩耽微地也（二百三十八）嗔陀夜彌枳囉夜彌（二百三十九）闍夜羯囉（二百四十）曼度羯囉（二百四十一）薩婆囉他娑達儞（持一切物二百四十二）訖哩耽微地也（二百四十三）嗔陀夜彌枳囉夜彌（二百四十四）者都栗薄祁儞（姊妹神女二百四十五）訖哩耽微地也（二百四十六）嗔陀夜彌（二百四十七）枳囉夜彌（二百四十八）憑（去）儀哩知（鬥戰勝神并器

仗二百四十九）難泥（外道）雞首婆囉（孔雀王器仗二百五十）伽那鉢底（毘那夜迦王二百五十一）娑醯夜（野叉王兄弟三人各領二十八萬眾二百五十二）訖哩耽微地也（二百五十三）嗔陀夜彌（二百五十四）枳囉夜彌（二百五十五）那延那室囉（引）婆拏（裸形外道二百五十六）訖哩耽微地也（二百五十七）嗔陀夜彌（二百五十八）枳囉夜彌（二百五十九）阿囉訶多（羅漢二百六十）訖哩耽微地也（二百六十一）嗔陀夜彌（二百六十二）枳囉夜彌（二百六十三）微怛（多音）囉（引）迦（起尸鬼二百六十四）訖哩耽微地也（二百六十五）嗔陀夜彌（二百六十六）枳囉夜彌（二百六十七）跋折囉波儞（執金剛神二百六十八）跋折囉婆（重呼）尼（二百六十九）具醯夜迦（密跡力士二百七十）地鉢底（總管二百七十一）訖哩耽微地也（二百七十二）嗔陀夜彌枳羅夜彌（二百七十三）囉叉囉叉罔（一切諸佛菩薩天仙龍神方護二百七十四）薄伽梵（佛二百七十五）印耨那麼麼那寫（某乙寫二百七十六）婆伽梵薩怛他揭都烏瑟尼沙（二百七十七）悉怛多鉢怛囉（華蓋二百七十八）南無嗉（上）都（上）羝（頂禮二百七十九）阿悉多那（引）囉（引）囉迦（白光分明二百八十）鉢囉婆毘薩普吒（二百八十一）毘迦悉怛多（二百八十二）鉢底哩（二百八十三）什嚩囉什嚩囉（光焰二百八十四）陀囉陀囉（二百八十五）頻陀囉頻陀囉（二百八十六）嗔陀嗔陀（二百八十七）含吽含吽（二百八十八）泮泮泮（二百八十九）泮吒泮吒（二百九十）莎皤訶（二百九十一）醯醯泮（二百九十二）阿牟伽耶泮（不空大使二百九十三）阿鉢囉底訶多泮（無障礙二百九十四）皤囉鉢囉（二合）陀泮（與願二百九十五）阿素囉毘陀囉皤迦泮（修

羅破壞二百九十六）薩皤提吠弊泮（一切天神二百九十七）薩皤那那伽弊泮（一切龍眾二百九十八）薩皤藥叉弊泮（一切勇鬼神二百九十九）薩皤乾闥婆弊泮（一切音樂神三百）薩皤阿素囉弊泮（三百一）薩皤揭嚕荼弊泮（三百二）薩皤緊那羅弊泮（三百三）薩皤摩護囉伽弊泮（三百四）薩皤囉刹莎弊泮（三百五）薩皤摩努曬弊泮（三百六）薩皤阿摩努曬弊泮（三百七）薩皤布單那弊泮（三百八）薩皤迦吒布丹那弊泮（三百九）薩皤突蘭枳帝弊泮（一切難過三百十）薩皤突瑟吒畢哩乞史帝弊泮（一切難三百十一）薩皤什皤梨弊泮（一切瘧壯熱三百十二）薩皤阿波薩麼嚟弊泮（一切外道出三百十三）薩婆奢羅皤拏弊泮（三百十四）薩嚩底栗耻雞弊泮（三百十五）薩菩怛波提弊泮（一切鬼惡三百十六）薩皤微地也囉誓遮黎弊泮（一切持咒博士等三百十七）闍耶羯囉摩度羯囉（三百十八）薩婆囉他娑陀雞弊泮（一切物咒博士三百十九）微地也遮唎曳弊泮（三百二十）者咄囉南薄祁儞弊泮（四姊妹神女三百二十一）跋折囉俱摩唎迦弊泮（金剛童子三百二十二）跋折囉俱藍陀利弊泮（三百二十三）微地也囉（引）闍弊泮（咒王等三百二十四）摩訶鉢囉登耆曬弊泮（三百二十五）跋折囉商羯囉（引）夜泮（金剛連鎖三百二十六）鉢囉登祁囉囉（引）闍（引）耶泮（三百二十七）摩訶揭囉耶泮（大黑天神三百二十八）摩訶摩怛哩（二合）伽拏耶泮（鬼眾三百二十九）娜牟塞揭哩（二合）多耶泮（三百三十）毘瑟拏尾曳泮（毘紐天子三百三十一）皤囉吽摩尼曳泮（梵王三百三十二）阿祁尼曳泮（火天三百三十三）摩訶迦哩曳泮（大黑

天女（三百三十四）迦囉檀特曳泮（大鬼帥黑奧神三百三十五）醫泥哩曳泮（帝釋三百三十六）
遮文遲曳泮（怒神三百三十七）嘮怛哩曳泮（瞋怒神三百三十八）迦囉（引）怛哩曳泮（三百三
十九）迦波嚟曳泮（三百四十）阿地目枳多迦尸麼舍那皤悉儞曳泮（三百四十一）曳髻者
那薩怛薩怛皤（若有眾生三百四十二）突瑟吒質多（惡心鬼三百四十三）澇持囉質多（三百
四十四）烏闍訶囉（食精氣鬼三百四十五）揭婆訶囉（食胎藏鬼三百四十六）嘮地囉訶囉（食
血鬼三百四十七）芒娑訶囉（食肉鬼三百四十八）摩社訶囉（食產鬼三百四十九）社多訶囉（三
百五十）視微多訶囉（食壽命鬼三百五十一）皤略耶訶囉（食祭鬼三百五十二）健陀訶囉（食
香鬼三百五十三）布瑟波訶囉（食花鬼三百五十四）破囉訶囉（食五果子鬼三百五十五）薩寫
訶囉（食五穀種子鬼三百五十六）波波質多突瑟吒（知諫反）質多（惡心鬼三百五十七）嘮陀
羅質多（嗔心鬼三百五十八）陀囉質多藥叉揭囉訶（三百五十九）囉剎娑揭囉訶（三百六十）
閉嚟多揭囉訶毘舍遮揭囉訶（三百六十一）部多揭囉訶（神眾三百六十二）鳩槃茶揭囉
訶（三百六十三）塞健陀揭囉訶（三百六十四）烏怛摩陀揭囉訶（三百六十五）車夜揭囉訶（影
鬼三百六十六）阿波娑摩囉揭囉訶（羊嗔鬼鬼如野狐三百六十七）侘（坼阿反上長平呼）迦茶祁
尼揭囉訶（魅鬼魅女鬼三百六十八）離婆底揭囉訶（如狗惱小鬼三百六十九）闍弭迦揭囉
訶（如烏鬼三百七十）舍俱尼揭囉訶（如馬三百七十一）漫怛囉難提迦揭囉訶（如貓兒三百
七十二）阿藍皤揭囉訶（如蛇三百七十三）訶奴建度波尼揭囉訶（如雞三百七十四）什（入音）

皤囉（壯熱瘧鬼）翳迦醯迦（一日一發）德吠底迦（二日一發三百七十五）帝哩帝藥迦（三日一發）折咄栗他迦（四日一發三百七十六）昵底夜什皤囉（常壯熱鬼三百七十七）毘沙摩什皤囉（壯熱三百七十八）皤底迦（風病鬼）背底迦（黃病鬼三百七十九）室禮瑟彌迦（痰飲三百八十）娑儞波底迦（痢病三百八十一）薩皤什皤囉（一切壯熱三百八十二）室嚕喝囉底（頭痛三百八十三）阿羅陀皤帝（半頭痛三百八十四）阿乞史嚧劍（飢不食鬼三百八十五）目佉嚧鉗（口痛三百八十六）羯唎突嚧鉗（愁鬼三百八十七）羯囉訶輸藍（咽喉痛三百八十八）羯拏輸藍（耳痛三百八十九）檀多輸藍（齒痛三百九十）頡哩馱耶輸藍（心痛三百九十一）末摩輸藍（盧鉗反・三百九十二）跋囉室婆輸藍（肋痛三百九十三）背哩瑟吒輸藍（背痛三百九十四）烏馱囉輸藍（盧鉗反腹痛三百九十五）羶知輸藍（腰痛三百九十六）跋悉帝輸藍（裸骨痛三百九十七）鄔（上）嚧輸藍（腿髀痛三百九十八）常伽輸藍（腕痛三百九十九）喝薩多輸藍（手痛四百）波陀輸藍（腳痛四百一）頞伽鉢囉登輸藍（四支節痛四百二）部多吠怛荼（起尸鬼四百三）荼枳（呼哽反上）尼（魅鬼四百四）什皤囉陀突盧建紐（四百五）吉知（蜘蛛）婆路多（丁瘡四百六）吠薩囉波嚕訶（侵淫瘡）凌（里孕反）伽（赤瘡四百七）輸沙多（引）囉娑那迦囉毘沙喻迦（上坎四百八）阿祁尼（火）烏陀迦（水）摩囉吠囉建多囉（四百九）阿迦囉蜜栗（二合）駐（橫死四百十）怛囇部迦地哩囉吒毘失脂迦（蝎四百十一）薩囉波（蛇四百十二）那俱囉（虎狼四百十三）僧（思孕反）伽（師子四百十四）吠也揭囉（大虫四百十五）怛乞叉

（豬熊四百十六）怛囉乞叉末囉（馬熊）視皤帝衫（此等四百十七）薩毘衫薩毘衫（一切此說者四百十八）悉怛多鉢怛囉（花蓋四百十九）摩訶跋折嚕（大金剛藏四百二十）瑟尼衫摩訶鉢囉登祁藍（四百二十一）夜婆埵陀舍喻社那（乃至十二由旬成界地四百二十二）便怛囇拏毘（入聲）地夜畔馱迦嚧彌（云我大明咒十二由旬結界禁縛莫入四百二十三）帝殊畔陀迦嚧彌（佛頂光聚縛結不得入界四百二十四）波囉微地也（途迦反）畔陀迦（居那反）嚧彌（能縛一切惡神鬼四百二十五）怛地他（即說咒曰四百二十六）唵（四百二十七）阿那烈毘舍提（四百二十八）鞞囉（四百二十九）跋折囉（四百三十）阿唎畔陀（四百三十一）毘陀儞（四百三十二）跋折囉波尼泮（四百三十三）呼吽（四百三十四）咄嚕吽（三合四百三十五）莎皤訶（四百三十六）唵吽（四百三十七）毘嚕提（四百三十八）莎皤訶（四百三十九）（右此咒句，總有四百三十九句）】

很多人會唸楞嚴咒，不過我唸的咒是古梵音，因爲有一些過去世的記憶，後來也多多少少聽一點、學一點，就自己通了！原來有很多的咒其實都是同一句，只是翻譯的時間與譯者有所不同，以致翻譯出來有很多種不同。所以也有人提到說，你們做蒙山施食時，怎麼唸起來，音調都不一樣？因爲密教是偏向於用梵音來唸，而且也沒有像我們這樣編成旋律來唱，所以有很多音都已經走調；而密宗的咒音也不正確，因爲又摻雜了西藏語調。

譬如很多人唸「ㄊㄢˇ ㄧ ㄓˊ ㄧ ㄊㄚ」，而且這三個字也要唸蠻久的；在眞密之中就只是單純地唸「大底雅塔」，「塔」字讀作輕音，一下子就唸過去了。這一句，有時翻譯成四個字「達地也他」，有時譯作三個字「坦姪他」，其實是同一句。又如中國人唸「南無阿彌陀佛」，印度人怎麼唸呢？「哪默阿彌ㄉㄚˉㄅㄨˉㄉㄚ」，相差很多。

以前去天竺朝禮聖地時，在瓦拉那西的早上，印度教徒早上都要去印度廟裡朝拜；他們那個舊城是用石頭建起來的，道路很窄，是為了戰爭時防守方便；他們的石頭房子前面牆壁靠地面的轉角處，都會有一角空缺成為一個凹洞，洞裡面就安放著一尊濕婆神的石雕像；每一家牆角洞中的神像都是又油又濕，都變成黑色了；因為每天早上都會有印度教信徒拿著一個小銀壺（沒錢人家用鋁製的小壺），裡面裝著香水（有錢人家就裝著香油），把小銀壺拿得高高的，不能低過眉毛以下；當他們走向神廟時，在路上一面走就一面唸著：「哪默ㄒㄧˉㄨㄚˉㄉㄨ、哪默ㄒㄧˉㄨㄚˉㄉㄨ……。」意思就是「歸命濕婆神」。在路上每遇到一個房子角落牆腳有濕婆神的神像，就用香油或香水把它澆一下，就是「香湯沐浴」的意思。有的人灌香水，有的人灌香油，長年累月下來當然又髒又濕。就這樣一直走到神廟中禮拜，然後就用香水、香油供養。我們如果唸中國話「南無濕婆神」，印度人聽了一定聽不懂。

當年去朝禮聖地時，因爲我學的咒語是梵音，中國音我學不來；因爲有人託我送一個供養的紅包給一位喇嘛，那時我還沒有勾起對西藏密宗的認知，所以我就幫他送到四眼天塔去；結果那位喇嘛不在，我找不到人；原來他去我們遊覽車那邊送所謂的佛舍利，藉機收受供養；後來喇嘛回來了，我就代朋友把供養金送給他。我就因此遲到三分鐘或五分鐘才回到遊覽車上，被罰要唸大悲咒四十九遍。所以我站在遊覽車中唸了起來，當我唸誦古梵音的大悲咒時，大家聽不懂；可是導遊猛點頭，他是尼泊爾人，他聽懂。這樣一來，我究竟是在唸給誰聽呢？不是唸給大眾聽，而是唸給導遊與司機二個人聽，只有他們聽懂。

大悲咒一開始就是「歸命觀世音菩薩，歸命三寶」，同樣的道理，楞嚴咒也是一樣，一開始也是「歸命三寶，歸命釋迦牟尼佛，歸命菩提薩埵，歸命戒律」等等。咒，中國人已經唸那麼久了，「南無阿彌陀佛」就等於印度的「哪默阿彌ㄌㄚ-ㄅㄨ-ㄌㄚ」；如今音雖不同，心誠則靈，阿彌陀佛也知道大眾是在唸著祂，這樣就夠了。所以咒語，你們目前就先不必理會是發什麼音，已經唸慣就好了。但是眞要持誦咒語而達成咒語意涵目標的人，最好是先瞭解每一句咒語的意思，然後再持誦，才會有效果。

【「阿難！是佛頂光聚、悉怛多般怛羅祕密伽陀微妙章句，出生十方一切諸佛。十方如來因此咒心，得成無上正遍知覺；十方如來執此咒心，降伏諸魔，制諸外道。十方如來乘此咒心，坐寶蓮華，應微塵國；十方如來含此咒心，於微塵國轉大法輪；十方如來持此咒心，能於十方摩頂授記；自果未成，亦於十方蒙佛授記；十方如來依此咒心，能於十方拔濟群苦，所謂地獄、餓鬼、畜生、盲聾、瘖啞、怨憎會苦、愛別離苦、求不得苦、五陰熾盛，大小諸橫同時解脫。賊難兵難王難獄難，風水火難，飢渴貧窮，應念銷散。十方如來隨此咒心，能於十方事善知識，四威儀中供養如意；恒沙如來會中，推為大法王子。十方如來行此咒心，能於十方攝受親因，令諸小乘聞祕密藏不生驚怖。十方如來誦此咒心成無上覺，坐菩提樹，入大涅槃。十方如來傳此咒心，於滅度後付佛法事，究竟住持，嚴淨戒律悉得清淨。若我說是佛頂光聚般怛羅咒，從旦至暮音聲相連，字句中間亦不重疊，經恒沙劫終不能盡。亦說此咒名如來頂，汝等有學未盡輪迴，發心至誠趣向阿耨多羅三藐三菩提，不持此咒而坐道場、令其身心遠諸魔事，無有是處。」】

講記：「阿難！這個由佛頂光明聚集而演說出來的大白傘蓋如來藏心祕密神咒微妙章句，出生十方一切諸佛。十方如來都因爲這個咒心，可以成就對一切法的無上正遍知覺；十方如來也因爲執持這個如來藏咒心，得以降伏一切魔，制伏所有外道。十方如來乘坐這個如來藏咒心，才能坐在大寶蓮華之上，感應微塵數國土的眾生；十方如來含受這個如來藏咒心，於微塵數國土中轉大法輪；十方如來受持這個如來藏咒心，能於十方爲諸有情摩頂授記。如果佛弟子自己的佛菩提果尚未成就，也能藉此如來藏咒心而受生於十方國土時，同樣得蒙諸佛授記。十方如來依於這個如來藏咒心，能於十方國土拔濟眾生種種苦難，所謂地獄、餓鬼、畜生、盲聾、瘖啞、怨憎會苦、愛別離苦、求不得苦、五陰熾盛，各類大小不同的橫逆都可以同時獲得解脫。賊難、兵難、王難、獄難，以及風水火難、飢渴貧窮，也都因此如來藏咒心而應念銷散。十方如來在因地都是由於親隨這個如來藏咒心，能於十方奉事善知識，也能在四威儀中如意地供養善知識；並且在恒河沙數如來的法會中，被推爲大法王子。十方如來實行這個如來藏咒心，能於十方世界攝受聲聞菩提的親因，使所有小乘人聽聞諸佛的祕密藏時不會心生驚怖。十方如來也因爲誦持這個如來藏咒心而成爲無上正等正覺，也因爲這個如來藏咒心而坐菩提樹，以及入大涅槃。十方如來傳授這個如來藏咒心，於滅度後以如來藏咒心交付三乘弟子們佛法中的弘法諸事，使佛弟子們依此咒心而究竟住持正法，也藉此咒心而嚴淨戒律全部得以清淨。如果我釋迦如來細說這個佛頂光明所聚的大白傘蓋咒心，從清晨到夜晚不斷解說而不中斷，所說的字句之中也不重複，如此每天解說歷經恒河沙數劫以後，終究不可能完全說盡。我釋迦如來也說這個大白傘蓋咒名爲如來頂，你們這些有學位中的聲聞人尚未斷盡輪迴之心，如今捨離聲聞道，至誠發心趣向無上正等正覺，眞學佛菩提道，若不受持這個大白傘蓋如來藏咒心，而說能坐道場、使他的身心遠離種種魔事，佛法中是沒有這種道理的。」

「阿難！是佛頂光聚、悉怛多般怛羅祕密伽陀微妙章句，出生十方一切諸佛。十方如來因此咒心，得成無上正遍知覺；十方如來執此咒心，降伏諸魔，制諸外道。十方如來乘此咒心，坐寶蓮華，應微塵國；十方如來含此咒心，於微塵國轉大法輪；十方如來持此咒心，能於十方摩頂授記；自果未成，亦於十方蒙佛授記；十方如來依此咒心，能於十方拔濟群苦，所謂地獄、餓鬼、畜生、盲聾、瘖啞、怨憎會苦、愛別離苦、求不得苦、五陰熾盛，大小諸橫同時解脫。賊難兵難王難獄難，風水火難，飢渴貧窮，應念銷散。」佛陀開示說：這個佛頂光明聚集所說出來的大白傘蓋如來藏咒心，它的微妙章句可以出生十方一切諸佛。有的人想不通：爲什麼這樣唸誦大白傘蓋神咒就可以出生十方一切諸佛？事實上，不但能出生十方一切諸佛，當你正在唸誦時就出生了你這位現在佛——你的放光如來已經現前了。這跟般舟三昧的意思是相同的，但是要出生自己的放光如來之前，前面所講的知見得要先正確地攝受。般舟三昧、一行三昧都是一樣的道理，都得要先學般若波羅蜜，然後才能「隨佛方所，端身正坐，持佛名號」，到了一個階段時，突然間就一念相應，於是「念念之中能見十方三世一切諸佛」，連未來佛你都看見了。

這個楞嚴咒心大白傘蓋咒也是一樣。然而那麼多寺院中，每天清晨都在唸誦楞嚴咒，爲什麼卻沒有人悟得了？是因爲他們都把前面卷一到卷六的知見誤會了，無法眞正體會經文中 佛陀的意旨，所以再怎麼唸誦大白傘蓋神咒，唸破了嘴皮也沒辦法親證「金剛三昧」。尤其是一些看來似乎是顯教的山頭，堂頭和尚往往也暗中在修學雙身法，暗地裡規定徒眾不許受持大白傘蓋咒心，如何能有機會悟證「金剛三昧」呢？當他們對前六卷的經文義理全都誤會成離念靈知或六識自性時，怎能對如來藏心及其妙眞如性有正確理解？想要依大白傘蓋神咒來悟入佛菩提，自然是不可能的。如果能把前面的知見正確建立了，只要一直唸誦下去，一樣可以悟入「金剛三昧」，從此「入三摩地」中。所以只要具備了正知正見，把大白傘蓋咒心一直唸下去，十方世界若有人唸，就十方有人成佛——成爲第七住位的「相似即佛」，乃至有人可以成爲「分證即佛」，這也是現見十方諸佛。十方如來同樣都是在這個大白傘蓋如來藏咒心眞實法中，成就無上正遍知覺；因爲十方如來都是從這裡入手才開始佛道的進程。所以只要持續誦唸大白傘蓋心咒，遲早一定會親證「金剛三昧」。

只要能夠這樣驀直唸去，一樣可以成就無上正遍知覺。爲什麼明得如來藏心時，就可以叫作無上正遍知覺呢？因爲明心之後，可以現前照見眞實心如來藏是眞實法，不是虛妄施設的名言，所以是「正」。如來藏心又遍及十八界，一一界裡都是祂；如來藏心又遍及七轉識，哪一個識不是從祂來而依附於祂？所以也遍一切識。再來觀三界九地，莫非是祂，所以又遍一切界、遍一切地；能夠這樣現觀如來藏遍於一切，就是因地的正遍知覺，所以明心時也可以方便叫作無上正遍知覺，因爲世間出世間法沒有一法能超過如來藏法，所以也是「無上」。

十方如來用大白傘蓋咒心，也可以降伏諸魔、制諸外道。這個咒心講的就是如來藏心；因此證悟後可以用大白傘蓋咒心如來藏，辨正法義降伏諸魔。今天我敢橫挑扁擔、檢點諸方，靠的也就是這個大白傘蓋咒心。如果不是因為這個咒心，我這麼瘦弱的一個人，如何敢橫挑扁擔、檢點諸方？有人說：「老師！你就是一個『膽大』，不怕死。」我說：「不然，其實我最怕死。我正是因為怕死，所以才要學佛。」但是，我的怕死，不是因為我執，而是因為任務還沒有完成；若是能入無餘涅槃了，還會怕死嗎？當然不會。然而任務還沒有完成時，一定得非常、非常怕死才行。而我這麼怕死，為什麼又敢寫聲明，公開邀請被我辨正的大師們，前來開法義辨正無遮大會？其實我心裡怕死怕得不得了，但是我的目的不在死上面，而是在找一位大善知識作為我的依止。

也許哪一天眞的有人以正法妙理來把我降伏了，這一定是大善知識，我追隨他都來不及了，幹嘛求死？我找這種大善知識，已經找了十幾年，始終都找不到。如果終於讓我碰上了，我還能放他走？當然要拉著他的衣服永遠不放，我還會去死呀？眞笨！我是最怕死的，但因為我不愛面子、不顧面子，想的就是要找一位大菩薩來領眾，我就可以好好拉著他的衣襟學法。當然我現在不會像以前那麼傻，隨便聽信人言，今後當然要親自檢驗一番才能接受那是大善知識，免得再被有心人欺騙。如果事先證實對方眞的是大菩薩，我再來介紹給諸位，這樣對大家都好，當然不能只有我一個人追隨而不許大眾一起追隨。所以如果眞有這麼一位大菩薩出世了，我當然要請他上座說法領衆，我就坐在下面聞法隨學，讓大家都獲得更深妙的佛法，這樣才是沒有私心的行爲；所以我很怕死，但我沒有私心與面子的問題。

我最怕死，而且我目前也還不想死，但我很想找出一位大菩薩來。如果是世間法中不怕死的人，他根本不知道對方的底細，就敢亂罵一通，這才是世間人的不怕死。我是準備爲法捨身，也全都摸清楚了對方的底細，知道他們落處在哪裡，所以我才寫出來。所以我不是不怕死，但是因爲知道對方的底細，所以我寫出來，就料定對方不敢來召開法義辨正無遮大會；因爲對方若是眞的來了，他想要講什麼，我事先都判定了，瞞不過我。所以，我不是因爲不怕死而寫出法義辨正無遮大會的聲明，而是因爲我有任務；但是我有智慧，所以我寫了出來，當然是料定被我評論的大師們都不敢來，我不是有勇無智的人。如果有人眞的敢來，那一定是大善知識，正是我要尋找的人，我當然要藉無遮大會挖他的寶，確定他眞的有許多法寶遠勝於我，我當場還要拜他爲師，並且將來還要辦一場歸依大會，公開聲明歸依在他的座下。然後我將會學法學得很快樂，爲什麼還要自殺呢？而我能這樣做，都是因爲受持大白傘蓋如來藏心。

同樣的道理，找到了這個咒心，就是找到如來藏心；現觀除此如來藏以外，沒有別的眞實心，然後就可以運用這個咒心「降伏諸魔」。因爲一切諸魔所說的境界都不超過欲界六天，你以這個咒心卻可以現觀十八界都在此一咒心之內；也可以現觀三界一切法（欲界、色界、無色界法）都不離此一如來藏咒心。當你都能現觀時就有各種智慧了，而天魔只不過是欲界六天內的法，智慧遠不如你，那你有什麼好怕的？早就料定天魔也不敢來跟你作法義辨正的，當然不必怕他。也許有人說：「可是天魔來了，豈不會把我殺了？」他不會殺你，他只是要轉你，讓你離開「金剛三昧」的「三摩地」。如果他會殺你，那一定是山精鬼魅而不是天魔波旬。

天魔波旬不會這麼沒智慧，殺你是要負極重因果的，他來的目的就是要轉變你。但你用這個如來藏心—大白傘蓋神咒—就可以把天魔所說完全摧滅。在四種魔中，不論是哪一種魔，你都可以降伏他們；因爲當你用大白傘蓋如來藏妙義與他們論法時，他們根本聽不懂，哪裡還有智慧能夠轉你、騙你？天魔如是，外道們也是一樣的道理。如果不是眞的如此，我寫了那麼多書流通出去，大法師們爲什麼沒有一位敢出來反擊？爲什麼都只能幹一些私下抵制的勾當呢？他們只能私下毀謗：蕭平實是邪魔外道。全都不敢落實到文字或影音成品上面，因爲他們的落處都在常見外道、斷見外道的法中，都被我講出來了！而我用如來藏咒心所講的種種法，他們都聽不懂，根本摸不著邊，能有什麼膽子敢來辨正法義？我說「自性清淨心而有染污」，他們必須先設想：「**怎麼自性清淨會有染污？我都不懂，怎能跟蕭平實唱反調？**」而且明明經中也是這麼講的，偏偏他們又不懂，所以只好默不吭聲，當然只能私下聯合抵制了。除了這樣做以外，別的事情都不能做。所以我都是依靠大白傘蓋如來藏咒心的力量。

楞嚴咒的咒心就是如來藏，用這個法不但能降伏諸魔，也可以「**制諸外道**」，一切外道法來到我眼前都沒有說話的餘地。十方如來當然更是如此，「**乘此咒心，坐寶蓮華，應微塵國**」，都是藉著這個咒心如來藏，才能坐著千葉寶蓮而與無數國土的眾生感應；「**含此咒心**」當然也是這個如來藏，所以能在微塵數的國土中轉大法輪，同樣都是用這個如來藏心。十方如來也是執持這個咒心，能夠在十方國土爲諸佛子摩頂授記；當十方如來爲佛子感應時，爲人家摩頂授記，是要看佛子有沒有證悟明心；如果還沒有證悟明心，絕不可能被摩頂授記。所以，想要得佛感應摩頂授記，或者有佛來爲你解說這一世弘法的因緣等等，都不是隨便就能遇見的；一定是你受生以後重新破參了，才能遇見，所以不是那麼容易就能遇見的。但是，十方如來憑什麼爲佛子授記？憑的是佛子已經找到如來藏，證得「金剛三昧」而且心得決定「入三摩地」了；這時已經可以確定你接下去的成佛之道會怎麼走了，因爲你必然會循著成佛之道的軌跡演變下去，所以最後會成爲什麼佛，在什麼世界成佛，有多少徒眾，都可以爲你授記了。

如果已經得此咒心—找到如來藏—你雖然還沒有成就佛果或者獲得菩薩諸地的果位，也可以在十方佛世界中，受到那個世界佛陀的授記。十方如來也是依這個咒心，而在十方世界拔濟群苦，所謂地獄苦、餓鬼苦、畜生苦，乃至人間的盲聾、瘖啞、怨憎會、愛別離、求不得、五陰熾盛等苦，都可以銷滅掉。也許有人這麼想：「老師！你這個說法有一點妄語吧？因爲我明心了以後，被人家打了一拳還是會痛。如果家裡堂上老人家過世了，我還是會悲傷呀！因爲愛別離眞的痛苦呀！」那我請問你：「你在那邊受愛別離苦的時候，你如來藏心還苦嗎？」苦的覺知心自己是虛假的、無常生滅的，既是虛妄的，怎麼會是眞的有苦？假苦就不算苦。眞的你自己是如來藏心，你觀察一下自己的如來藏心，這個自己有苦嗎？從來都沒有苦！那麼請問你：這時苦又何在？不就全都沒有苦了嗎？所以證明我沒有妄語。

盲聾瘖啞等苦也是一樣的道理，當十八界我在受苦時，十八界我終究是虛妄無常的假我，那就是假苦，假苦既是無常，終究不是眞苦，也必然會過去。都因爲不能夠忍受到痛苦過去，所以才會自殺；如果你有智慧，能觀察五陰苦的無常而忍受下來，當然也就無苦了。所以現代有一些小孩子如同溫室的花朵，受不了挫折就想自殺，你就告訴他：「苦是無常，無常是會過去的；你只要忍過去了，將來也就不苦而可以開始享樂了。」要教他們無常的道理：「苦是無常，不會永遠是苦，你只要把這一段痛苦時間忍過去。」當他很苦的時候，心裡面想：「苦是無常，我就忍一忍，忍過三年以後，就開始享受人生了。」當他想通了，於是就不會自殺了！你也可以安心學佛了，佛法得要活用；至於如來藏眞我是本來都無苦的，這個他們聽不懂，你就別提了。

所以，從轉依了如來藏眞我以後，哪裡還有五陰熾盛之苦？都沒有了！大小諸橫也同時解脫了，在這一剎那間就解脫了！譬如被殺掉了，可是眞我並沒有死掉，這樣就是當下解脫，也是不可思議解脫。也可以這樣想：我這一世這麼難過，不如早死早好，因爲早投胎早好，下一輩子憑著今生證悟的功德，可以出生在很好的環境中（除非願力的緣故，願意生在下劣之處），這樣不就是「大小諸橫同時解脫」了嗎？賊難、兵難、王難、獄難、風水火難，以及飢渴貧窮，都是一念之間就消失了！這時誰還有王難？誰還有風水火難、飢渴貧窮？都只是十八界的自我；於你的如來藏之中，何曾有這些橫難？所以轉依了如來藏時，這些就全都消失了，是一念之間就消失了！然後無妨繼續在人間有王難、兵難、獄難、風水火難、飢渴痛苦，那都沒有關係，因爲所轉依的如來藏眞我中，都沒有這些苦，於是這些痛苦「應念銷散」了。

「十方如來隨此咒心，能於十方事善知識，四威儀中供養如意；恒沙如來會中，推爲大法王子。十方如來行此咒心，能於十方攝受親因，令諸小乘聞祕密藏不生驚怖。十方如來誦此咒心成無上覺，坐菩提樹，入大涅槃。十方如來傳此咒心，於滅度後付佛法事，究竟住持，嚴淨戒律悉得清淨。」十方如來爲什麼要隨著這個咒心去十方世界奉事善知識？這有兩個層面可以講：第一、十方如來爲了擁護其他世界的佛世尊，所以示現了化身去，就像阿含部的《央掘魔羅經》所說一樣，有一尊如來在娑婆世界示現作外道央掘魔羅，來示現爲殺人魔而被　釋迦如來化度，這樣示現來擁護　釋迦牟尼佛的正法威德，這就是用如來藏妙法來化現於十方奉事善知識。

阿含部的《央掘魔羅經》都是在講如來藏妙理，可是很多人讀不懂，就想把它排除於阿含部之外；印順法師就是這樣的想法，然而這卻是錯誤的想法。等你破參了以後，你就知道《央掘魔羅經》中都已經明講如來藏了。但是眾生都被無明所遮障，還是讀不懂；既然讀不懂，所以要來正覺同修會修學。等我們幫你親證了，你就知道經中確實已經明講了；所以阿含部的經典也是八識論的經典，從來都不是六識論的經典（編案：詳見平實導師於《阿含正義》中之論述與舉證）。六識論的支持者，一定不可能讀懂三乘經典的；因為三乘經典全都以八識論為主軸而宣演的，從來都說眼等六識是虛妄法，那麼六識論的主張必然是斷滅空的本質，還會有什麼賣點呢？

都是因為沒有一念相應而悟得如來藏心，所以不懂大白傘蓋咒，當然就讀不懂，所以經中明講如來藏的地方，對他們來講還是隱覆密意而說的。但若對於破參者來講，可就覺得 世尊講得太白了！阿含部的《央掘魔羅經》中就是專講如來藏的，這一部經文共有四卷，敘述**一切世間樂見上大精進如來應供等正覺**，特地來娑婆世界化現為央掘魔羅外道，然後示現被 釋迦佛所度而成為阿羅漢，最後由 釋迦佛講出眞正的身分，原來祂是很遠國土的佛來示現護持正法的。這事件正是這一句經文的意思：「**十方如來隨此咒心，能於十方事善知識，**」同樣是以如來藏心—大白傘蓋咒心—在行住坐臥當中如意自在供養善知識。

從第二個層面來說，你們一天到晚在供佛、奉事善知識，事實上還有人每天供養著你們自己這個善知識；而你們供佛時的供品，其實也都是用如來藏在供養你自己，從來都是這樣。你們看！明心破參的人點頭了！你沒有破參，當然聽不懂：「奇怪！我哪有用如來藏來供養我？如來藏在哪裡？我都還不知道呢。」實際上，眞的是如來藏在供養你；你一天到晚吃喝拉撒，如來藏從來都沒有吃到，都是你在吃，所以都是祂在供養你，悟了就會證實這個事實。所以說，你也是「隨此咒心，能於十方事善知識，四威儀中供養如意」。而諸佛也是用這個如來藏咒心，於四威儀中供養諸佛，因爲佛是由七轉識當；如果只有一個第八識，就不可能有佛；因爲如來藏同時具足了七識，才能夠說他成佛了！那麼如來藏就是這樣每天不停地供養七識佛。

你們也一樣，都是由你的第八識如來藏供養你。因爲這些緣故，所以你只要破參明心而獲得「金剛三昧、入三摩地」了，把這些道理都弄清楚了，後來也發起無生法忍，次第進修到九地力波羅蜜具足時，有了善慧地的智慧、圓滿四無礙辯，就可以進入第十地成爲法雲地；這時十方如來都會共同加持，使你滿足十地心而成爲大法王子；從此以後，去到恆河沙數的所有佛世界，不論是到哪裡去，都是大法王子。而這樣的實證，是要在超過二大阿僧祇劫前的第七住位明心—親證金剛心如來藏—發起「金剛三昧、入三摩地」時，才算是正式開始的。而如來藏在末法時代的今天，仍然是可以親身實證的，並非空言白話；有這麼便宜的事情，為什麼不趕快求證呢？為什麼還要去搞學術研究，每年寫一些言不及義的之乎者也，那有什麼用？寫到年老時著作等身，還是一介凡夫。得要親證了，才能言必及義。

因此佛又說：「十方如來行此咒心」，就是以如來藏心來行一切法、成一切事；「能於十方攝受親因」，能夠到十方世界去，不論是在哪一個世界應化，都能夠用大白傘蓋咒心來攝受十方世界的眾生，讓他們親證如來藏，成就道業。這個才叫作親因，想像的如來藏或般若中觀絕對不是親因，讀經而理解的如來藏知見也不是親因。而大白傘蓋如來藏心，是每一個有情的根本，一切有情不能一日沒有祂；祂出生有情的一切法，所以大白傘蓋如來藏心才是一切有情萬法的親因，因為一切有情的身心萬法全都由各自的如來藏中出生的，所以如來藏大白傘蓋才是有情的親因。

乃至四聖法界也是以如來藏大白傘蓋為親因：二乘聖者滅盡十八界入無餘涅槃時仍然是他們各自的大白傘蓋如來藏心的獨住境界，菩薩親證本來自性清淨涅槃，也是以各自的大白傘蓋如來藏心的獨住境界而施設立名，諸佛的無住處涅槃也是以各自的大白傘蓋如來藏心的獨住境界而立名。所以「十方如來行此咒心」，能令十方世界有情親證各自身心的親因——教導十方世界有情同證自己身心的本源如來藏心，現見一切有情都以自心如來藏爲本因，所以如來藏是一切有情身心萬法的親因。十方如來這樣教導有情親證如來藏，證實如來藏確實是大白傘蓋——猶如大白傘一般函蓋一切法，藉此「能於十方攝受親因」。

有很多人自以爲悟，他們心裡想：「如來藏？我知道了，就是自性清淨，可是祂有染污；祂又離見聞覺知，這樣了知的時候就是開悟了。」可是等你問他：「如來藏在哪裡？」「不知道。」這樣子，既不能現前觀照祂的所在，也不能體驗祂的運作，怎麼可以叫作開悟呢？很多人以爲知道如來藏的理論時就叫作開悟了，但這樣並沒有證得親因。如果未來是因爲這樣的理解而終於有因緣證得如來藏心，這樣的理解可以叫作「緣因」；是作爲他將證悟的藉緣，所以叫作緣因。但是如果要說是親因，就必須親證了，可以親自體驗祂、親自觀察祂，漸漸深入瞭解祂而逐漸發起越來越深妙的智慧，實相般若智慧才能夠發起而且日益深妙，所以必須是親證如來藏才能叫作親因。也就是說，乃至將來成佛時都還是這個心，沒有第二個心；祂才是成佛之道的根本所在，必須經由大白傘蓋咒心如來藏才能次第修行成佛，所以大白傘蓋咒心如來藏就是成佛的親因。

「令諸小乘聞祕密藏不生驚怖。」也因爲大白傘蓋咒心如來藏心實存恆住，才能使小乘聲聞人聽到如來祕密藏時，不會產生驚恐怖畏。祕密藏當然不許像密宗那樣亂解釋，祕密藏講的是諸佛大般涅槃所依的如來藏心。密宗最愛亂講，明明 釋迦佛在經中說般若就是佛母，因爲實相般若智慧能出生十方三世一切諸佛；密宗卻另外創造新說：**一個願意與喇嘛合修雙身法的女人就是佛母，那個女人可以讓喇嘛證得樂空雙運的究竟佛果境界，所以那個女人就是佛母。**莫說佛果，密宗的樂空雙運修到全身遍樂時，也只是欲界凡夫的境界，連聲聞初果的斷我見智慧都達不到，更別說是菩薩的明心證如來藏，佛果就全然是夢想了！所以密宗的法義與行門眞是荒唐到極點！

實相般若智慧才是眞正的佛母，「母」只是形容能出生，所以佛母是說實相智慧能出生諸佛，因此佛母是指實相智慧而不是指具體的女人，當然不是能生嬰兒、能與喇嘛合修雙身法的女人。實相般若的密意就是如來藏，如來藏心的一切深妙義理才是三乘佛法的祕密法教。如果讀過《大般涅槃經》，就能瞭解這個道理，世尊在經中早就說過了！所以祕密教講的就是眞如心如來藏，講的就是怎樣眼見如來藏的妙眞如性——佛性，這才是諸佛如來的眞實祕密教誨。

十方世界小乘聲聞人，如果不是因爲如來藏咒心，他們聽了解脫道修行實證的無餘涅槃境界以後，心中都會驚慌恐怖。因爲眞正的解脫道，並不是像現在台灣四大法師與印順法師所講的那樣；他們都想要用意識心去入住於無餘涅槃中，都是想要以覺知心自我進入無餘涅槃中常住，這完全是邪見。如果覺知心可以入住無餘涅槃中，那個涅槃怎能叫作寂靜？還有覺知時，就一定有六塵或法塵，怎麼會寂靜呢？不可能絕對寂靜，必然違背「涅槃寂靜」法印。一定是像如來藏這樣離六塵見聞覺知，當然是不許再有覺知心存在的，是滅盡十八界的，才能叫作「涅槃寂靜」，所以印順與四大法師們的想法都是邪見。

小乘人聽聞　佛陀說：無餘涅槃就是捨報以後把十八界自我全部滅盡。接著問題來了：「十八界我都滅盡了，什麼都空，一切法空，是不是斷滅空？」心中一定會有疑懼。印順與四大法師們都對解脫道、佛菩提道分不清楚，都將二乘解脫道錯認爲佛菩提道，可是四阿含諸經中說「無餘涅槃中是把十八界法滅盡的境界」，他們也跟佛世的阿羅漢們初學解脫道時一樣的想法：滅盡十八界以後豈不成爲斷滅空？於是印順就自己建立新說：滅盡十八界以後還有一個細意識常住，所以無餘涅槃不是斷滅空。這樣一來又落入常見去了！因爲意識心不論怎麼細，全都是緣生法，有生有滅，怎麼可能是常住不變的無餘涅槃的本際呢？正好是常見外道所說的常住不壞心。佛世的聲聞人聽　世尊開示無餘涅槃的境界時，心中也是驚恐的：「十八界都滅盡了，那就變成斷滅了。」他們當然心中都會驚恐的，這也是末法時代一切修學解脫道而想要實證涅槃者的疑慮。

然而　佛開示說：無餘涅槃中滅盡十八界後，剩下楞嚴咒心，就是涅槃本際、實際。所以阿含中把祂叫作本際、我、實際、如、眞如、識，而且有時還說是如來藏，阿含諸經中講了將近十個名相，全都指稱這個實際——如來藏。聲聞人一聽：「好在還有自己的本際不滅，原來入了無餘涅槃不是斷滅。」他們心中安定了！所以他們聽聞大白傘蓋如來咒心以後，自然就不生驚怖了。這樣子，二乘聖者滅盡十八界法，對十八界都無貪戀，當然不可能是常見外道見；而他們入無餘涅槃以後仍有如來藏心獨存，離六塵見聞覺知，所以也不是斷滅；這樣成就二乘菩提的涅槃實證，成就二乘菩提果，二乘菩提便因此成就。所以大白傘蓋如來藏心才是二乘菩提的親因，十方如來便以楞嚴咒心，讓小乘聲聞人不會恐怖。

「十方如來誦此咒心成無上覺，坐菩提樹，入大涅槃。」釋迦牟尼佛坐菩提場，就是初夜以手按地時明心而生起大圓鏡智，由此而降伏一切魔軍；到了夜後分天色將明時，目睹東方明星而眼見佛性，成所作智現前了，成就隨方應化的大功德。接著出現問題了：你現在誦唸大白傘蓋咒心，跟世尊當時以手按地，相去多少？如果破參了還不懂，我就放你三十棒。所以十方如來所誦的大白傘蓋咒心，還是如來藏心。把很長的楞嚴咒一直誦下去，還是如來藏心，依舊是大白傘蓋咒心。所以十方如來誦這個咒心，可以成就無上正等正覺，當然就能坐在菩提樹下成佛，也能由此咒心來成就**大般涅槃**。

「大般涅槃」是四種涅槃都具足的，是具足圓滿二乘人的有餘依、無餘依二種涅槃，也具足菩薩七住位時所證，一直維持到等覺位的本來自性清淨涅槃，再加上佛地獨有的無住處涅槃；具足這四種涅槃時，才能稱爲**「大般涅槃」**。如同剛才所說，菩薩與二乘涅槃全都依大白傘蓋如來藏心而有，十方如來也都依這個咒心而得；如果沒有如來藏這個楞嚴咒心，那麼別說是佛地四種涅槃，連二乘涅槃都不可能有，全都變成斷滅空了，哪還有涅槃可證可傳呢？所以涅槃非斷非常。如果是斷滅空，就不能說是涅槃，必須是非斷非常才能叫作涅槃。到了大般涅槃境界時，又不說非斷非常了，那時改爲**眞常唯心**。

可是如今有誰瞭解**眞常唯心**的道理？末法時代的今天，已經沒有人懂了。因爲印順與四大法師們連斷我見的知見都還不具足，連第八識都不懂，尚且無法成爲第七住位菩薩，何況能知佛地的眞常唯心妙理；卻都自以爲懂，所以印順才會寫了四十一冊書籍，廣說所謂的成佛之道，其實是完全不懂三乘菩提的。只有到達佛地時，才可以說是**眞常唯心**，印順卻以凡夫知見，認爲有的菩薩曾說因地時也是**眞常唯心**，誤會得很嚴重。雖然要到達佛地時的如來藏才是**眞常唯心**，然而這個**眞常唯心**的境界，卻得要從因地如來藏的**非斷非常**去進修，一直到分段生死與變易生死這兩種死都斷盡了，如來藏中的一切種子都不可能再變異了，是永遠都不可能再被變換轉易了，這時才可以說是變易生死斷盡，種子永遠不變，那時才是**眞常**的境界。

等覺位的第八識中的種子仍然不是**眞常**，因爲還有最後一分故意保留的極微細異熟愚，也還有最後一分極微細的無始無明隨眠—最後一分極微細上煩惱—仍然存在；所以如來藏心中的種子還是可以被變易而仍然不離種子變異，所以依舊不能叫作**眞常**。所以**眞常唯心**其實是佛地的境界，但是如今有誰知道呢？現在末法之時已經沒有人知道了。這樣才是大涅槃，不同於二乘涅槃，也不同於菩薩所證的本來自性清淨涅槃。而佛地的四種涅槃合稱爲大涅槃，名爲無住處涅槃，仍然是依大白傘蓋如來藏心成就的。

「**十方如來傳此咒心，於滅度後付佛法事，究竟住持，嚴淨戒律悉得清淨。**」所以十方如來在滅度時，都會吩咐弟子們要將佛法的種種事業繼續住持於人間。今天我們也就因爲 釋迦世尊吩咐要把佛菩提妙法傳下去，所以我們繼承起來，同樣是用楞嚴咒心如來藏心來住持佛法，而且能夠作到「**究竟住持**」，沒有誰能推翻我們。如果能被推翻掉，就不是「**究竟住持**」。如果哪一天上地菩薩來找我，他也只能對我說：「**蕭平實，你某一處的說法應該修正。**」卻不可以說我的法錯了，不能推翻的；他只能幫我增益，讓我更往上提升，卻不能把我所證悟的如來藏妙法推翻；我能這樣弘法及住持佛法，所以是「**究竟住持**」。如果是可以被別人挑毛病的，書中所說的法義隨便舉出一段話，別人就能挑出我們好多毛病來，就不是「**究竟住持**」了。

就像我們的公案拈提，大法師們只是講那麼一段話，我就能把他們的重要過失寫成一篇拈提；如果不能這樣，我們就不是「**究竟住持**」佛法。當然別人也可以挑我們的毛病，但我可以把他們全都駁倒，而他們絲毫都不能駁倒我們，這樣才可以說是「究竟住持」；而我們能夠「究竟住持」的原因，全都是靠著大白傘蓋如來藏心。所以 釋迦牟尼佛滅度之後，能夠吩咐弟子們住持祂的佛法事業，也是靠著已經傳授弟子們實證這個大白傘蓋咒心。如果弟子們不是得到如來藏咒心微妙法門，就無法「究竟住持」末劫了義正法。

能夠「究竟住持」的人，就能夠「嚴淨戒律」，這是因爲「究竟住持」也有許多層次：剛破參時，一般大法師們無法推翻你，那你也算是「究竟住持」佛法；然而你還是繼續保有一些毛病，譬如面對好吃的食物時還是有一些貪，家裡的妻子美麗漂亮，還是一樣有貪；錢財，多多益善，多賺一些當然也沒有關係，爲什麼我要那麼早就退休呢？眞笨！這也表示自己還有一些性障存在，於是所持戒法當然沒辦法很清淨。入了地（其實不必到入地），初迴向位以後就清淨了，絕對不會出來弘法時還希望人家多供養錢財了；到了二地滿心時，連內相分都可以自己控制而使心地更清淨了，哪裡還會貪世間錢財呢？到了三、四、五地，那就更清淨了，根本不必再說明了。而這都是靠大白傘蓋如來咒心，因爲轉依如來咒心如來藏，才能修到這個地步。所以，只要不離大白傘蓋如來藏心，依次修行，一定可以「嚴淨戒律悉得清淨」。

……。（講經前的當場答問，因與本經法義無關，故移轉到《正覺電子報》〈般若信箱〉，以廣利學人，此處容略。）好！簡單答覆完畢了，繼續講《楞嚴經》。今天要從一百三十六頁倒數第四行開始講解：「**若我說是佛頂光聚般怛羅咒，從旦至暮音聲相連，字句中間亦不重疊，經恒沙劫終不能盡。亦說此咒名如來頂，汝等有學未盡輪迴，發心至誠趣向阿耨多羅三藐三菩提，不持此咒而坐道場、令其身心遠諸魔事，無有是處。**」

世尊說，這個由佛頂放光如來所放出的無量無邊光明聚集而成就的大白傘蓋咒心妙法，如果從早上天剛亮時就開始宣說，一直講到晚上爲止；一整天的時間裡，說法聲音都不停頓，而且所說法的字句內容也不重複，這樣不停宣演經歷了恆河沙劫以後，仍然是講不完的。因爲大白傘蓋咒心，講的就是第八識如來藏心，以及祂的妙眞如性——佛性。這如果講得完，應該我們正覺同修會早就關門了，因爲早已講完了，已經不用再講了！可是我們一直在講如來藏妙義，所講的也是不同的內容，直到現在都還是講不完，而且總是講得太少了。

會外有些人不知道其中的道理，他們說：「**這蕭平實，寫了好多書，我哪有時間全部去讀。**」有的說：「**哇！他眞厲害呵！兩個月寫出一本。**」其實並沒有這麼慢，《狂密與眞密》四輯五十六萬字，我學會電腦以後開始寫，從開始到寫完只有三個多月而已；所以那時晚上都是手指痛，每天晚上總是痛到醒過來。五十六萬字是一個打字行女職員一年打字的分量，所以我打字是比打字行的打字小姐還要快。打字好了以後再檢查潤飾，然後就排定四次付印，延長爲四次八個月印出來。實際上在這個過程當中，我還有別的書正在寫，所以在八個月的出書過程中，諸位今天也看到《宗門正義》出版了，下一週你們還會看到《大乘無我觀》出版；如今《楞伽經詳解》第九輯也寫完了，第十輯已經寫了一半，而第八輯你們都還沒看到，因爲還沒付印，還在校對；而這些書，全都是在講解大白傘蓋如來藏妙眞如心。

所以，如來藏妙義是寫不完的，因爲有很多很多內涵，其中還有粗細差別，也有層次差別與方向的不同，所以大白傘蓋如來藏心有很多妙理可以講。如果三言兩語就可以講完，那一定只是總相智；而且是一句話告訴你就解決了，也不用三言兩語；只要給你一個指示，連語言文字都不用，但那只是總相智慧。實際上還有別相、種智等法，非常深妙廣大，不是三言兩語就可以講得完；因此，成佛之道不是一生之中就能完成的，所以開悟不等於成佛。但是不懂佛法的人就會主張：**開悟就是成佛了**。淨耀法師最近在電視上講：「台北有個佛教團體說他們有一百多個人開悟。開悟其實就成佛了，難道他們都成佛了嗎？」這就是不懂佛法的人。身為大乘比丘而不是小乘比丘，竟然不懂佛法到這個地步，也眞的是很嚴重。

實際上有很多深細的妙義，無法講得完；可是還沒有到達那個證境的人，怎麼想也想不出一點點的佛法來。這就是說，眞正的佛法，一旦要說時是說不盡的。如果在佛法中有眞的深入親證，其中有很多妙義，可以源源不絕講出來、寫出來。所以不知道的人往往這樣說：「這蕭平實，不曉得讀了多少經典呵！」其實我讀的經典比他們罵我的人都少，我大約是準備開講哪一部經典時，才會去閱讀；而且都是在開講之前大約兩週時，我才會把它全部讀過一遍，然後我就開始講了。所以我讀過的經典其實不多，但他們都以為我的記憶很好，記了很多經典。他們都不瞭解，我這個就是道種智。當道種智發起了以後，想要講什麼都可以，但他們都不瞭解。

有的人也許是心裡不清淨，有一位密宗的人說：「蕭平實每兩個月就出版一本書。」覺得很訝異！他出版一本書，大概前後要一年多的時間。以前他要出書之前都會先寄草稿來給我看，不過我不替他修改；因為他的目的是想要把《心經》的密意明講出來，當然他還沒有證悟。可是將來萬一若是悟了，還想要繼續這樣做，那還得了？這跟我的原則不符，因爲密意必須善於保護，一定是有緣人才可以得；悟緣還沒有成熟的人得了，佛法就會被破壞了。所以他對別人說：「兩個月出一本書，他將來如果想要斂財，就會很容易。」所以他們腦子裡想的就是斂財。我說：「我這麼笨！怎麼都沒有想到斂財這一招？」其實心中從來不曾有過這種念頭。

所以眞正的佛法，眾生無法瞭解，想要眞正瞭解大乘佛菩提，永遠都非常困難。一直到悟了以後才知道：原來悟了以後還有這麼多深妙法要學。沒有悟或悟錯的人都不知道：證悟才只是成佛之道的修行開始。所以他們的想法都認爲：只要開悟明心時就是成佛了。諸位想想看，悟後有那麼多的深妙法要繼續深入實證，那你把大白傘蓋咒心「唱」出來，需要「唱」多久？當然是要講解很久、很久的。所以 釋迦牟尼佛的莊嚴報身盧舍那佛，在色究竟天宮中講一切種智，如今已經兩千五百年了，講到現在還在繼續講；那你說，大白傘蓋如來咒心，得要「唸」多久才能「唸」完？當然，我說的這個大白傘蓋咒心，不是寺院中每天早上唸的楞嚴咒，而是佛法總持；若是要一一發揮解說，有很多深妙法講不完，所以 佛說「經恒沙劫終不能盡」。

諸位來聽《楞嚴經》，我們已經講多久了？卻還只是在講總相上的智慧而已；若是要再加上別相智與一切種智，那得要說到什麼時候呢？所以世尊說「經恒沙劫終不能盡」，確實不是虛語，眞的是無量無盡。若是到了九地滿心具足四無礙的力波羅蜜，那時就是總持無礙了（法無礙就是總持無礙），一切佛法的總持都在自己心中，沒有一法的總持不知，接下來只需提綱挈領來說，然後再一一細分下去，這哪裡講得完呢？

「亦說此咒名如來頂」，爲什麼叫作「如來頂」？就是三十二相中的不見頂相。爲什麼不見頂？因爲「金剛三昧」所證的如來藏心無形無相，哪裡能夠找到祂的頂？眞的無頂可見。雖然如來藏常常放光照明一切法，但卻無法看見祂的頂相；由於如來藏本身才是眞實如來，所以一切人都看不見如來的頂相，所以也說大白傘蓋咒心就是如來頂。

世尊又說：阿難等人還在有學位中，還沒有斷盡輪迴（因爲還沒有成爲阿羅漢，所以輪迴未盡），如今發起至誠心，想要走向無上正等正覺的佛菩提大道；如果不肯受持如來頂大白傘蓋咒心，而在將來想要坐道場——想要坐在菩提場悟道成爲究竟佛；或是在眼前想要實證「金剛三昧」而「入三摩地」，並且希望自己身心遠離種種魔事，那是不可能的。

換句話說，如果沒有明心而想要遠離魔事（譬如遠離五陰魔、煩惱魔、死魔乃至天魔）都是不可能的！因爲如果眞的實證大白傘蓋如來咒心時，就是證得如來藏了，這時已經知道凡是會落在六根六塵中的心，一定是識陰六識虛妄法，而六識相應的也都是三界中法，不是實相境界；所以都會與諸魔境界相應，難以遠離諸魔。簡單的說，凡是不離六塵境界的法，一定會跟意識心相應，就必然會跟有爲法相應；既然是與有爲法相應，當然落在最現成的色聲香味觸中；天魔波旬的魔子魔孫多的是，每天派幾個人來，讓修行者以爲是在幫助他；他們也會現許多勝妙境界給修行者看，讓修行者以爲是自己得到神通了，讓修行者以爲是自己開悟了，然後起了慢心，在社會上弄出大名聲以後，魔就突然離開，讓他自己去收拾爛攤子；那時才發覺自己沒有神通，已經無法收拾了，因爲自以爲有大神通而造了很多業，到那時該怎麼辦？所以必須依止大白傘蓋如來咒心如來藏，進修佛道時才不會有魔擾。

若是離開大白傘蓋如來咒心而想要坐道場開悟，乃至修學無上正等正覺時，都不可能成功，因爲全都落在識陰中，怎能成就「金剛三昧」而「入三摩地」中呢？連見道都不可能，哪裡還能修道呢？所以凡是否定第八識如來藏的人，不論他們宣稱悟得多深，或者宣稱已經成佛了，全都是魔說、胡說；因爲十方三世法界中，不可能有不悟如來藏的佛，也不可能有不曾眼見佛性的佛，那些人全都是盲修瞎練。所以如果想要坐道場，一定得要悟明眞心如來藏，也就是實證大白傘蓋如來咒心，遠離一切覺觀，永離六塵諸法，這時已經不再落入十八界法中，「心尚不緣色香味觸，一切魔事云何發生？」若是否定大白傘蓋如來咒心—第八識如來藏—而說他能修學佛道，能教人成佛之道，無有是處。

【「阿難！若諸世界，隨所國土所有眾生，隨國所生樺皮貝葉、紙素白疊，書寫此咒貯於香囊；是人心惛未能誦憶，或帶身上或書宅中，當知是人盡其生年，一切諸毒所不能害。阿難！我今為汝更說此咒，救護世間、得大無畏，成就眾生出世間智。若我滅後，末世眾生有能自誦、若教他誦，當知如是誦持眾生，火不能燒、水不能溺，大毒小毒所不能害。如是乃至龍天鬼神、精祇魔魅所有惡咒皆不能著，心得正受。一切咒咀魘蠱、毒藥、金毒銀毒、草木蟲蛇萬物毒氣，入此人口，成甘露味。一切惡星并諸鬼神磣毒心人，於如是人不能起惡；毘那夜迦諸惡鬼王并其眷屬，皆領深恩，常加守護。阿難當知：是咒常有八萬四千那由他恒河沙俱胝金剛藏王菩薩種族、一一皆有諸金剛眾而為眷屬；設有眾生於散亂心、非三摩地心憶口持，是金剛王常隨從彼諸善男子，何況決定菩提心者？此諸金剛菩薩藏王，精心陰速，發彼神識，是人應時心能記憶八萬四千恒河沙劫，周遍了知，得無疑惑。從第一劫乃至後身，生生不生藥叉、羅剎及富單那、迦吒富單那、鳩槃荼、毘舍遮等并諸餓鬼、有形無形有想無想，如是惡處。是善男子若讀若誦若書若寫，若帶若藏、諸色供養，劫劫不生貧窮下賤不可樂處。此諸眾生，縱其自身不作福業，十方如來所有功德悉與此人，由是得於恒河沙阿僧祇不可說不可說劫、常與諸佛同生一處；無量功德如惡叉聚，同處熏修永無分散。是故能令破戒之人，戒根清淨；未得戒者，令其得戒；未精進者，令得精進；無智慧者，令得智慧；不清淨者，速得清淨；不持齋戒，自成齋戒。阿難！是善男子持此咒時，設犯禁戒於未受時，持咒之後眾破戒罪，無問輕重，一時銷滅；縱經飲酒、食噉五辛種種不淨，一切諸佛菩薩金剛天仙鬼神不將為過。設著不淨破弊衣服，一行一住，悉同清淨；縱不作壇，不入道場，亦不行道，誦持此咒還同入壇行道功德。若造五逆無間重罪及諸比丘比丘尼四棄八棄，誦此咒已，如是重業猶如猛風吹散沙聚，悉皆滅除，更無毫髮。」】

講記：「阿難！如果諸世界中，隨諸所有國土中的所有眾生，隨意於他們國土中所生長的樺皮貝葉、紙素白疊上面，書寫這個大白傘蓋神咒貯藏於香囊之中；這個人縱使心中昏昧而沒有能力持誦或記憶，他不論是帶在身上或書寫在宅院之中，應當知道這個人盡其一生之中，一切諸毒都不可能戕害他。阿難！我今天要爲你再說這個大白傘蓋神咒，救護世間有情、得到大無畏的境界，也成就眾生的出世間智慧。如果我將來入滅以後，末世眾生有人能自己持誦、或是教導他人持誦，應當知道這些誦持大白傘蓋如來咒心的眾生們，大火不能燒他、洪水不能溺他，大毒小毒也都不能傷害他。就像是這樣子，乃至龍、天、鬼神、精祇、魔魅等所有眾生說出來的惡咒，也都不能附著於他的身上，而他的心中都可以獲得金剛三昧的正受。一切咀咒魔蠱、毒藥、金毒銀毒、草木蟲蛇萬物等毒氣，萬一進入這個人的口中，也都變成甘露妙味。一切邪惡的災星以及各種鬼神，凡是心中惡毒之人，對於這些持誦楞嚴咒心的人都不能再生起惡心；毘那夜迦等惡鬼王以及他們的眷屬們，也都承領楞嚴咒的深厚恩德，對這些持誦楞嚴咒心的人常常加以守護，不讓鬼神來侵害。」

「阿難！你們應當知道：這個神咒常常都有八萬四千那由他恒河沙俱胝的金剛藏王菩薩種族，一一種族都有許多金剛眾共同互爲眷屬；設使有眾生是於散亂心而非三摩地中，心裡憶念而口中誦持著，這些金剛王常常隨從這些持誦楞嚴咒的所有善男子加以保護著，何況是已經決定不退轉的證得如來藏菩提心的人？這些護持正法的金剛菩薩藏王們，他們的精細心中是可以在暗地裡快速運作的，也能發起持誦楞嚴神咒的人們對往世的神識記憶，這些持誦神咒的人就能立即記憶起八萬四千恒河沙劫中的各種事情，而且能周遍了知，心中不會生起疑惑。這些誦持楞嚴神咒的人，從受持這個大白傘蓋如來咒心的第一劫開始，乃至修到即將成佛時的最後身菩薩位，生生世世都不會出生在藥叉、羅剎及富單那、迦吒富單那、鳩槃茶、毘舍遮等并諸餓鬼、有形無形有想無想等等惡處之中。」（註：此處咒心是指世尊剛才所誦出的短咒，相對於整部楞嚴咒而說爲咒心，大約含攝整部楞嚴咒。故此咒心不是指楞嚴咒中說的金剛心。）

「這些受持大白傘蓋如來咒心的善男子，或是閱讀、或是課誦、或是書寫、或是不識字而描摹起來，然後或者帶在身上或者藏於身上、家中，以種種物品供養，那麼他們未來一劫又一劫，都不會出生在貧窮下賤而使人厭惡之處。這一些眾生，縱使他自己不能親身造作福業，十方如來的所有功德也會全部贈與這些人，由於這樣的緣故就能在恒河沙阿僧祇不可說不可說劫的長時間中，常常與諸佛同時生在一個國土中；這些人的無量功德猶如惡叉一類毒果一般聚爲一堆而不會分散，功德都會同在一處聞熏聞修而永遠都不會分散。因爲這個緣故而能使本來曾經破戒的人，戒根轉變清淨；還沒得戒的人，也能藉著誦持大白傘蓋如來咒心而獲得戒體；還不曾精進的人，也可以因此而開始精進；沒有智慧的人，也會因爲受持這個咒心而使他獲得智慧；本來不清淨的人，可以迅速獲得清淨；不曾受持八關齋戒的人，也會因爲受持咒心的緣故而自動成就齋戒的功德。」

「阿難！這些善男子受持這個大白傘蓋咒心時，設使違犯禁戒於尚未受戒之前，當他開始受持大白傘蓋咒心之後，各種破戒的罪行，不論輕重，一時之間全都銷毀滅失；縱使曾經飲酒以及食噉五辛等種種不淨物，一切諸佛菩薩與金剛天仙鬼神都不會計較他的過失。假設他穿著不清淨的破弊衣服，他的一行一住也都視同清淨的人一般；縱使不能造作楞嚴密壇，也不進入道場中，也不在道場中行道的人，當他們誦持這個神咒時，還是同於已經入壇正在行道的功德一般。如果造作五逆無間重罪以及諸比丘、比丘尼犯了四棄八棄等重罪，一旦誦持這個大白傘蓋咒以後，像這一類的重業都會猶如猛風吹散沙聚一般，全部滅除，再也不會留存毫髮惡業。」

「阿難！若諸世界，隨所國土所有眾生，隨國所生樺皮貝葉、紙素白疊，

書寫此咒貯於香囊；是人心惛未能誦憶，或帶身上或書宅中，當知是人盡其生年，一切諸毒所不能害。」如果還沒有開悟大白傘蓋如來咒心的人，不論哪一個世界中的所有眾生，隨著他們的國土中所出產的樺樹皮或是貝葉（貝葉是一種樹的葉子，因爲那個樹葉很大，而且厚度足夠，可以裁成長方形，用來書寫經文，印度古時佛經有很多是這樣寫下來保存的。西藏密宗就用紙模仿而寫下來，也稱爲貝葉。但眞正的貝葉是講樹葉裁成長方形而用來記載經句），可以用來書寫楞嚴咒的心咒——大白傘蓋咒。如果沒有樺皮、貝葉，當然也可以用更好的「**紙素白疊**」；也就是用素色的紙來寫，或是用白疊來書寫。白疊是很細緻的毛織品，漂成白色來書寫楞嚴咒的「心咒」；寫好了再放入香囊之中，可以隨身攜帶或放在身上口袋中。如同端午節老人家做的香包一樣掛在身上，你就寫下大白傘蓋咒，請老人家幫你縫進香包裡面給孩子戴在脖子上。

如果有人把楞嚴咒的「心咒」大白傘蓋咒，自己親手寫好了，並且帶在身上；佛說這個人縱使覺知心惛沉或愚昧，無法自己誦持楞嚴咒，也沒有辦法記住而背誦起來；當他把這個書寫好的楞嚴咒的「心咒」帶在身上，或者寫在家裡的牆壁上或某一處，這個人未來盡其一生，「**一切諸毒所不能害**」。

諸毒，主要是煩惱毒；因爲如果信受而且又寫好了，然後帶在身上或者供在家中，諸天護法都會來護持，哪裡還有什麼鬼神可以來擾亂呢？所以說「一切諸毒所不能害」。

有一些佛子之間傳說，如果鄰居住著凶神惡煞，可以每天清晨盥洗以後，在佛像前持誦楞嚴咒；過了一段時間以後，凶神惡煞就會遠離。也眞的有這麼一回事，這種感應還眞的很奇妙。有一位師姊，她的鄰居有個青年就像是凶神惡煞一般，每天糾纏鄰居要錢，沒有人不討厭；於是這位師姊每天清晨都誦楞嚴咒，好像誦了三、四年以後，那個人就莫名其妙消失了；很多年以後，據說在河邊沙地裡找到一堆骨骸、一條皮帶，家屬去確認那就是常常勒索鄰居的兒子。但諸位如果持楞嚴咒，我希望不要存有這種心想，否則就跟意識相應，想要與「金剛三昧」相應而「入三摩地」，可就困難了。

「阿難！我今為汝更說此咒，救護世間、得大無畏，成就眾生出世間智。若我滅後，末世眾生有能自誦、若教他誦，當知如是誦持眾生，火不能燒、水不能溺，大毒小毒所不能害。如是乃至龍天鬼神、精祇魔魅所有惡咒皆不能著，心得正受。一切咒咀魘蠱、毒藥、金毒銀毒、草木蟲蛇萬物毒氣，入此人口，成甘露味。一切惡星并諸鬼神磣毒心人，於如是人不能起惡；毘那

夜迦諸惡鬼王并其眷屬，皆領深恩，常加守護。」佛陀又說，我如今再為阿難你宣說這個神咒，所以稍後就會再宣說一段楞嚴咒；說這些楞嚴咒可以用來救護世間而獲得大無畏，也可以成就眾生的出世間智慧。佛陀交代說：「如果我釋迦牟尼佛入滅以後，末世眾生有人能夠自己誦，或者有的人還能教導別人持誦。」也就是說，不但要自己持誦，也應當要教導別人同樣持誦。如果有持誦楞嚴神咒時，「火不能燒、水不能溺，大毒小毒所不能害」。這可不能只看文字的表相，如果正在持誦楞嚴神咒時，自己的般若知見正確而且足夠，誦到後來一定會開悟的，那時就是證得「金剛三昧」了。

事實上，從法界實相來看，不論是自誦或者教他人誦，正在誦咒的這個人，火是不能燒他的，水也是不能溺他的，什麼毒也都害不了他；但，問題是：誦咒者是誰？當然要好好參究出來。你們破參明心的人，當然知道我在講什麼；至於還沒有破參的人，跟著傻笑也是好的，種下一些未來實證「金剛三昧」的因緣，也不錯呀！等到將來破參的時候，就會想起來：「啊！原來當初聽聞《楞嚴經》時，老師是講這個咒心，我知道了！」眞的，佛從來沒有騙人，只是眾生不瞭解，單從字面意思去讀，就說：「哪有這回事？當人家誦咒時，你用硫酸把他潑了，他不是照樣要毒死了嗎？」然而，毒死的只是他的色身，依舊是毒不死祂，誦咒的眾生是永遠毒不死、燙不死的。

就像是這個樣子，乃至不單是水、火、毒不能害他，龍天鬼神、精祇魔魅，他們所唸出來的所有惡咒，想要來害這個受持咒心的人，也都沒有辦法害成功，因爲他已經「心得正受」了。得要眞的有明心了才能這樣說，還沒有明心以前而說不怕死，還眞的是難。因爲明心了以後，你可以這麼說：「你要砍就砍，大不了碗大一個疤，二十年後又是一位菩薩。」這跟綠林好漢受刑前講的大話是不一樣的，雖然同樣是一句話，意思卻大不相同。因爲你已經「心得正受」，所以沒什麼好怕的。同樣的道理，不論是誰對你下毒咒、對你用魘蠱，乃至毒藥或金毒銀毒、草木蟲蛇萬物毒氣，縱使進入這個受持大白傘蓋如來咒心的人口裡，也都成爲甘露味。

譬如證悟因緣成熟時，如果有人用毒物欺騙這位修行者，當他開口吞下那個毒物時，自然就明心而證得「金剛三昧」了，那麼那些毒物對他而言當然也是成爲甘露味了。再不然，轉到中陰身時也會知道原來全都是金剛心如來藏，那時就認定害死他色身的毒物，對自己來說眞的是甘露。因爲毒物的因緣而使他證悟「金剛三昧」了，那不是甘露，又是什麼呢？不過要有一個前提，得要先來正覺同修會，把兩年半的正知見熏習足夠，或者所聽聞的《楞嚴經》必須是正確的講解，而不是以定爲禪——把耳根圓通法門當作是修定而去聽聲音。若是正知正見熏習不夠，被毒死一百世也不會成爲甘露。

這一世初學佛參禪時，在還沒有破參之前，我常常想：「**如果在被車子撞死的那一剎那間可以證悟，也還是值得的。**」所以我當時在一年半的見山不是山過程中，往往在黑漆桶中恍恍惚惚，有時車子亂開、機車亂騎。常常有時是要去松山，等到停妥車子要辦事了，才發覺自己竟然是來到古亭，那時常常這樣，所以那時辦事不太有效率。但我說的是眞的呀！如果被撞死的一剎那可以破參明心，被撞死了也是值得。所以對於一個能夠親證「**金剛三昧**」的人而言，這個毒藥若眞的能使他破參，賠上一條命也是值得；所以這個毒藥對他來講，當然正是甘露。這樣受持大白傘蓋如來咒心以後，證得「**金剛三昧**」了，以後受持這個咒心時，就不必再像以前那樣每天早晚課誦時一直唱唸了！因爲那個咒心講的就是你所應親證的如來藏心，而你已經親證了。所以我如今已經把《心經》忘掉了，以前是背誦得滾瓜爛熟，現在卻忘了，無法自己一個人全部背誦完。可是如果有人隨便問我其中任何一句，我都可以爲他詳談，所以就不必再背誦了。

到了這個地步，所有的惡星（惡星是講二十八星宿以及鬼神，但是二十八星宿跟鬼神並不是全部都惡劣），或者人類之中有一部分人是「磣毒心人」，這些惡星與心腸狠毒的人，對這個證得「金剛三昧」的人也不能再生起惡心來了！「磣」是譬如砒霜一類很毒的物質，如果心腸像砒霜一樣毒，就說那個人是心腸狠毒，就是這裡所說的「磣毒心人」。這些狠毒的人類與鬼神，對於已經獲得甘露味的人，就無法再生起惡心了！因爲有人如果受持這個咒心，也就是證得如來藏而獲得「金剛三昧」了，我見也會同時斷除的，當然不再認取十八界爲眞實的自我，而以如來藏爲自己轉依的眞實心；於是不再落入我所之中，煩惱減輕；而七住菩薩位的智慧功德也發揮出來了，於是他的心光就開始顯露出來；鬼神們看見了，自然會知道這是證悟聖者，至少也是個初果人，爲了避免擔負大因果，也因爲看見許多護法神在護持著，當然不會起惡心想要傷害他。

只有一個狀況例外，就是由於他證得如來藏時證得太輕易了，是由別人爲他明講的，所以他心中無法信受，因此縱使有「金剛三昧」，然而卻是「心未決定」而無三昧功德，於是不能絕對信受及轉依，所以不是「入三摩地」中，就只有「金剛」而無「三昧」了，等於是沒有「金剛三昧」。這時若是心中生疑，就想造謠毀謗破壞，成爲謗法者；這時不必護法神來處理他，二

十八星宿等鬼神自然會常常來找他麻煩；因爲護法神看到他謗
然就不歡喜；二十八星宿等鬼神看他沒有護法神保護，自然就對他
了。所以學須眞學，參須實參，千萬別自己去探聽密意；探聽得來的
都是有「金剛」而無「決定」心的，自然不會有「三昧」可言，哪裡還能
三摩地」？

所以如果是探聽得到的密意，心中很難決定不疑，就不肯信受而開始懷疑及毀謗，當然是停留在意識境界中，不離六塵，自然會繼續與貪瞋相應，往往又會因爲貪瞋相應而轉爲怨、惱；所以只要有一件事情不順心時，就會爲了謗人或謗道場而開始謗法。如果沒有轉到惱的地步，就不會毀謗。正在惡意毀謗時，就如一句俗話說的「惡向膽邊生」。這時的心光就變成墨綠色了，於是所有心術不正的鬼神都會靠過來，認定他是同伴，等他死後就會與這些鬼神同在一處生活。那時護法神看了都不會喜歡的，什麼時候要來執行佛門中的護法規矩呢？那可就難說了。

如果是有「金剛」也有「三昧」的人，因爲是心得決定而不懷疑的人，所以當他心得決定時就是「入三摩地」了！這時心地開始轉變清淨，因爲轉依自性清淨的如來藏以後，意識與意根就跟著轉變清淨，散發出來的心光就

不同了。這時的心光是金黃色的光明，剛開始光明不強，修到後來會漸漸增強；當光明開始轉變綻放出金光時，那些心術不正的鬼神無法接受金光的，所以就不敢靠近你。他們有黑光、墨綠色的光或深藍色的光（密宗喇嘛們則是暗紅色光），他們無法與金光相應，因爲靠近金光時會覺得很難受。

至於毘那夜迦，也就是《楞伽經》的緣起者楞伽王，以及他所率領的兇惡鬼王們；楞伽王是惡鬼王之首，所有惡鬼王都要聽從他；當他歸依三寶學佛以後，他下面的很多惡鬼王當然也要跟著開始學佛。那些惡鬼王座下也有很多眷屬，這些眷屬既然一起承蒙 釋迦佛拔度，同樣都領受了 釋迦佛的深恩，所以他們當然常常會來守護受持大白傘蓋如來咒心的人。這些惡鬼王與他們率領的鬼神們，就是一般人常常講的護法神。

「阿難當知：是咒常有八萬四千那由他恒河沙俱胝金剛藏王菩薩種族、一一皆有諸金剛眾而為眷屬；設有眾生於散亂心、非三摩地心憶口持，是金剛王常隨從彼諸善男子，何況決定菩提心者？此諸金剛菩薩藏王，精心速，發彼神識，是人應時心能記憶八萬四千恒河沙劫，周遍了知，得無從第一劫乃至後身，生生不生藥叉、羅剎及富單那、迦吒富單那、毘舍遮等并諸餓鬼、有形無形有想無想，如是惡處。是善男子若

若寫，若帶若藏、諸色供養，劫劫不生貧窮下賤不可樂處。」佛陀尊者開示：這個楞嚴咒是常常有八萬四千不可計數的恆河沙數的無量無數金剛藏王菩薩的種族在守護著。金剛藏王菩薩的無數種族中，每一種族都有很多的金剛眾作他們的眷屬，這時講的就是密跡金剛。釋迦佛的應身後面，一直都有密跡金剛隱形存在來護持著，這些護持者的首領就是密跡金剛的首領：金剛藏王菩薩。

這一些金剛藏王菩薩們，全都修學菩薩行而專門護持**金剛法**如來藏妙義，所以被稱爲**金剛部族**；他們也都是受過菩薩戒的，所以就稱爲金剛藏王菩薩；這一些金剛藏王菩薩們都是菩薩種族，每一位金剛藏王菩薩都有很多密跡金剛作爲眷屬，都會常常隨著受持大白傘蓋如來「心咒」的善男子們，護持他們不被鬼神所干擾。意思就是說，你只要肯出生信心把大白傘蓋「心咒」寫好了，依照前面所講那樣帶在身上，或者在家裡牆壁寫上去、貼上去，或者寫起來供養在家中；最好是每天早上也唸誦一百〇八遍，那麼就有金剛藏王菩薩以及他們的部族大眾來隨從護持，於是鬼神與惡星想要來危害你的時候，當然就不可能成功。如果你又已經開悟了，也是決定菩提心而無懷疑的人，那麼他們當然更要護持你了。

佛說這些金剛藏王菩薩們「精心陰速，發彼神識」。也就是說，受持楞嚴咒的「心咒」的人若是有因緣，當然得要這些菩薩們看了歡喜，才會出手幫助。如果每天都在謗法說：「笑死人了！這就是如來藏？」金剛藏王菩薩們看了一定生氣，當然不可能「精心陰速，發彼神識」。但如果是每天都在弘傳如來藏妙義，都在護持如來藏正法，當然他們要護持你；若是你的因緣成熟時，他們一定會「發彼神識」，把弘揚如來藏妙法的善知識神識促發起來，使他能夠記憶八萬四千恆河沙劫中的一切重要事情。那可就比三明六通的大阿羅漢還要厲害多了！因爲阿羅漢們也只有八萬大劫之事才能了知，如今這位受持如來咒心而信受如來藏妙義的人，所能了知的卻是八萬四千個恆河沙劫之前，這時都能了知而沒有疑惑。

並且，自從證得如來藏心開始，從這第一劫一直修行到最後身菩薩位，也就是修到妙覺菩薩位之前，每一世都不會出生到夜叉的國度去，更不會出生到羅刹、臭惡鬼、熱病鬼、饔形鬼、噉精氣鬼等鬼眾中去，更不會生到餓鬼道裡面去；乃至有形無形、有想無想等惡處，也都不可能受生去。然後世尊說：善男子啊！如果能夠閱讀楞嚴咒，或者每天早上課誦楞嚴咒，或它書寫好了帶在身上，或者藏在家中以各種物品供養，譬如衣服食物等等諸色供養，那麼這種人以後每一劫都不會再出生到貧窮處。

「此諸眾生，縱其自身不作福業，十方如來所有功德悉與此人，由於恒河沙阿僧祇不可說不可說劫、常與諸佛同生一處；無量功德如惡叉聚，同處熏修永無分散。是故能令破戒之人，戒根清淨；未得戒者，令其得戒；未精進者，令得精進；無智慧者，令得智慧；不清淨者，速得清淨；不持齋戒，自成齋戒。」所以大家都可以安心了，不必再擔心說：「我以前去受菩薩戒或五戒，或者去受聲聞戒時，那位戒和尚不清淨；因爲以前不知道，現在才知道他們原來都在謗法與抵制正法，那我以前去受戒時不是白受了嗎？沒有得到戒體呀！」如今你只要每天早上誦持楞嚴咒就行了。因爲，即使那些受持楞嚴咒的眾生們，不曾修集福德事業，十方如來的功德也會加持給他們，因此而可以在恆河沙無量數的不可說劫當中，常常生在有佛之處而可以面見世尊。

「無量功德如惡叉聚，」「惡叉」是印度的一種樹，它出生的果實模樣好像人的身體，可能模樣就像人參一般。可是這種果實成熟以後掉到樹下，也沒有鳥獸會去吃它；即使還在樹上時也不會有鳥類去吃，因爲這種果實又臭又有毒，所以熟了就掉在樹下，不斷累積在樹下成爲一大堆，就稱爲「惡叉聚」。這一堆又臭又毒的果實沒有人會去動它，所以一直堆在一起而開始腐爛時，互相熏來熏去，當然越熏越臭，更不會有人想要去動它，所以它就如山不動。受持楞嚴咒的人所熏習得到的無量功德，將會猶如惡叉聚一般永遠存在而沒有人能動壞它，也會像一整堆的惡叉一樣「**同處熏修永無分散**」。意思是說，如果受持楞嚴咒全部或大白傘蓋如來咒心，未來生生世世都會生在有佛之處，常常跟隨在諸佛身邊，當然就會熏習一切佛法，所以是「**同處熏修永無分散**」。

既然這樣，當然也可以將破戒的人轉變而使「**戒根清淨**」；因爲一直受持楞嚴咒時，自然會與咒語中所說的道理相應，不會否定楞嚴咒心如來藏；不斷熏習的結果當然會持續增長菩薩種性，自然就生生世世都出生在諸佛所在之處，繼續不斷熏習正法，哪裡還會使戒根不清淨？即使是還沒有得戒的人，也可以因爲持誦楞嚴咒而轉爲得戒。譬如見佛時就可以得戒，只要自己胡跪叉手，自唱三歸完成了，就得三歸戒。若是自唱願受五戒，就已得戒體了；若是知道菩薩戒的戒相後，在佛像前自唱願受菩薩戒，就得戒了。都只要用總相來受持就行了。在佛世時就是這樣的，所以

而使身心漸轉清淨以後，生生世世受生在有佛之處，世世親近諸佛，
會有戒體存在了。以前佛世三歸很簡單，只要去到 釋迦佛面前，胡跪叉手
唱唸：「我某某人，自今日起爲優婆塞，盡形壽受持五戒，爲佛弟子。」你自己在 世尊面前唱三遍，三歸五戒就完成了，就得到戒體了，都不需要儀軌。

三歸之時同時領受菩薩戒也是一樣的道理，只要在 釋迦佛面前胡跪叉手說：「我某某人，從今日起歸依佛、歸依法、歸依僧，盡未來際受持菩薩戒。」自己說三遍就完成了，菩薩戒的上品戒就完成了。因爲已經面見諸佛，在佛前直受，是很大的善根；而且諸佛有極大的攝受力，所以在佛前自願領受菩薩戒以後，自然不會再去違犯，所以戒體一定存在，這也是最上戒。佛陀入滅後，就必須依止《梵網經》等規定來受持了。那你如果每天都受持楞嚴咒心，或每天早上課誦楞嚴咒全部，並且以如來藏爲轉依後的所歸，當然只要有佛出現於人間，你就可以遇到，不得戒也難，不精進也是難。

當諸佛住在人間時，你與佛同住一處時，哪能不精進呢？見了佛就歡喜，自然就會精進。而且，每天都有機會聽聞佛說法，不悟也難。所以縱使還沒有智慧，也會因爲受持楞嚴咒而生在有佛處，當然也會獲得智慧；若是

心地不清淨時，佛也會使他得清淨；就算不持齋戒，也算已經成就齋戒，因爲常常見佛，也是生生世世見佛，難道還會犯戒、犯齋嗎？當然都不會了嘛！就是有這些好處。

「阿難！是善男子持此咒時，設犯禁戒於未受時，持咒之後衆破戒罪，無問輕重，一時銷滅；縱經飲酒、食噉五辛種種不淨，一切諸佛菩薩金剛天仙鬼神不將為過。設著不淨破弊衣服，一行一住，悉同清淨；縱不作壇，不入道場，亦不行道，誦持此咒還同入壇行道功德。若造五逆無間重罪及諸比丘比丘尼四棄八棄，誦此咒已，如是重業猶如猛風吹散沙聚，悉皆滅除，更無毫髮。」楞嚴咒眞的很有功德，可是持咒時，不要在咒的語音文字上看，要存心於咒心的本質，咒心就是如來藏。佛說：善男子受持這個楞嚴咒時，假設是在受持咒心之前曾經犯了禁戒，那麼自從受持咒心之後，以前所有破壞禁戒的罪「**無問輕重，一時銷滅**」；因爲受持咒心時就是已經親證如來藏心而親見了實相，既然見了實相，罪就不存在了！因爲戒性本空、罪性也是空。戒空、罪空時，還有什麼戒能受持呢？又能破什麼戒呢？但是必須先有一個大前提——已經轉依如來藏心。如果還沒有轉依如來藏，完全是聽來的，心中不能決定：「**這就是如來藏？笑死人了！我不信。**」那麼這個是真的有戒，謗法重罪還是真的有重罪，全都存在不虛。若是不信，捨報時就曉得了，別怪我今天沒講。

這意思是說，如果是依持咒心，以如來藏爲究竟依歸，就算是在破參之前做了什麼重罪，破參之後若有確實轉依如來藏，自然會發起善心、發起清淨心，當然就會護持正法、弘揚正法。若是還沒有能力弘揚，就發心出錢出力護持。總不會說：這個咒心如來藏讓我可能出三界生死，也讓我體證到實相，但我不想護持它。一定不會這樣想。凡是證悟了，一定會護持它。所以受持如來藏心以前的所有破戒重罪，就不會再有人跟他計較了，護法神也是這樣看的：「**這個人以前破戒亂來，現在這麼努力弘揚正法、護持正法，別再跟他計較了。**」所以戒罪也就消失了。

不過要記住呵！這裡講的是戒罪，但不包括性罪。換句話說，以前若是對別人詐騙，所騙的錢財在未來世還要再加幾倍利息償還的；若是以前殺害他人性命，未來世還要加上利息還給人家；因爲這些全都有性罪，不是單純只有戒罪而已。罪有兩種：性罪跟戒罪。譬如殺人，今世殺了一個人，來世緣熟遇到對方時，就要還命；此外還要先下地獄受苦，因爲這屬於性罪。下地獄受苦就是性罪的果報，還他一命則是因果的果報；但如果已經受了菩薩戒或比丘、比丘尼戒、五戒，除了殺人本身的性罪以外，還要再加上戒罪。如同世間法律說，明知故犯，罪加一等，執法人員犯罪也會加重其刑。

同樣的道理，受戒後有功德，但受戒的人犯了戒時，除了性罪以外還要再加上戒罪；所以依一般世俗人殺人應下地獄的罪，換到受菩薩戒的人身上時，可能就得改在阿鼻地獄中受罪了！而時劫也會隨之加長。但是如果轉依如來藏了，這些戒罪在理上就不存在了；然後由於轉依以後發起善心修諸善行，爲眾生得度而努力，爲佛教正法的延續而努力，爲紹隆佛種的延續而努力，是盡一切力量而不是爲自己的利益在努力時，原來的破戒重罪也會漸次銷滅。但以前詐騙人家或者以前曾經殺害過眾生的性罪部分，在未來世還是要一一償還。所以，如果有大菩薩在人間弘法時，有時出現不好的果報，這也是正常的；表示他破參之前或前世曾經造過惡業，那就有果報，這是正常的；但也有可能是受佛之命而作的示現，如同前一段經文中所說的一樣。所以這裡只說破戒的戒罪銷滅，不說性罪也能銷滅。

縱使以前常常酗酒，每天都是蔥、蒜不離，常吃五辛以及種種不淨（種種不淨是指眾生肉，因爲肉類都是不清淨的）；但是一旦執持了大白傘蓋如來咒心，諸佛菩薩與金剛、天仙、鬼神等護法者，都不會再計較什麼了！因爲破參者就是眞正受持大白傘蓋如來咒心的菩薩，或者即使還沒有破參而受持這個如來藏咒心，也知道其中的意思了，總不會再去吃眾生肉或者殺人放火、謗法等等，種種惡業都不會再做了，五辛也不再吃了；這時一切諸佛、菩薩、金剛密跡、天仙、鬼神，當然都不會再計較他以往的過失。換句話說，眞心受持如來藏咒心以後，就只看現在而不管過去了。我也不看過去，而是看現在，現在的心態才是最重要的。因爲無始以來惡習所熏，不論是誰，多多少少都會犯過，所以只要不是彌天大罪，也就不理會它；即使來正覺以後曾經謗法破法，一旦對眾懺悔了，我們就接受。當然，接受後會再觀察他有沒有繼續造惡？有人是懺悔了就繼續做，白天做了，晚上懺悔，明天又做；明天晚上再懺悔，後天又造惡；這是累懺累犯、惡習深重而無力改過，就不是我們要度的人了。

假使執持這個如來藏咒心，即使所穿的衣服很破舊，或者沒有洗乾淨，這都沒有關係，護法眾神都會一樣擁護，會把他一體看待，把他的一行一住都當作是清淨的。縱使眞的沒有錢去造楞嚴壇，並且也不曾進入楞嚴壇城中行道，也沒有三七二十一天加上一百天不睡覺努力行道，只要受持這個如來藏咒心，佛菩薩與護法眾神都會當作他已經入了楞嚴壇城中，已經在壇城中行道三七二十一天又加上一百天的觀行了，全都當作已經有這些功德了。這眞的是太慈悲了，只希望大眾確實受持熏習如來藏妙法。

如果有人造了五逆的無間重罪：殺父、殺母、殺阿羅漢、出佛身血、破和合僧。犯了這五逆重罪以後是不通懺悔的，菩薩戒體當然已經失掉了。殺父、殺母，是世間極重罪，任誰都無法接受。所以，古人說「小杖則受，大杖則避」，如果父母親一時間很生氣，正在氣頭上，拿了小杖子打你，大不了是身上紅腫疼痛，死不了人，就領受杖責；如果當時是拿著粗大的棍子要打，你就趕快避開，免得被打死了！如果只在事相上著眼，以爲孝子是不該逃的，就在那邊被打死了，事後父母將會自己怨惱一生。所以，小杖不受是不孝，大杖不避也是不孝，因爲會使正在氣頭上的父母，事後不免後悔一輩子，一樣是不孝。同樣的道理，殺父、殺母更是逆天之罪，所以任何人都不能接受。

如果殺阿羅漢，那更嚴重；阿羅漢是諸天天主都應供養的，所以叫作應供；竟然有人大著膽子把他殺了，當然是無間地獄罪；當然，殺父殺母也是無間地獄罪。無間是說受苦無間，一旦下了無間地獄，所受的苦痛是遍身無間，受苦的時間同樣是無間的。人間受苦還有間斷，即使被人家割一刀，也不遍身；而且創傷藥敷上去，半個小時以後就覺得不很痛了，除非碰觸到它，所以人間的痛苦是有間斷的。若是下了無間地獄，色聲香味觸的苦都是不間斷的，而且是遍身痛苦；而痛苦的生命也是無間的，所以受不了苦而死掉以後，業風一吹，隨即又活轉過來繼續受苦，死不掉而無法離開，所以是無間重罪。

還有出佛身血，譬如提婆達多從靈鷲山上把大石頭推下來，佛在路上走過時避開了，但腳大拇指還是被砸到而流血了，所以提婆達多也是犯下無間地獄罪。最後一種是破和合僧，破和合僧的定義很廣；凡夫的比丘僧團、比丘尼僧團，若是有人去造謠挑撥離間以致於分裂，就是破和合僧。或者證果的聲聞僧團中，被人造謠挑撥而分裂，那個造謠者也是破和合僧。菩薩僧團在現代已經很少見了，因爲一定是要破參開悟後的出家、在家菩薩聚在一起成爲一個團體，才能稱爲菩薩僧團；菩薩僧既然包括在家、出家二眾，當然菩薩僧團中一定都是破參的人，也一定包括出家二眾與在家二眾。如果在破參的菩薩間挑撥離間，以致分裂對立，則是最重的破和合僧惡業，都是無間地獄罪。可是往往有人不瞭解這個道理，自己造了這種無間地獄罪了，都還不曉得。這種五逆的無間重罪如果造了，要趕快對眾懺悔，還要每天晚上在佛像前痛哭流涕懺悔，大聲呼號懺悔，要從心中至誠求佛赦免戒罪。此外，也應該在懺悔時間以外，全心全力護持正法以及求悟。只要開悟破參了，這些戒法上的重罪就可以全部銷滅，但還是有性罪，要在以後受報的。這五逆重罪，以及菩薩戒中禁止的誹謗三寶等十重罪，譬如誹謗正法的重罪，若是有智慧的人，都應該趕快懺悔及求悟，才是正確的作法。

在聲聞戒中另外要提出來講的是諸比丘、比丘尼的四棄、八棄。四棄是指比丘的戒罪，八棄是指比丘尼的戒罪，這些都屬於聲聞戒，也就是比丘的四種、比丘尼的八種重罪。比丘的四棄有四種：第一、行非梵行，第二、殺人，第三、不與取，以古時竊取五錢以上財物的標準來衡量；第四、大妄語，妄稱已得上人法。「上人」一詞，在戒律上說，至少是證悟佛菩提或證聲聞初果，才可以稱之為上人，所以上人二字不能隨便用。如果有徒弟稱他為上人，他必須檢討自己有沒有證悟或證果，如果還沒有悟或未斷我見，應該趕快制止說：「**你們不要再稱我上人。**」如果沒有制止而默認了，就是大妄語業成就，因為這是變相大妄語。大妄語業如果犯了，要趕快在佛前對眾發露，三稱「後不復作」，還要見好相，大妄語業才能滅除。如果是實際上的大妄語，就是明明沒有悟，卻故意以言語表明開悟，或以行為表現出證悟的姿態，都是犯了「上人法」。

「非梵行」是犯了淫戒或邪淫戒，這是比丘行非梵行，包括修雙身法在內；不論是否受了密宗三昧耶戒，只要修了雙身法就是邪淫，成就四棄罪。「殺生」主要是指殺人。「不與取」是物主並沒有布施，但比丘自行拿了就離開受用；凡是物主不與，而比丘自行取了五錢以上的財物，就是犯了比丘的四棄罪。為什麼叫作「棄」呢？因為犯了這四個重罪的人，僧團就共同捨棄他，不接受他是僧團的一分子，大家都不跟他共事，也不跟他說話，已經棄捨他了，所以叫作「棄」。換句話說，犯了這四個重戒就是波羅夷罪；波羅夷名為斷頭，好像一棵大樹從根斷了，這棵樹就沒命了；比丘若是犯了這四棄罪，他的果證就全部失去；若是凡夫，此世就沒有證果的可能，也失去比丘戒的戒體。

比丘尼若是犯了這四種重罪，都是波羅夷罪——斷頭罪，這一世對法身慧命沒有指望了。但是萬一有犯的話，要趕快大力懺悔以及發願、求悟。悟了以後都不要再犯，這個戒罪就銷滅掉了，但是性罪還是繼續存在的。比丘尼的八棄是再加上四種，叫作「摩觸、八事成重、覆比丘尼重罪、隨順被舉比丘違尼僧三諫」。所以八棄中的第五棄是「摩觸罪」，是說比丘尼因為心有愛欲而與男人互相在身上摸來摸去，所摸範圍是肩腋以下、膝蓋以上，便成就摩觸罪。比丘尼若與男人互相牽手，乃至與男人捉衣、同入屏處、屏處共坐、共語、共行、相倚，以及期約想要在未來共行非梵行；凡是具足捉手等八種事相，即是第六棄「八事成重」；如果有比丘尼具足犯了這八個事相，便成爲極重罪，一樣是斷頭罪；比丘尼僧團將會擯棄她，所以叫作「棄」。第七棄是「覆比丘尼重罪」，譬如別的比丘尼犯了重罪，應該要發露，如法懺摩；但她故意覆藏重罪，或者其他知情的比丘尼也幫她遮蓋，這些幫忙她覆藏重罪的人，也同樣犯重罪。第八棄是「隨順被舉比丘、違尼僧三諫」之罪，當比丘犯重罪而被人舉發，但比丘尼出面幫忙被舉發的比丘共同辯稱無罪，並且繼續依止被舉發的比丘，即使尼僧向她勸誡，她亦不聽，所以名爲「棄」；但這個「棄」罪，必須是「違尼僧三諫」，是說有其他比丘尼舉諫她，第一次不聽舉諫時，犯輕垢罪；第二次舉諫時，仍不聽從，犯重罪；若第三次舉諫時，仍然不聽從、不改過，這個罪便成爲波羅夷——斷頭罪，比丘尼僧團就擯棄她，不與她共住，也不與她來往，這就是第八種僧棄之法。

如果比丘、比丘尼以前曾經犯了四棄、八棄之罪，應該趕快求悟「**金剛三昧**」，「**入三摩地**」來作實相懺悔而滅掉罪業。如果沒有證悟「**金剛三昧**」

的因緣，因爲沒有善知識可以幫忙證悟，而自己也沒有辦法證悟，那就趕快當眾悔過，並且每天持誦楞嚴咒的「心咒」大白傘蓋咒；每天不斷地持誦，就能滅除四棄、八棄重罪。佛陀可眞慈悲呀！這眞的是大慈大悲釋迦牟尼佛！如果能夠依照經文中的開示精勤努力，每天一心至誠持誦楞嚴咒的「心咒」大白傘蓋；這一些重業都會像猛風吹襲「散沙聚」一般，「悉皆滅除，更無毫髮」。不過假使有人聽完了這一段經文講解，心中亂想：「既然可以這樣，那我先犯了再來受持這個心咒。」那可就是明知故犯，罪加一等，所以千萬不要有錯誤的想法。（未完，詳續第十一輯解說。）

佛菩提二主要道次第概要表——二道並修，以外無別佛法

佛菩提道——大菩提道

十信位修集信心——一劫乃至一萬劫

資糧位

- 初住位修集布施功德（以財施爲主）。
- 二住位修集持戒功德。
- 三住位修集忍辱功德。
- 四住位修集精進功德。
- 五住位修集禪定功德。
- 六住位修集般若功德（熏習般若中觀及斷我見，加行位也）。

外門廣修六度萬行

見道位

- 七住位明心般若正觀現前，親證本來自性清淨涅槃。
- 八住位起於一切法現觀般若中道。漸除性障。
- 十住位眼見佛性，世界如幻觀成就。

內門廣修六度萬行

- 一至十行位，於廣行六度萬行中，依般若中道慧，現觀陰處界猶如陽焰，至第十行滿心位，陽焰觀成就。
- 一至十迴向位熏習一切種智；修除性障，唯留最後一分思惑不斷。第十迴向滿心位成就菩薩道如夢觀。

遠波羅蜜多

- 初地：第十迴向位滿心時，成就道種智一分（八識心王一一親證後，領受五法、三自性、七種第一義、七種性自性、二種無我法）復由勇發十無盡願，成通達位菩薩。復又永伏性障而不具斷，能證慧解脫而不取證，由大願故留惑潤生。此地主修法施波羅蜜多及百法明門。證「猶如鏡像」現觀，故滿初地心。
- 二地：初地功德滿足以後，再成就道種智一分而入二地；主修戒波羅蜜多及一切種智。滿心位成就「猶如光影」現觀，戒行自然清淨。

解脫道：二乘菩提

- → 斷三縛結，成初果解脫
- → 薄貪瞋癡，成二果解脫
- → 斷五下分結，成三果解脫
- 入地前的四加行令煩惱障現行悉斷，成四果解脫，留惑潤生。分段生死已斷，煩惱障習氣種子開始斷除，兼斷無始無明上煩惱。

圓滿成就究竟佛果

近波羅蜜多 —— 大波羅蜜多 —— 圓滿波羅蜜多

修道位 —— 究竟位

三地：二地滿心再證道種智一分，故入三地。此地主修忍波羅蜜多及四禪八定、四無量心、五神通。能成就俱解脫果而不取證，留惑潤生。滿心位成就「猶如谷響」現觀及無漏妙定意生身。

四地：由三地再證道種智一分故入四地。主修精進波羅蜜多，於此土及他方世界廣度有緣，無有疲倦。進修一切種智，滿心位成就「如水中月」現觀。

五地：由四地再證道種智一分故入五地。主修禪定波羅蜜多及一切種智，斷除下乘涅槃貪。滿心位成就「變化所成」現觀。

六地：由五地再證道種智一分故入六地。此地主修般若波羅蜜多——依道種智現觀十二因緣一一有支及意生身化身，皆自心眞如變化所現，「非有似有」，成就細相觀，不由加行而自然證得滅盡定，成俱解脫大乘無學。

七地：由六地「非有似有」現觀，再證道種智一分故入七地。此地主修一切種智及方便波羅蜜多，由重觀十二有支一一支中之流轉門及還滅門一切細相，成就方便善巧，念念隨入滅盡定。滿心位證得「如犍闥婆城」現觀。

八地：由七地極細相觀成就故再證道種智一分而入八地。此地主修一切種智及願波羅蜜多。至滿心位純無相觀任運恆起，故於相土自在，滿心位復證「如實覺知諸法相意生身」故。

九地：由八地起再證道種智一分故入九地。主修力波羅蜜多及一切種智，成就四無礙，滿心位證得「種類俱生無行作意生身」。

十地：由九地再證道種智一分故入此地。此地主修一切種智——智波羅蜜多。滿心位起大法智雲，及現起大法智雲所含藏種種功德，成受職菩薩。

等覺：由十地道種智成就故入此地。此地應修一切種智，圓滿等覺地無生法忍；於百劫中修集極廣大福德，以之圓滿三十二大人相及無量隨形好。

妙覺：示現受生人間已斷盡煩惱障一切習氣種子，並斷盡所知障一切隨眠，永斷變易生死無明，成就大般涅槃，四智圓明。人間捨壽後，報身常住色究竟天利樂十方地上菩薩；以諸化身利樂有情，永無盡期，成就究竟佛道。

七地滿心斷除故意保留之最後一分思惑時，煩惱障所攝色、受、想三陰有漏習氣種子全部斷盡。 ←

煩惱障所攝行、識二陰無漏習氣種子任運漸斷，所知障所攝上煩惱任運漸斷。 ←

斷盡變易生死成就大般涅槃

佛子蕭平實 謹製
（二〇〇九、〇二 修訂）
（二〇一二、〇二 增補）

佛教正覺同修會〈修學佛道次第表〉

第一階段

* 以憶佛及拜佛方式修習動中定力。
* 學第一義佛法及禪法知見。
* 無相拜佛功夫成就。
* 具備一念相續功夫—動靜中皆能看話頭。
* 努力培植福德資糧，勤修三福淨業。

第二階段

* 參話頭，參公案。
* 開悟明心，一片悟境。
* 鍛鍊功夫求見佛性。
* 眼見佛性〈餘五根亦如是〉親見世界如幻，成就如幻觀。
* 學習禪門差別智。
* 深入第一義經典。
* 修除性障及隨分修學禪定。
* 修證十行位陽焰觀。

第三階段

* 學一切種智真實正理—楞伽經、解深密經、成唯識論…。
* 參究末後句。
* 解悟末後句。
* 透牢關—親自體驗所悟末後句境界，親見實相，無得無失。
* 救護一切眾生迴向正道。護持了義正法，修證十迴向位如夢觀。
* 發十無盡願，修習百法明門，親證猶如鏡像現觀。
* 修除五蓋，發起禪定。持一切善法戒。親證猶如光影現觀。
* 進修四禪八定、四無量心、五神通。進修大乘種智，求證猶如谷響現觀。

佛教正覺同修會 共修現況 及 招生公告　2019/02/18

一、共修現況：（請在共修時間來電，以免無人接聽。）

台北正覺講堂 103 台北市承德路三段 277 號九樓 捷運淡水線圓山站旁
Tel..**總機** 02-25957295（晚上）（**分機**：**九樓**辦公室 10、11；知客櫃檯 12、13。 **十樓**知客櫃檯 15、16；書局櫃檯 14。 **五樓**辦公室 18；知客櫃檯 19。**二樓**辦公室 20；知客櫃檯 21。）
Fax..25954493

第一講堂　台北市承德路三段 277 號九樓

禪淨班：週一晚班、週三晚班、週四晚班、週五晚班、週六下午班、週六上午班（共修期間二年半，全程免費。皆須報名建立學籍後始可參加共修，欲報名者詳見本公告末頁。）

進階班：週一晚班、週三晚班、週四晚班、週五晚班（禪淨班結業後轉入共修）。

增上班：**瑜伽師地論詳解**：每月單數週之週末 17.50～20.50。平實導師講解，2003 年 2 月開講至今，預計 2019 年圓滿，僅限已明心之會員參加。

禪門差別智：每月第一週日全天　平實導師主講（事冗暫停）。

不退轉法輪經詳解　本經所說妙法極爲甚深難解，時至末法，已然無有知者；而其甚深絕妙之法，流傳至今依舊多人可證，顯示佛法眞是義學而非玄談，其中甚深極妙令人拍案稱絕之第一義諦妙義。已於 2019 年元月底開講，由平實導師詳解。每逢周二晚上開講，第一至第六講堂都可同時聽聞，歡迎菩薩種性學人，攜眷共同參與此殊勝法會現場聞法，不限制聽講資格。本會學員憑上課證進入第一至第四講堂聽講，會外學人請以身分證件換證進入聽講（此爲大樓管理處安全管理規定之要求，敬請諒解）；第五及第六講堂（B1、B2）對外開放，不需出示任何證件，請由大樓側門直接進入。

第二講堂　台北市承德路三段 267 號十樓。

禪淨班：週一晚上班。

進階班：週三晚班、週四晚班、週五晚班、週六下午班。禪淨班結業後轉入共修。

不退轉法輪經詳解：平實導師講解。每週二 18.50~20.50 影像音聲即時傳輸

第三講堂　台北市承德路三段 277 號五樓。

禪淨班：週六下午班。

進階班：週一晚班、週三晚班、週四晚班、週五晚班。

不退轉法輪經詳解：平實導師講解。每週二 18.50~20.50 影像音聲即時傳輸

第四講堂　台北市承德路三段 267 號二樓。

進階班：週一晚上班、週三晚上班、週四晚上班（禪淨班結業後轉入共修）。

不退轉法輪經詳解：平實導師講解。每週二 18.50~20.50 影像音聲即時傳輸

第五、第六講堂

念佛班　每週日晚上，第六講堂共修（B2），一切求生極樂世界的三寶弟子皆可參加，不限制共修資格。

進階班：週一晚班、週三晚班、週四晚班。

不退轉法輪經詳解：平實導師講解。每週二 18.50~20.50 影像音聲即時傳輸。第五、第六講堂為**開放式講堂**，不需以身分證件換證即可進入聽講，台北市承德路三段 267 號地下一樓、地下二樓。每逢週二晚上講經時段開放給會外人士自由聽經，請由大樓側面梯階逕行進入聽講。**聽講者請尊重講者的著作權及肖像權，請勿錄音錄影，以免違法；若有錄音錄影被查獲者，將依法處理。**

正覺祖師堂　大溪區美華里信義路 650 巷坑底 5 之 6 號（台 3 號省道 34 公里處 妙法寺對面斜坡道進入）電話 03-3886110　傳眞 03-3881692 本堂供奉 克勤圓悟大師，專供會員每年四月、十月各三次精進禪三共修，兼作本會出家菩薩掛單常住之用。除禪三時間以外，公元 2018 年前每逢單月第一週之週日 9:00~17:00 開放會內、外人士參訪，當天並提供午齋結緣，自公元 2019 年後開放參訪日期請參見本會公告。教內共修團體或道場，得另申請其餘時間作團體參訪，務請事先與常住確定日期，以便安排常住菩薩接引導覽，亦免妨礙常住菩薩之日常作息及修行。

桃園正覺講堂（第一、第二講堂）：桃園市介壽路 286、288 號 10 樓（陽明運動公園對面）電話：03-3749363(請於共修時聯繫，或與台北聯繫)

禪淨班：週一晚上班（1）、週一晚上班（2）、週三晚上班、週四晚上班、週五晚上班。

進階班：週四晚班、週五晚班、週六上午班。

增上班：雙週六晚上班（增上重播班）。

不退轉法輪經詳解：平實導師講解。每週二晚上，以台北正覺講堂所錄 DVD 放映；歡迎會外學人共同聽講，不需出示身分證件。

新竹正覺講堂　新竹市東光路 55 號二樓之一　電話 03-5724297（晚上）

第一講堂：

禪淨班：週一晚上班、週五晚上班、週六上午班。

進階班：週三晚上班、週四晚上班（由禪淨班結業後轉入共修）。

增上班：單週六晚上班。雙週六晚上班（重播班）。

不退轉法輪經詳解：平實導師講解。每週二晚上，以台北正覺講堂所錄 DVD 放映。歡迎會外學人共同聽講，不需出示身分證件。

第二講堂：

禪淨班：週三晚上班、週四晚上班。

不退轉法輪經詳解：每週二晚上與第一講堂同步播放講經 DVD。

第三、第四講堂：裝修完畢，即將開放。

台中正覺講堂 04-23816090（晚上）

第一講堂 台中市南屯區五權西路二段 666 號 13 樓之四（國泰世華銀行樓上。鄰近縣市經第一高速公路前來者，由五權西路交流道可以快速到達，大樓旁有停車場，對面有素食館）。

禪淨班：週三晚上班、週四晚上班。

進階班：週一晚上班、週六上午班（由禪淨班結業後轉入共修）。

增上班：增上班：單週六晚上班。雙週六晚上班（重播班）。

不退轉法輪經詳解：平實導師講解。每週二晚上，以台北正覺講堂所錄 DVD 放映。歡迎會外學人共同聽講，不需出示身分證件。

第二講堂 台中市南屯區五權西路二段 666 號 4 樓

禪淨班：週一晚上班、週三晚上班、週六上午班。

進階班：週五晚上班（由禪淨班結業後轉入共修）。

不退轉法輪經詳解：每週二晚上與第一講堂同步播放講經 DVD。

第三講堂、第四講堂：台中市南屯區五權西路二段 666 號 4 樓。

嘉義正覺講堂 嘉義市友愛路 288 號八樓之一 電話：05-2318228

第一講堂：

禪淨班：週一晚上班、週四晚上班、週五晚上班、週六上午班。

進階班：週三晚上班（由禪淨班結業後轉入共修）。

增上班：單週六晚上班。雙週六晚上班（重播班）。

不退轉法輪經詳解：平實導師講解。每週二晚上，以台北正覺講堂所錄 DVD 放映。歡迎會外學人共同聽講，不需出示身分證件。

第二講堂 嘉義市友愛路 288 號八樓之二。

台南正覺講堂

第一講堂 台南市西門路四段 15 號 4 樓。06-2820541（晚上）

禪淨班：週一晚上班、週三晚上班、週四晚上班、週五晚上班、週六下午班。

增上班：增上班：單週六晚上班。雙週六晚上班（重播班）。

不退轉法輪經詳解：平實導師講解。每週二晚上，以台北正覺講堂所錄 DVD 放映。歡迎會外學人共同聽講，不需出示身分證件。

第二講堂 台南市西門路四段 15 號 3 樓。

不退轉法輪經詳解：每週二晚上與第一講堂同步播放講經 DVD。

第三講堂 台南市西門路四段 15 號 3 樓。

進階班：週三晚上班、週四晚上班、週六上午班（由禪淨班結業後轉入共修）。

不退轉法輪經詳解：每週二晚上與第一講堂同步播放講經 DVD。

高雄正覺講堂　高雄市新興區中正三路 45 號五樓 07-2234248（晚上）

第一講堂（五樓）：

禪淨班：週一晚班、週三晚班、週四晚班、週五晚班、週六上午班。

增上班：單週週末下午，以台北增上班課程錄成 DVD 放映之，限已明心之會員參加。

不退轉法輪經詳解：平實導師講解。每週二晚上，以台北正覺講堂所錄 DVD 放映。歡迎會外學人共同聽講，不需出示身分證件。

第二講堂（四樓）：

進階班：週三晚上班、週四晚上班、週六上午班（由禪淨班結業後轉入共修）。

不退轉法輪經詳解：每週二晚上與第一講堂同步播放講經 DVD。

第三講堂（三樓）：

進階班：週四晚班（由禪淨班結業後轉入共修）。

香港正覺講堂　☆已遷移新址☆

九龍觀塘，成業街 10 號，電訊一代廣場 27 樓 E 室。

（觀塘地鐵站 B1 出口，步行約 4 分鐘）。電話：(852) 23262231

英文地址：Unit E，27th Floor, TG Place, 10 Shing Yip Street, Kwun Tong, Kowloon

禪淨班：雙週六下午班 14:30-17:30，已經額滿。
雙週日下午班 14:30-17:30。
單週六下午班 14:30-17:30，已經額滿。

進階班：雙週五晚上班（由禪淨班結業後轉入共修）。

增上班：單週週末上午，以台北增上班課程錄成 DVD 放映之。

增上重播班：雙週週末上午，以台北增上班課程錄成 DVD 放映之。

不退轉法輪經詳解：平實導師講解。雙週六 19:00-21:00，以台北正覺講堂所錄 DVD 放映；歡迎會外學人共同聽講，不需出示身分證件。

美國洛杉磯正覺講堂　☆已遷移新址☆

825 S. Lemon Ave Diamond Bar, CA 91789 U.S.A.

Tel. (909) 595-5222（請於週六 9:00~18:00 之間聯繫）

Cell. (626) 454-0607

禪淨班：每逢週末 15：30~17：30 上課。

進階班：每逢週末上午 10：00~12：00 上課。

不退轉法輪經詳解：平實導師講解。每週六下午 13：00~15：00 以台北所錄 DVD 放映。歡迎各界人士共享第一義諦無上法益，不需報名。

二、**招生公告** 本會台北講堂及全省各講堂、香港講堂，每逢**四月、十月**下旬開新班，每週共修一次（每次二小時。開課日起三個月內仍可插班）；但美國洛杉磯共修處之禪淨班得隨時插班共修。各班共修期間皆爲二年半，全程免費，欲參加者請向本會函索報名表（各共修處皆於共修時間方有人執事，非共修時間請勿電詢或前來洽詢、請書），或直接從本會官方網站(http://www.enlighten.org.tw/newsflash/class)或成佛之道網站下載報名表。共修期滿時，若經報名禪三審核通過者，可參加四天三夜之禪三精進共修，有機會明心、取證如來藏，發起般若實相智慧，成爲實義菩薩，脫離凡夫菩薩位。

三、**新春禮佛祈福** 農曆**年假**期間停止共修：自農曆新年前七天起停止共修與弘法，正月 8 日起回復共修、弘法事務。新春期間正月初一～初七 9.00～17.00 開放台北講堂、正月初一~初三開放桃園、新竹、台中、嘉義、台南、高雄講堂，以及大溪禪三道場（正覺祖師堂），方便會員供佛、祈福及會外人士請書。美國洛杉磯共修處之休假時間，請逕詢該共修處。

密宗四大派修雙身法，是外道性力派的邪法；又以生滅的識陰作為常住法，是常見外道，是假的藏傳佛教。

西藏覺囊巴以他空見弘揚第八識如來藏勝法，才是真藏傳佛教

佛教正覺同修會　弘法行事表

2019/02/18

1、**禪淨班**　以無相念佛及拜佛方式修習動中定力，實證一心不亂功夫。傳授解脫道正理及第一義諦佛法，以及參禪知見。共修期間：二年六個月。每逢四月、十月開新班，詳見招生公告表。

2、**進階班**　禪淨班畢業後得轉入此班，進修更深入的佛法，期能證悟明心。各地講堂各有多班，繼續深入佛法、增長定力，悟後得轉入增上班修學道種智，期能證得無生法忍。

3、**增上班　瑜伽師地論**詳解　詳解論中所言凡夫地至佛地等 17 師之修證境界與理論，從凡夫地、聲聞地……宣演到諸地所證無生法忍、一切種智之眞實正理。由平實導師開講，每逢一、三、五週之週末晚上開示，僅限已明心之會員參加。2003 年二月開講至今，預定 2019 年講畢。

4、**不退轉法輪經**詳解　本經所說妙法極爲甚深難解，時至末法，已然無有知者；而其甚深絕妙之法，流傳至今依舊多人可證，顯示佛法眞是義學而非玄談，其中甚深極妙令人拍案稱絕之第一義諦妙義。已於 2019 年元月底開講，由平實導師詳解。不限制聽講資格。

5、**精進禪三**　主三和尚：平實導師。於四天三夜中，以克勤圓悟大師及大慧宗杲之禪風，施設機鋒與小參、公案密意之開示，幫助會員剋期取證，親證不生不滅之眞實心——人人本有之如來藏。每年四月、十月各舉辦三個梯次；平實導師主持。僅限本會會員參加禪淨班共修期滿，報名審核通過者，方可參加。並選擇會中定力、慧力、福德三條件皆已具足之已明心會員，給以指引，令得眼見自己無形無相之佛性遍佈山河大地，眞實而無障礙，得以肉眼現觀世界身心悉皆如幻，具足成就如幻觀，圓滿十住菩薩之證境。

6、**阿含經**詳解　選擇重要之阿含部經典，依無餘涅槃之實際而加以詳解，令大眾得以現觀諸法緣起性空，亦復不墮斷滅見中，顯示經中所隱說之涅槃實際—如來藏—確實已於四阿含中隱說；令大眾得以聞後觀行，確實斷除我見乃至我執，證得**見到**眞現觀，乃至**身證**……等眞現觀；已得大乘或二乘見道者，亦可由此聞熏及聞後之觀行，除斷我所之貪著，成就慧解脫果。由平實導師詳解。不限制聽講資格。

7、**解深密經**詳解　重講本經之目的，在於令諸已悟之人明解大乘法道之成佛次第，以及悟後進修一切種智之內涵，確實證知三種自性性，並得據此證解七眞如、十眞如等正理。每逢週二 18.50~20.50 開示，由平實導師詳解。將於《**不退轉法輪經**》講畢後開講。不限制聽講資格。

8、**成唯識論**詳解　詳解一切種智眞實正理，詳細剖析一切種智之微細深妙廣大正理；並加以舉例說明，使已悟之會員深入體驗所證如來藏之微密行相；及證驗見分相分與所生一切法，皆由如來藏—阿賴耶識—直接或展轉而生，因此證知一切法無我，證知無餘涅槃之本際。將於增上班《瑜伽師地論》講畢後，由平實導師重講。僅限已明心之會員參加。

9、**精選如來藏系經典**詳解　精選如來藏系經典一部，詳細解說，以此完全印證會員所悟如來藏之眞實，得入不退轉住。另行擇期詳細解說之，由平實導師講解。僅限已明心之會員參加。

10、**禪門差別智**　藉禪宗公案之微細淆訛難知難解之處，加以宣說及剖析，以增進明心、見性之功德，啓發差別智，建立擇法眼。每月第一週日全天，由平實導師開示，僅限破參明心後，復又眼見佛性者參加（事冗暫停）。

11、**枯木禪**　先講智者大師的《小止觀》，後說《釋禪波羅蜜》，詳解四禪八定之修證理論與實修方法，細述一般學人修定之邪見與岔路，及對禪定證境之誤會，消除枉用功夫、浪費生命之現象。已悟般若者，可以藉此而實修初禪，進入大乘通教及聲聞教的三果心解脫境界，配合應有的大福德及後得無分別智、十無盡願，即可進入初地心中。親教師：平實導師。未來緣熟時將於正覺寺開講。不限制聽講資格。

註：本會例行年假，自 2004 年起，改爲每年農曆新年前七天開始停息弘法事務及共修課程，農曆正月 8 日回復所有共修及弘法事務。新春期間（每日 9.00~17.00）開放台北講堂，方便會員禮佛祈福及會外人士請書。大溪區的正覺祖師堂，開放參訪時間，詳見〈正覺電子報〉或成佛之道網站。本表得因時節因緣需要而隨時修改之，不另作通知。

佛教正覺同修會　贈閱書籍 目錄

2018/10/20

1.**無相念佛**　平實導師著　回郵 36 元
2.**念佛三昧修學次第**　平實導師述著　回郵 52 元
3.**正法眼藏—護法集**　平實導師述著　回郵 76 元
4.**真假開悟簡易辨正法&佛子之省思**　平實導師著　回郵 26 元
5.**生命實相之辨正**　平實導師著　回郵 31 元
6.**如何契入念佛法門**（附：印順法師否定極樂世界）平實導師著　回郵 26 元
7.**平實書箋**—答元覽居士書　平實導師著　回郵 52 元
8.**三乘唯識**—如來藏系經律彙編　平實導師編　回郵 80 元
（精裝本　長 27 cm　寬 21 cm　高 7.5 cm　重 2.8 公斤）
9.**三時繫念全集**—修正本　回郵掛號 52 元（長 26.5 cm×寬 19 cm）
10.**明心與初地**　平實導師述　回郵 31 元
11.**邪見與佛法**　平實導師述著　回郵 36 元
12.**甘露法雨**　平實導師述　回郵 36 元
13.**我與無我**　平實導師述　回郵 36 元
14.**學佛之心態**—修正錯誤之學佛心態始能與正法相應 孫正德老師著 回郵52元
附錄：平實導師著**《略說八、九識並存…等之過失》**
15.**大乘無我觀**—《悟前與悟後》別說　平實導師述著　回郵 36 元
16.**佛教之危機**—中國台灣地區現代佛教之真相（附錄：公案拈提六則）
平實導師著　回郵 52 元
17.**燈 影**—燈下黑（覆「求教後學」來函等）　平實導師著　回郵 76 元
18.**護法與毀法**—覆上平居士與徐恒志居士網站毀法二文
張正圜老師著　回郵 76 元
19.**淨土聖道**—兼評**選擇本願念佛**　正德老師著　由正覺同修會購贈 回郵 52 元
20.**辨唯識性相**—對「紫蓮心海《辯唯識性相》書中否定阿賴耶識」之回應
正覺同修會 台南共修處法義組 著　回郵 52 元
21.**假如來藏**—對法蓮法師《如來藏與阿賴耶識》書中否定阿賴耶識之回應
正覺同修會 台南共修處法義組 著　回郵 76 元
22.**入不二門**—公案拈提集錦 第一輯（於平實導師公案拈提諸書中選錄約二十則，
合輯爲一冊流通之）平實導師著　回郵 52 元
23.**真假邪說**—西藏密宗索達吉喇嘛《破除邪說論》真是邪說
釋正安法師著　上、下冊回郵各 52 元
24.**真假開悟**—真如、如來藏、阿賴耶識間之關係　平實導師述著　回郵 76 元
25.**真假禪和**—辨正釋傳聖之謗法謬說　孫正德老師著　回郵 76 元

26.**眼見佛性**—駁慧廣法師眼見佛性的含義文中謬說
游正光老師著　回郵52元

27.**普門自在**—公案拈提集錦 第二輯（於平實導師公案拈提諸書中選錄約二十則，合輯爲一冊流通之）平實導師著　回郵52元

28.**印順法師的悲哀**—以現代禪的質疑為線索　恒毓博士著　回郵52元

29.**識蘊真義**—現觀識蘊內涵、取證初果、親斷三縛結之具體行門。
—依《成唯識論》及《惟識述記》正義，略顯安慧《大乘廣五蘊論》之邪謬
平實導師著　回郵76元

30.**正覺電子報** 各期紙版本　免附回郵　每次最多函索三期或三本。
（已無存書之較早各期，不另增印贈閱）

31.**現代人應有的宗教觀**　蔡正禮老師 著　回郵31元

32.**遠惑趣道**—正覺電子報般若信箱問答錄　第一輯　回郵52元

33.**遠惑趣道**—正覺電子報般若信箱問答錄　第二輯　回郵52元

34.**確保您的權益**—器官捐贈應注意自我保護　游正光老師 著　回郵31元

35.**正覺教團電視弘法三乘菩提 DVD 光碟（一）**

由正覺教團多位親教師共同講述錄製 DVD 8 片，MP3 一片，共 9 片。有二大講題：一爲「三乘菩提之意涵」，二爲「學佛的正知見」。內容精闢，深入淺出，精彩絕倫，幫助大眾快速建立三乘法道的正知見，免被外道邪見所誤導。有志修學三乘佛法之學人不可不看。（製作工本費 100 元，回郵 52 元）

36.**正覺教團電視弘法 DVD 專輯（二）**

總有二大講題：一爲「三乘菩提之念佛法門」，一爲「學佛正知見（第二篇）」，由正覺教團多位親教師輪番講述，內容詳細闡述如何修學念佛法門、實證念佛三昧，以及學佛應具有的正確知見，可以幫助發願往生西方極樂淨土之學人，得以把握往生，更可令學人快速建立三乘法道的正知見，免於被外道邪見所誤導。有志修學三乘佛法之學人不可不看。（一套 17 片，工本費 160 元。回郵 76 元）

37.**喇嘛性世界**—揭開假藏傳佛教譚崔瑜伽的面紗　張善思 等人合著
由正覺同修會購贈　回郵52元

38.**假藏傳佛教的神話**—性、謊言、喇嘛教　張正玄教授編著
由正覺同修會購贈　回郵52元

39.**隨 緣**—理隨緣與事隨緣　平實導師述　回郵52元。

40.**學佛的覺醒**　正枝居士 著　回郵52元

41.**導師之真實義**　蔡正禮老師 著　回郵31元

42.**淺談達賴喇嘛之雙身法**—兼論解讀「密續」之達文西密碼
吳明芷居士 著　回郵31元

43.**魔界轉世**　張正玄居士 著　回郵31元

44.**一貫道與開悟**　蔡正禮老師 著　回郵31元

45.**博愛**—愛盡天下女人　正覺教育基金會 編印　回郵36元

46.**意識虛妄經教彙編**—實證解脫道的關鍵經文　正覺同修會編印　回郵36元
47.**邪箭囈語**—破斥藏密外道多識仁波切《破魔金剛箭雨論》之邪說
陸正元老師著　上、下冊回郵各52元
48.**真假沙門**—依 佛聖教闡釋佛教僧寶之定義
蔡正禮老師著　俟正覺電子報連載後結集出版
49.**真假禪宗**—藉評論釋性廣《印順導師對變質禪法之批判
及對禪宗之肯定》以顯示真假禪宗
附論一：凡夫知見 無助於佛法之信解行證
附論二：世間與出世間一切法皆從如來藏實際而生而顯
余正偉老師著　俟正覺電子報連載後結集出版　回郵未定

★ 上列贈書之郵資，係台灣本島地區郵資，大陸、港、澳地區及外國地區，請另計酌增（大陸、港、澳、國外地區之郵票不許通用）。尚未出版之書，請勿先寄來郵資，以免增加作業煩擾。

★ 本目錄若有變動，唯於後印之書籍及「成佛之道」網站上修正公佈之，不另行個別通知。

函索書籍請寄：佛教正覺同修會　103台北市承德路3段277號9樓
台灣地區函索書籍者請附寄郵票，無時間購買郵票者可以等值現金抵用，但不接受郵政劃撥、支票、匯票。大陸地區得以人民幣計算，國外地區請以美元計算（請勿寄來當地郵票，在台灣地區不能使用）。欲以掛號寄遞者，請另附掛號郵資。

親自索閱：正覺同修會各共修處。　★請於共修時間前往取書，餘時無人在道場，請勿前往索取；共修時間與地點，詳見書末正覺同修會共修現況表（以近期之共修現況表爲準）。

註：正智出版社發售之局版書，請向各大書局購閱。若書局之書架上已經售出而無陳列者，請向書局櫃台指定洽購；若書局不便代購者，請於正覺同修會共修時間前往各共修處請購，正智出版社已派人於共修時間送書前往各共修處流通。 郵政劃撥購書及 大陸地區 購書，請詳別頁正智出版社發售書籍目錄最後頁之說明。

成佛之道 網站：http://www.a202.idv.tw　正覺同修會已出版之結緣書籍，多已登載於 成佛之道 網站，若住外國、或住處遙遠，不便取得正覺同修會贈閱書籍者，可以從本網站閱讀及下載。　書局版之《宗通與說通》亦已上網，台灣讀者可向書局洽購，售價300元。《狂密與眞密》第一輯~第四輯，亦於 2003.5.1.全部於本網站登載完畢；台灣地區讀者請向書局洽購，每輯約400頁，售價300元（網站下載紙張費用較貴，容易散失，難以保存，亦較不精美）。

＊＊假藏傳佛教修雙身法，非佛教＊＊

正智出版社 籌募弘法基金發售書籍目錄　　2019/12/1

1.**宗門正眼**—公案拈提 第一輯 重拈　　平實導師著　500 元

因重寫內容大幅度增加故，字體必須改小，並增爲 576 頁 主文 546 頁。比初版更精彩、更有內容。初版《禪門摩尼寶聚》之讀者，可寄回本公司免費調換新版書。免附回郵，亦無截止期限。（2007 年起，每冊附贈本公司精製公案拈提〈超意境〉CD 一片。市售價格 280 元，多購多贈。）

2.**禪淨圓融**　　平實導師著　200 元（第一版舊書可換新版書。）

3.**真實如來藏**　　平實導師著　400 元

4.**禪—悟前與悟後**　　平實導師著　上、下冊，每冊 250 元

5.**宗門法眼**—公案拈提 第二輯　　平實導師著　500 元

（2007 年起，每冊附贈本公司精製公案拈提〈超意境〉CD 一片）

6.**楞伽經詳解**　　平實導師著　　全套共 10 輯　　每輯 250 元

7.**宗門道眼**—公案拈提 第三輯　　平實導師著　500 元

（2007 年起，每冊附贈本公司精製公案拈提〈超意境〉CD 一片）

8.**宗門血脈**—公案拈提 第四輯　　平實導師著　500 元

（2007 年起，每冊附贈本公司精製公案拈提〈超意境〉CD 一片）

9.**宗通與說通**—成佛之道 平實導師著 主文 381 頁 全書 400 頁售價 300 元

10.**宗門正道**—公案拈提 第五輯　　平實導師著　500 元

（2007 年起，每冊附贈本公司精製公案拈提〈超意境〉CD 一片）

11.**狂密與真密 一～四輯**　平實導師著　西藏密宗是人間最邪淫的宗教，本質不是佛教，只是披著佛教外衣的印度教性力派流毒的喇嘛教。此書中將西藏密宗密傳之男女雙身合修樂空雙運所有祕密與修法，毫無保留完全公開，並將全部喇嘛們所不知道的部分也一併公開。內容比大辣出版社喧騰一時的《西藏慾經》更詳細。並且函蓋藏密的所有祕密及其錯誤的中觀見、如來藏見……等，藏密的所有法義都在書中詳述、分析、辨正。每輯主文三百餘頁　每輯全書約 400 頁　售價每輯 300 元

12.**宗門正義**—公案拈提 第六輯　　平實導師著　500 元

（2007 年起，每冊附贈本公司精製公案拈提〈超意境〉CD 一片）

13.**心經密意**—心經與解脫道、佛菩提道、祖師公案之關係與密意　平實導師述　300 元

14.**宗門密意**—公案拈提 第七輯　平實導師著　　500 元

（2007 年起，每冊附贈本公司精製公案拈提〈超意境〉CD 一片）

15.**淨土聖道**—兼評「選擇本願念佛」　正德老師著　　200 元

16.**起信論講記**　平實導師述著　共六輯　每輯三百餘頁　售價各 250 元

17.**優婆塞戒經講記**　平實導師述著 共八輯 每輯三百餘頁 售價各 250 元

18.**真假活佛**—略論附佛外道盧勝彥之邪說（對前岳靈犀網站主張「盧勝彥是證悟者」之修正）　正犀居士（岳靈犀）著　流通價 140 元

19.**阿含正義**—唯識學探源　平實導師著　共七輯　每輯 300 元

20.**超意境** CD 以平實導師公案拈提書中超越意境之頌詞，加上曲風優美的旋律，錄成令人嚮往的超意境歌曲，其中包括正覺發願文及平實導師親自譜成的黃梅調歌曲一首。詞曲雋永，殊堪翫味，可供學禪者吟詠，有助於見道。內附設計精美的彩色小冊，解說每一首詞的背景本事。每片 280 元。【每購買公案拈提書籍一冊，即贈送一片。】

21.**菩薩底憂鬱** CD 將菩薩情懷及禪宗公案寫成新詞，並製作成超越意境的優美歌曲。 1.主題曲〈菩薩底憂鬱〉，描述地後菩薩能離三界生死而迴向繼續生在人間，但因尚未斷盡習氣種子而有極深沈之憂鬱，非三賢位菩薩及二乘聖者所知，此憂鬱在七地滿心位方才斷盡；本曲之詞中所說義理極深，昔來所未曾見；此曲係以優美的情歌風格寫詞及作曲，聞者得以激發嚮往諸地菩薩境界之大心，詞、曲都非常優美，難得一見；其中勝妙義理之解說，已印在附贈之彩色小冊中。 2.以各輯公案拈提中直示禪門入處之頌文，作成各種不同曲風之超意境歌曲，值得玩味、參究；聆聽公案拈提之優美歌曲時，請同時閱讀內附之印刷精美說明小冊，可以領會超越三界的證悟境界；未悟者可以因此引發求悟之意向及疑情，眞發菩提心而邁向求悟之途，乃至因此眞實悟入般若，成眞菩薩。 3.正覺總持咒新曲，總持佛法大意；總持咒之義理，已加以解說並印在隨附之小冊中。本 CD 共有十首歌曲，長達 63 分鐘。每盒各附贈二張購書優惠券。每片 280 元。

22.**禪意無限** CD 平實導師以公案拈提書中偈頌寫成不同風格曲子，與他人所寫不同風格曲子共同錄製出版，幫助參禪人進入禪門超越意識之境界。盒中附贈彩色印製的精美解說小冊，以供聆聽時閱讀，令參禪人得以發起參禪之疑情，即有機會證悟本來面目而發起實相智慧，實證大乘菩提般若，能如實證知般若經中的眞實意。本 CD 共有十首歌曲，長達 69 分鐘，每盒各附贈二張購書優惠券。每片 280 元。

23.**我的菩提路**第一輯　釋悟圓、釋善藏等人合著　售價 300 元

24.**我的菩提路**第二輯　郭正益、張志成等人合著　售價 300 元

25.**我的菩提路**第三輯　王美伶等人合著　售價 300 元

26.**我的菩提路**第四輯　陳晏平等人合著　售價 300 元

27.**我的菩提路**第五輯　林慈慧等人合著　售價 300 元

28.**鈍鳥與靈龜**—考證後代凡夫對大慧宗杲禪師的無根誹謗。

平實導師著 共 458 頁 售價 350 元

29.**維摩詰經講記** 平實導師述 共六輯 每輯三百餘頁 售價各 250 元

30.**真假外道**—破劉東亮、杜大威、釋證嚴常見外道見 正光老師著 200 元

31.**勝鬘經講記**—兼論印順《勝鬘經講記》對於《勝鬘經》之誤解。

平實導師述　共六輯　每輯三百餘頁　售價 250 元

32.**楞嚴經講記** 平實導師述 共 **15** 輯，每輯三百餘頁 售價 300 元

33.**明心與眼見佛性**—駁慧廣〈蕭氏「眼見佛性」與「明心」之非〉文中謬說
正光老師著　共448頁　售價300元

34.**見性與看話頭**　黃正倖老師 著，本書是禪宗參禪的方法論。
內文375頁，全書416頁，售價300元。

35.**達賴真面目**—玩盡天下女人 白正偉老師 等著 中英對照彩色精裝大本 800元

36.**喇嘛性世界**—揭開假藏傳佛教譚崔瑜伽的面紗　張善思 等人著　200元

37.**假藏傳佛教的神話**—性、謊言、喇嘛教　正玄教授編著　200元

38.**金剛經宗通**　平實導師述　共九輯　每輯售價250元。

39.**空行母**—性別、身分定位，以及藏傳佛教。
珍妮·坎貝爾著 呂艾倫 中譯 售價250元

40.**末代達賴**—性交教主的悲歌　張善思、呂艾倫、辛燕編著 售價250元

41.**霧峰無霧**—給哥哥的信　辨正釋印順對佛法的無量誤解
游宗明 老師著　售價250元

42.**第七意識與第八意識？**—穿越時空「超意識」
平實導師述　每冊300元

43.**黯淡的達賴**—失去光彩的諾貝爾和平獎
正覺教育基金會編著　每冊250元

44.**童女迦葉考**—論呂凱文〈佛教輪迴思想的論述分析〉之謬。
平實導師 著 定價180元

45.**人間佛教**—實證者必定不悖三乘菩提
平實導師 述，定價400元

46.**實相經宗通**　平實導師述　共八輯　每輯250元

47.**真心告訴您(一)**—達賴喇嘛在幹什麼？
正覺教育基金會編著　售價250元

48.**中觀金鑑**—詳述應成派中觀的起源與其破法本質
孫正德老師著　分為上、中、下三冊，每冊250元

49.**藏傳佛教要義**—《狂密與真密》之簡體字版　平實導師 著 上、下冊
僅在大陸流通　每冊300元

50.**法華經講義**　平實導師述　共二十五輯　每輯300元

51.**西藏「活佛轉世」制度**—附佛、造神、世俗法
許正豐、張正玄老師合著　定價150元

52.**廣論三部曲**　郭正益老師著　定價150元

53.**真心告訴您(二)**—達賴喇嘛是佛教僧侶嗎？
—補祝達賴喇嘛八十大壽
正覺教育基金會編著　售價300元

54.**次法**—實證佛法前應有的條件
張善思居士著　分為上、下二冊，每冊250元

55.**涅槃**—解說四種涅槃之實證及內涵　平實導師著 上、下冊 各350元

56.**山法**—西藏關於他空與佛藏之根本論
篤補巴．喜饒堅贊著　　傑弗里．霍普金斯英譯
張火慶教授、張志成、呂艾倫等中譯　精裝大本 1200 元
57.**假鋒虛焰金剛乘**—揭示顯密正理，兼破索達吉師徒《般若鋒兮金剛焰》
釋正安法師著　簡體字版　即將出版　售價未定
58.**廣論之平議**—宗喀巴《菩提道次第廣論》之平議　正雄居士著
約二或三輯　俟正覺電子報連載後結集出版　書價未定
59.**救護佛子向正道**—對印順法師中心思想之綜合判攝
游宗明老師著　書價未定
60.**菩薩學處**—菩薩四攝六度之要義　陸正元老師著　出版日期未定。
61.**八識規矩頌**詳解　○○居士 註解　出版日期另訂　書價未定。
62.**印度佛教史**—法義與考證。依法義史實評論印順《印度佛教思想史、佛教史地考論》之謬說　正偉老師著　出版日期未定　書價未定
63.**中國佛教史**—依中國佛教正法史實而論。○○老師 著　書價未定。
64.**中論正義**—釋龍樹菩薩《中論》頌正理。
孫正德老師著　出版日期未定　書價未定
65.**中觀正義**—註解平實導師《中論正義頌》。
○○法師（居士）著　出版日期未定　書價未定
66.**佛藏經講記**　平實導師述　將於 2019 年 7 月 31 日出版　共 21 輯，每二個月出版一輯，每輯 300 元。
67.**阿含經講記**—將選錄四阿含中數部重要經典全經講解之，講後整理出版。
平實導師述　約二輯　每輯 300 元　出版日期未定
68.**實積經講記**　平實導師述　每輯三百餘頁 優惠價 300 元　出版日期未定
69.**解深密經講記**　平實導師述 約四輯　將於重講後整理出版
70.**成唯識論略解**　平實導師著　五～六輯　每輯300 元　出版日期未定
71.**修習止觀坐禪法要講記**　平實導師述　每輯三百餘頁
將於正覺寺建成後重講、以講記逐輯出版　出版日期未定
72.**無門關**—《無門關》公案拈提　平實導師著　出版日期未定
73.**中觀再論**—兼述印順《中觀今論》謬誤之平議。正光老師著 出版日期未定
74.**輪迴與超度**—佛教超度法會之真義。
○○法師（居士）著　出版日期未定　書價未定
75.**《釋摩訶衍論》平議**—對偽稱龍樹所造《釋摩訶衍論》之平議
○○法師（居士）著　出版日期未定　書價未定
76.**正覺發願文**註解—以真實大願為因 得證菩提
正德老師著　出版日期未定　書價未定
77.**正覺總持咒**—佛法之總持　正圜老師著　出版日期未定　書價未定
78.**三自性**—依四食、五蘊、十二因緣、十八界法，說三性三無性。
作者未定　出版日期未定
79.**道品**—從三自性說大小乘三十七道品　作者未定　出版日期未定

80.**大乘緣起觀**—依四聖諦七真如現觀十二緣起 作者未定 出版日期未定
81.**三德**—論解脫德、法身德、般若德。 作者未定 出版日期未定
82.**真假如來藏**—對印順《如來藏之研究》謬說之平議 作者未定 出版日期未定
83.**大乘道次第** 作者未定 出版日期未定 書價未定
84.**四緣**—依如來藏故有四緣。 作者未定 出版日期未定
85.**空之探究**—印順《空之探究》謬誤之平議 作者未定 出版日期未定
86.**十法義**—論阿含經中十法之正義 作者未定 出版日期未定
87.**外道見**—論述外道六十二見 作者未定 出版日期未定

正智出版社有限公司 書籍介紹

禪淨圓融：言淨土諸祖所未曾言，示諸宗祖師所未曾示；禪淨圓融，另闢成佛捷徑，兼顧自力他力，闡釋淨土門之速行易行道，亦同時揭櫫聖教門之速行易行道；令廣大淨土行者得免緩行難證之苦，亦令聖道門行者得以藉著淨土速行道而加快成佛之時劫。乃前無古人之超勝見地，非一般弘揚禪淨法門典籍也，先讀爲快。平實導師著 200元。

宗門正眼——公案拈提第一輯：繼承克勤圜悟大師碧巖錄宗旨之禪門鉅作。先則舉示當代大法師之邪說，消弭當代禪門大師鄉愿之心態，摧破當今禪門「世俗禪」之妄談；次則旁通教法，表顯宗門正理；繼以道之次第，消弭古今狂禪；後藉言語及文字機鋒，直示宗門入處。悲智雙運，禪味十足，數百年來難得一睹之禪門鉅著也。平實導師著　500元（原初版書《禪門摩尼寶聚》，改版後補充爲五百餘頁新書，總計多達二十四萬字，內容更精彩，並改名爲《宗門正眼》，讀者原購初版《禪門摩尼寶聚》皆可寄回本公司[illegible]費換新，免附回郵，亦無截止期限）（2007年起，凡購買公案拈提第一輯至第七輯，每購一輯皆贈[illegible]精製公案拈提〈超意境〉CD一片，市售價格280元，多購多贈）。

禪—悟前與悟後：本書能建立學人悟道之信心與正確知見，圓滿具足而有次第地詳述禪悟之功夫與禪悟之內容，指陳參禪中細微淆訛之處，能使學人明自眞心、見自本性。若未能悟入，亦能以正確知見辨別古今中外一切大師究係眞悟？或屬錯悟？便有能力揀擇，捨名師而選明師，後時必有悟道之緣。一旦悟道，遲者七次人天往返，便出三界，速者一生取辦。學人欲求開悟者，不可不讀。　平實導師著。上、下冊共500元，單冊250元。

眞實如來藏：如來藏眞實存在，乃宇宙萬有之本體，並非印順法師、達賴喇嘛等人所說之「唯有名相、無此心體」。如來藏是涅槃之本際，是一切有智之人竭盡心智、不斷探索而不能得之生命實相；是古今中外許多大師自以爲悟而當面錯過之生命實相。如來藏即是阿賴耶識，乃是一切有情本自具足、不生不滅之眞實心。當代中外大師於此書出版之前所未能言者，作者於本書中盡情流露、詳細闡釋。眞悟者讀之，必能增益悟境、智慧增上；錯悟者讀之，必能檢討自己之錯誤，免犯大妄語業；未悟者讀之，能知參禪之理路，亦能以之檢查一切名師是否眞悟。此書是一切哲學家、宗教家、學佛者及欲昇華心智之人必讀之鉅著。　平實導師著　售價400元。

宗門法眼—**公案拈提**第二輯：列舉實例，闡釋土城廣欽老和尚之悟處；並直示這位不識字的老和尚妙智橫生之根由，繼而剖析禪宗歷代大德之開悟公案，解析當代密宗高僧卡盧仁波切之錯悟證據，並例舉當代顯宗高僧、大居士之錯悟證據（凡健在者，爲免影響其名聞利養，皆隱其名）。藉辨正當代名師之邪見，向廣大佛子指陳禪悟之正道，彰顯宗門法眼。悲勇兼出，強捋虎鬚；慈智雙運，巧探驪龍；摩尼寶珠在手，直示宗門入處，禪味十足；若非大悟徹底，不能爲之。禪門精奇人物，允宜人手一冊，供作參究及悟後印證之圭臬。本書於2008年4月改版，增寫爲大約500頁篇幅，以利學人研讀參究時更易悟入宗門正法，以前所購初版首刷及初版二刷舊書，皆可免費換取新書。平實導師著500元（2007年起，凡購買公案拈提第一輯至第七輯，每購一輯皆贈送本公司精製公案拈提〈超意境〉CD一片，市售價格280元，多購多贈）。

宗門道眼—**公案拈提**第三輯：繼宗門法眼之後，再以金剛之作略、慈悲之胸懷、犀利之筆觸，舉示寒山、拾得、布袋三大士之悟處，消弭當代錯悟者對於寒山大士……等之誤會及誹謗。亦舉出民初以來與虛雲和尚齊名之蜀郡鹽亭袁煥仙夫子——南懷瑾老師之師，其「悟處」何在？並蒐羅許多眞悟祖師之證悟公案，顯示禪宗歷代祖師之睿智，指陳部分祖師、奧修及當代顯密大師之謬悟，作爲殷鑑，幫助禪子建立及修正參禪之方向及知見。假使讀者閱此書已，一時尚未能悟，亦可一面加功用行，一面以此宗門道眼辨別眞假善知識，避開錯誤之印證及歧路，可免大妄語業之長劫慘痛果報。欲修禪宗之禪者，務請細讀。平實導師著 售價500元（2007年起，凡購買公案拈提第一輯至第七輯，每購一輯皆贈送本公司精製公案拈提〈超意境〉CD一片，市售價格280元，多購多贈）。

楞伽經詳解：本經是禪宗見道者印證所悟眞僞之根本經典，亦是禪宗見道者悟後起修之依據經典；故達摩祖師於印證二祖慧可大師之後，將此經典連同佛缽祖衣一併交付二祖，令其依此經典佛示金言、進入修道位，修學一切種智。由此可知此經對於眞悟之人修學佛道，是非常重要之一部經典。此經能破外道邪說，亦破佛門中錯悟名師之謬說，亦破禪宗部分祖師之狂禪：不讀經典、一向主張「一悟即成究竟佛」之謬執。並開示愚夫所行禪、觀察義禪、攀緣如禪、如來禪等差別，令行者對於三乘禪法差異有所分辨；亦糾正禪宗祖師古來對於如來禪之誤解，嗣後可免以訛傳訛之弊。此經亦是法相唯識宗之根本經典，禪者悟後欲修一切種智而入初地者，必須詳讀。平實導師著，全套共十輯，已全部出版完畢，每輯主文約320頁，每冊約352頁，定價250元。

宗門血脈—**公案拈提**第**四**輯：末法怪象—許多修行人自以爲悟，每將無念靈知認作眞實；崇尚二乘法諸師及其徒眾，則將外於如來藏之緣起性空—無因論之無常空、斷滅空、一切法空—錯認爲 佛所說之般若空性。這兩種現象已於當今海峽兩岸及美加地區顯密大師之中普遍存在；人人自以爲悟，心高氣壯，便敢寫書解釋祖師證悟之公案，大多出於意識思惟所得，言不及義，錯誤百出，因此誤導廣大佛子同陷大妄語之地獄業中而不能自知。彼等書中所說之悟處，其實處處違背第一義經典之聖言量。彼等諸人不論是否身披袈裟，都非佛法宗門血脈，或雖有禪宗法脈之傳承，亦只徒具形式；猶如螟蛉，非眞血脈，未悟得根本眞實故。禪子欲知佛、祖之眞血脈者，請讀此書，便知分曉。平實導師著，主文452頁，全書464頁，定價500元（2007年起，凡購買公案拈提第一輯至第七輯，每購一輯皆贈送本公司精製公案拈提〈超意境〉CD一片，市售價格280元，多購多贈）。

宗通與說通：古今中外，錯誤之人如麻似粟，每以常見外道所說之靈知心，認作眞心；或妄想虛空之勝性能量爲眞如，或錯認物質四大元素藉冥性（靈知心本體）能成就吾人色身及知覺，或認初禪至四禪中之了知心爲不生不滅之涅槃心。此等皆非通宗者之見地。復有錯悟之人一向主張「宗門與教門不相干」，此即尚未通達宗門之人也。其實宗門與教門互通不二，宗門所證者乃是眞如與佛性，教門所說者乃說宗門證悟之眞如佛性，故教門與宗門不二。本書作者以宗教二門互通之見地，細說「宗通與說通」，從初見道至悟後起修之道、細說分明；並將諸宗諸派在整體佛教中之地位與次第，加以明確之教判，學人讀之即可了知佛法之梗概也。欲擇明師學法之前，允宜先讀。平實導師著，主文共381頁，全書392頁，只售成本價300元。

宗門正道—**公案拈提**第五輯：修學大乘佛法有二果須證—解脫果及大菩提果。二乘人不證大菩提果，唯證解脫果；此果之智慧，名爲聲聞菩提、緣覺菩提。大乘佛子所證二果之菩提果爲佛菩提，故名大菩提果，其慧名爲一切種智—函蓋二乘解脫果。然此大乘二果修證，須經由禪宗之宗門證悟方能相應。而宗門證悟極難，自古已然；其所以難者，咎在古今佛教界普遍存在三種邪見：1.以修定認作佛法，2.以無因論之緣起性空—否定涅槃本際如來藏以後之一切法空作爲佛法，3.以常見外道邪見（離語言妄念之靈知性）作爲佛法。如是邪見，或因自身正見未立所致，或因邪師之邪教導所致，或因無始劫來虛妄熏習所致。若不破除此三種邪見，永劫不悟宗門眞義、不入大乘正道，唯能外門廣修菩薩行。平實導師於此書中，有極爲詳細之說明，有志佛子欲摧邪見、入於內門修菩薩行者，閱此書。主文共496頁，全書512頁。售價500元（2007年起，凡購買公案拈提第一輯至第七輯，每購送本公司精製公案拈提〈超意境〉CD一片，市售價格280元，多購多贈）。

狂密與真密：密教之修學，皆由有相之觀行法門而入，其最終目標仍不離顯教經典所說第一義諦之修證；若離顯教第一義經典、或違背顯教第一義經典，即非佛教。西藏密教之觀行法，如灌頂、觀想、遷識法、寶瓶氣、大聖歡喜雙身修法、喜金剛、無上瑜伽、大樂光明、樂空雙運等，皆是印度教兩性生生不息思想之轉化，自始至終皆以如何能運用交合淫樂之法達到全身受樂爲其中心思想，純屬欲界五欲的貪愛，不能令人超出欲界輪迴，更不能令人斷除我見；何況大乘之明心與見性，更無論矣！故密宗之法絕非佛法也。而其明光大手印、大圓滿法教，又皆同以常見外道所說離語言妄念之無念靈知心錯認爲佛地之眞如，不能直指不生不滅之眞如。西藏密宗所有法王與徒眾，都尚未開頂門眼，不能辨別眞僞，以依人不依法、依密續不依經典故，不肯將其上師喇嘛所說對照第一義經典，純依密續之藏密祖師所說爲準，因此而誇大其證德與證量，動輒謂彼祖師上師爲究竟佛、爲地上菩薩；如今台海兩岸亦有自謂其師證量高於 釋迦文佛者，然觀其師所述，猶未見道，仍在觀行即佛階段，尚未到禪宗相似即佛、分證即佛階位，竟敢標榜爲究竟佛及地上法王，誑惑初機學人。凡此怪象皆是狂密，不同於眞密之修行者。近年狂密盛行，密宗行者被誤導者極眾，動輒自謂已證佛地眞如，自視爲究竟佛，陷於大妄語業中而不知自省，反謗顯宗眞修實證者之證量粗淺；或如義雲高與釋性圓…等人，於報紙上公然誹謗眞實證道者爲「騙子、無道人、人妖、癩蛤蟆…」等，造下誹謗大乘勝義僧之大惡業；或以外道法中有爲有作之甘露、魔術……等法，誑騙初機學人，狂言彼外道法爲眞佛法。如是怪象，在西藏密宗及附藏密之外道中，不一而足，舉之不盡，學人宜應愼思明辨，以免上當後又犯毀破菩薩戒之重罪。密宗學人若欲遠離邪知邪見者，請閱此書，即能了知密宗之邪謬，從此遠離邪見與邪修，轉入眞正之佛道。

平實導師著 共四輯 每輯約400頁（主文約340頁）每輯售價300元。

宗門正義—公案拈提第六輯：佛教有六大危機，乃是藏密化、世俗化、膚淺化、學術化、宗門密意失傳、悟後進修諸地之次第混淆；其中尤以宗門密意之失傳，為當代佛教最大之危機。由宗門密意失傳故，易令世尊本懷普被錯解，易令 世尊正法被轉易為外道法，以及加以淺化、世俗化，是故宗門密意之廣泛弘傳與具緣佛弟子，極為重要。然而欲令宗門密意之廣泛弘傳予具緣之佛弟子者，必須同時配合錯誤知見之解析、普令佛弟子知之，然後輔以公案解析之直示入處，方能令具緣之佛弟子悟入。而此二者，皆須以公案拈提之方式為之，方易成其功、竟其業，是故平實導師續作宗門正義一書，以利學人。全書500餘頁，售價500元（2007年起，凡購買公案拈提第一輯至第七輯，每購一輯皆贈送本公司精製公案拈提〈超意境〉CD一片，市售價格280元，多購多贈）。

心經密意—心經與解脫道、佛菩提道、祖師公案之關係與密意。二乘菩提所證之解脫道，實依第八識心之斷除煩惱障現行而立解脫之名；大乘菩提所證之佛菩提道，實依親證第八識如來藏之涅槃性、清淨自性、及其中道性而立般若之名；禪宗祖師公案所證之眞心，即是此第八識如來藏；是故三乘佛法所修所證之三乘菩提，皆依此如來藏心而立名也。此第八識心，即是《心經》所說之心也。證得此如來藏已，即能漸入大乘佛菩提道，亦可因證知此心而了知二乘無學所不能知之無餘涅槃本際，是故《心經》之密意，與三乘佛菩提之關係極為密切、不可分割，三乘佛法皆依此心而立名故。今者平實導師以其所證解脫道之無生智及佛菩提之般若種智，將《心經》與解脫道、佛菩提道、祖師公案之關係與密意，以演講之方式，用淺顯之語句和盤托出，發前人所未言，呈三乘菩提之義，令人藉此《心經密意》一舉而窺三乘菩提之堂奧，迥異諸方言不及義之說；欲求眞實佛智者，不可不讀！主文317頁，連同跋文及序文…等共384頁，售價300元。

宗門密意—公案拈提第七輯：佛教之世俗化，將導致學人以信仰作爲學佛，則將以感應及世間法之庇祐，作爲學佛之主要目標，不能了知學佛之主要目標爲親證三乘菩提。大乘菩提則以般若實相智慧爲主要修習目標，以二乘菩提解脫道爲附帶修習之標的；是故學習大乘法者，應以禪宗之證悟爲要務，能親入大乘菩提之實相般若智慧中故，般若實相智慧非二乘聖人所能知故。此書則以台灣世俗化佛教之三大法師，說法似是而非之實例，配合眞悟祖師之公案解析，提示證悟般若之關節，令學人易得悟入。平實導師著，全書五百餘頁，售價500元（2007年起，凡購買公案拈提第一輯至第七輯，每購一輯皆贈送本公司精製公案拈提〈超意境〉CD一片，市售價格280元，多購多贈）。

淨土聖道—兼評日本本願念佛：佛法甚深極廣，般若玄微，非諸二乘聖僧所能知之，一切凡夫更無論矣！所謂一切證量皆歸淨土是也！是故大乘法中「聖道之淨土、淨土之聖道」，其義甚深，難可了知；乃至眞悟之人，初心亦難知也。今有正德老師眞實證悟後，復能深探淨土與聖道之緊密關係，憐憫眾生之誤會淨土實義，亦欲利益廣大淨土行人同入聖道，同獲淨土中之聖道門要義，乃振奮心神、書以成文，今得刊行天下。主文279頁，連同序文等共301頁，總有十一萬六千餘字，正德老師著，成本價200元。

起信論講記：詳解大乘起信論**心生滅門**與**心眞如門**之眞實意旨，消除以往大師與學人對起信論所說**心生滅門**之誤解，由是而得了知眞心如來藏之非常非斷中道正理；亦因此一講解，令此論以往隱晦而被誤解之眞實義，得以如實顯示，令大乘佛菩提道之正理得以顯揚光大；初機學者亦可藉此正論所顯示之法義，對大乘法理生起正信，從此得以眞發菩提心，眞入大乘法中修學，世世常修菩薩正行。平實導師演述，共六輯，都已出版，每輯三百餘頁，售價各250元。

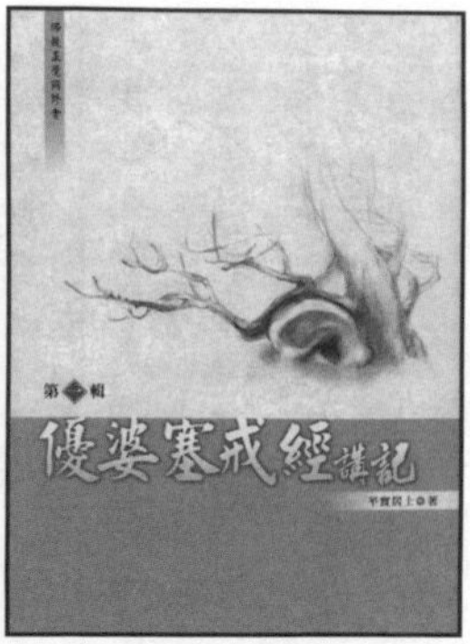

優婆塞戒經講記：本經詳述在家菩薩修學大乘佛法，應如何受持菩薩戒？對人間善行應如何看待？對三寶應如何護持？應如何正確地修集此世後世證法之福德？應如何修集後世「行菩薩道之資糧」？並詳述第一義諦之正義：五蘊非我非異我、自作自受、異作異受、不作不受……等深妙法義，乃是修學大乘佛法、行菩薩行之在家菩薩所應當了知者。出家菩薩今世或未來世登地已，捨報之後多數將如華嚴經中諸大菩薩，以在家菩薩身而修行菩薩行，故亦應以此經所述正理而修之，配合《楞伽經、解深密經、楞嚴經、華嚴經》等道次第正理，方得漸次成就佛道；故此經是一切大乘行者皆應證知之正法。平實導師講述，每輯三百餘頁，售價各250元；輯，已全部出版。

真假活佛—略論附佛外道盧勝彥之邪說：人人身中都有眞活佛，永生不滅而有大神用，但眾生都不了知，所以常被身外的西藏密宗假活佛籠罩欺瞞。本來就眞實存在的眞活佛，才是眞正的密宗無上密！諾那活佛因此而說禪宗是大密宗，但藏密的所有活佛都不知道、也不曾實證自身中的眞活佛。本書詳實宣示眞活佛的道理，舉證盧勝彥的「佛法」不是眞佛法，也顯示盧勝彥是假活佛，直接的闡釋第一義佛法見道的眞實正理。眞佛宗的所有上師與學人們，都應該詳細閱讀，包括盧勝彥個人在內。正犀居士著，優惠價140元。

阿含正義—唯識學探源：廣說四大部《阿含經》諸經中隱說之眞正義理，一一舉示佛陀本懷，令阿含時期初轉法輪根本經典之眞義，如實顯現於佛子眼前。並提示末法大師對於阿含眞義誤解之實例，一一比對之，證實唯識增上慧學確於原始佛法之阿含諸經中已隱覆密意而略說之，證實 世尊確於原始佛法中已曾密意而說第八識如來藏之總相；亦證實 世尊在四阿含中已說此藏識是名色十八界之因、之本—證明如來藏是能生萬法之根本心。佛子可據此修正以往受諸大師（譬如西藏密宗應成派中觀師：印順、昭慧、性廣、大願、達賴、宗喀巴、寂天、月稱、……等人）誤導之邪見，建立正見，轉入正道乃至親證初果而無困難；書中並詳說三果所證的**心解脫**，以及四果**慧解脫**的親證，都是如實可行的具體知見與行門。全書共七輯，已出版完畢。平實導師著，每輯三百餘頁，售價300元。

超意境ＣＤ：以平實導師公案拈提書中超越意境之頌詞，加上曲風優美的旋律，錄成令人嚮往的超意境歌曲，其中包括正覺發願文及平實導師親自譜成的黃梅調歌曲一首。詞曲雋永，殊堪翫味，可供學禪者吟詠，有助於見道。內附設計精美的彩色小冊，解說每一首詞的背景本事。每片280元。【每購買公案拈提書籍一冊，即贈送一片。】

鈍鳥與靈龜：鈍鳥及靈龜二物，被宗門證悟者說爲二種人：前者是精修禪定而無智慧者，也是以定爲禪的愚癡禪人；後者是或有禪定、或無禪定的宗門證悟者，凡已證悟者皆是靈龜。但後來被人虛造事實，用以嘲笑大慧宗杲禪師，說他雖是靈龜，卻不免被天童禪師預記「患背」痛苦而亡：「**鈍鳥離巢易，靈龜脫殼難。**」藉以貶低大慧宗杲的證量；同時又將天童禪師實證如來藏的證量，曲解爲意識境界的離念靈知。自從大慧禪師入滅以後，錯悟凡夫對他的不實毀謗就一直存在著，不曾止息，並且捏造的假事實也隨著年月的增加而越來越多，終至編成「鈍鳥與靈龜」的假公案、假故事。本書是考證大慧與天童之間的不朽情誼，顯現這件假公案的虛妄不實；更見大慧宗杲面對惡勢力時的正直不阿，亦顯示大慧對天童禪師的至情深義，將使後人對大慧宗杲的誣謗至此而止，不再有人誤犯毀謗賢聖的惡業。書中亦舉出大慧與天童二師的證悟內容，證明宗門的所悟唯以第八識如來藏爲標的，詳讀之後必可改正以前被錯悟大師誤導的參禪知見，日後必定有助於實證禪宗悟境界，得階大乘眞見道位中，即是實證般若之賢聖。全書459頁，售價350元。

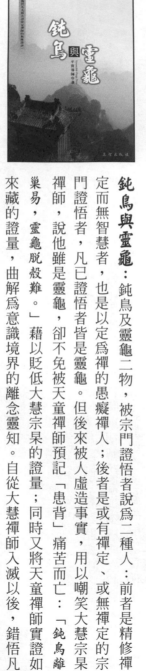

我的菩提路第一輯：凡夫及二乘聖人不能實證的佛菩提證悟，末法時代的今天仍然有人能得實證，由正覺同修會釋悟圓、釋善藏法師等二十餘位實證如來藏者所寫的見道報告，已爲當代學人見證宗門正法之絲縷不絕，證明大乘義學的法脈仍然存在，爲末法時代求悟般若之學人照耀出光明的坦途。由二十餘位大乘見道者所繕，敘述各種不同的學法、見道因緣與過程，參禪求悟者必讀。全書三百餘頁，售價300元。

我的菩提路第二輯：由郭正益老師等人合著，書中詳述彼等諸人歷經各處道場學法，一一修學而加以檢擇之不同過程以後，因閱讀正覺同修會、正智出版社書籍而發起抉擇分，轉入正覺同修會中修學；乃至學法及見道之過程，都一一詳述之。其中張志成等人係由前現代禪轉進正覺同修會，張志成原爲現代禪副宗長，以前未閱本會書籍時，曾被人藉其名義著文評論 平實導師（詳見《宗通與說通》辨正及《眼見佛性》書末附錄…等）；後因偶然接觸正覺同修會書籍，深覺以前聽人評論平實導師之語不實，於是投入極多時間閱讀本會書籍、深入思辨，詳細探索中觀與唯識之關聯與異同，認爲正覺之法義方是正法，深覺相應；亦解開多年來對佛法的迷雲，確定應依八識論正理修學方是正法。乃不顧面子，毅然前往正覺同修會面見平實導師懺悔，並正式學法求悟。今已與其同修王美伶（亦爲前現代禪傳法老師），同樣證悟如來藏而證得法界實相，生起實相般若眞智。此書中尚有七年來本會第一位眼見佛性者之見性報告一篇，一同供養大乘佛弟子。全書四百頁，售價300元。

我的菩提路第三輯：由王美伶老師等人合著。自從正覺同修會成立以來，每年夏初、冬初都舉辦精進禪三共修，藉以助益會中同修們得以證悟明心發起般若實相智慧；凡已實證而被平實導師印證者，皆書具見道報告用以證明佛法之眞實可證而非玄學，證明佛法並非純屬思想、理論而無實質，是故每年都能有人證明正覺同修會的「實證佛教」主張並非虛語。特別是眼見佛性一法，自古以來中國禪宗祖師實證者極寡，較之明心開悟的證境更難令人信受；至2017年初，正覺同修會中的證悟明心者已近五百人，然而其中眼見佛性者至今唯十餘人爾，可謂難能可貴，是故明心後欲冀眼見佛性者實屬不易。黃正倖老師是懸絕七年無人見性後的第一人，她於2009年的見性報告刊於本書的第二輯中，爲大眾證明佛性確實可以眼見；其後七年之中求見性者都屬解悟佛性而無人眼見，幸而又經七年後的2016冬初，以及2017夏初的禪三，復有三人眼見佛性，希冀鼓舞四眾佛子求見佛性之大心，今則具載一則於書末，顯示求見佛性之事實經歷，供養現代佛教界欲得見性之四眾弟子。全書四百頁，售價300元。

我的菩提路第四輯：由陳晏平等人著。中國禪宗祖師往往有所謂「見性」之言，所言多屬看見如來藏具有能令人發起成佛之自性，並非《大般涅槃經》中如來所說之眼見佛性。眼見佛性者，於親見佛性之時，即能於山河大地眼見自己佛性，亦能於他人身上眼見自己佛性及對方之佛性，如是境界無法爲尚未實證者解釋；勉強說之，縱使眞實明心證悟之人聞之，亦只能以自身明心之境界想像之，但不論如何想像多屬非量，能有正確之比量者亦是稀有，故說眼見佛性極爲困難。眼見佛性之人若所見極分明時，在所見佛性之境界下所眼見之山河大地、自己五蘊身心皆是虛幻，自有異於明心者之解脫功德受用，此後永不思證二乘涅槃，必定邁向成佛之道而進入第十住位中，已超第一阿僧祇劫三分有一，可謂之爲超劫精進也。今又有明心之後眼見佛性之人出於[illegible]間，將其明心及後來見性之報告，連同其餘證悟明心者之精彩報告一同收錄於此書中，供養眞求佛法實證之人。全書380頁，售價300元。

我的菩提路第五輯：林慈慧等人著。書中詳敘學佛一路之辛苦萬端，直至得遇正法之後如何修行終能實證，現觀眞如而入勝義菩薩僧數。本輯亦錄入一位明心後又再眼見佛性的實證者，文中詳述見性之過程，並說明見性後的情況。古來能得明心又得見性之祖師極寡，禪師們所謂見性者往往屬於明心時親見第八識如來藏具備能使人成佛之自性，即名見性，例如六祖等人，但非《大般涅槃經》中所說之「眼見佛性」之實證。今本書提供眼見佛性證量之見性報告一篇，以饗讀者。全書384頁，300元。

楞嚴經講記：楞嚴經係密教部之重要經典，亦是顯教中普受重視之經典；經中宣說明心與見性之內涵極爲詳細，將一切法都會歸如來藏及佛性—妙眞如性；亦闡釋佛菩提道修學過程中之種種魔境，以及外道誤會涅槃之狀況，旁及三界世間之起源。然因言句深澀難解，法義亦復深妙寬廣，學人讀之普難通達，是故讀者大多誤會，不能如實理解佛所說之明心與見性內涵，亦因是故多有悟錯之人引爲開悟之證言，成就大妄語罪。今由平實導師詳細講解之後，整理成文，以易讀易懂之語體文刊行天下，以利學人。全書十五輯，全部出版完畢。每輯三百餘頁，售價每輯300元。

勝鬘經講記：如來藏爲三乘菩提之所依，若離如來藏心體及其含藏之一切種子，即無三界有情及一切世間法，亦無二乘菩提緣起性空之出世間法；本經詳說無始無明、一念無明皆依如來藏而有之正理，藉著詳解煩惱障與所知障間之關係，令學人深入了知二乘菩提與佛菩提相異之妙理；聞後即可了知佛菩提之特勝處及三乘修道之方向與原理，邁向攝受正法而速成佛道的境界中。平實導師講述，共六輯，每輯三百餘頁，售價各250元。

菩薩底憂鬱CD將菩薩情懷及禪宗公案寫成新詞，並製作成超越意境的優美歌曲。1.主題曲〈菩薩底憂鬱〉，描述地後菩薩能離三界生死而迴向繼續生在人間，但因尚未斷盡習氣種子而有極深沈之憂鬱，非三賢位菩薩及二乘聖者所知，此憂鬱在七地滿心位方才斷盡；本曲之詞中所說義理極深，昔來所未曾見；此曲係以優美的情歌風格寫詞及作曲，聞者得以激發嚮往諸地菩薩境界之大心，詞、曲都非常優美，難得一見；其中勝妙義理之解說，已印在附贈之彩色小冊中。2.以各輯公案拈提中直示禪門入處之頌文，作成各種不同曲風之超意境歌曲，值得玩味、參究；聆聽公案拈提之優美歌曲時，請同時閱讀內附之印刷精美說明小冊，可以領會超越三界的證悟境界；未悟者可以因此引發求悟之意向及疑情，眞發菩提心而邁向求悟之途，乃至因此眞實悟入般若，成眞菩薩。3.正覺總持咒新曲，總持佛法大意；總持咒之義理，已加以解說並印在隨附之小冊中。本CD共有十首歌曲，長達63分鐘，附贈二張購書優惠券。

280元。

禪意無限ＣＤ平實導師以公案拈提書中偈頌寫成不同風格曲子，與他人所寫不同風格曲子共同錄製出版，幫助參禪人進入禪門超越意識之境界。盒中附贈彩色印製的精美解說小冊，以供聆聽時閱讀，令參禪人得以發起參禪之疑情，即有機會證悟本來面目，實證大乘菩提般若。本CD共有十首歌曲，長達69分鐘，每盒各附贈二張購書優惠券。每片280元。

明心與眼見佛性：本書細述明心與眼見佛性之異同，同時顯示了中國禪宗破初參明心與重關眼見佛性二關之間的關聯；書中又藉法義辨正而旁述其他許多勝妙法義，讀後必能遠離佛門長久以來積非成是的錯誤知見，令讀者在佛法的實證上有極大助益。也藉慧廣法師的謬論來教導佛門學人回歸正知正見，遠離古今禪門錯悟者所墮的意識境界，非唯有助於斷我見，也對未來的開悟明心實證第八識如來藏有所助益，是故學禪者都應細讀之。游正光老師著　共448頁　售價300元

見性與看話頭：黃正倖老師的《見性與看話頭》於《正覺電子報》連載完畢，今結集出版。書中詳說禪宗看話頭的詳細方法，並細說看話頭與眼見佛性的關係，以及眼見佛性者求見佛性前必須具備的條件。本書是禪宗實修者追求明心開悟時參禪的方法書，也是求見佛性者作功夫時必讀的方法書，內容兼顧眼見佛性的理論與實修之方法，是依實修之體驗配合理論而詳述，條理分明而且極為詳實、周全、深入。本書內文375頁，全書416頁，售價300元。

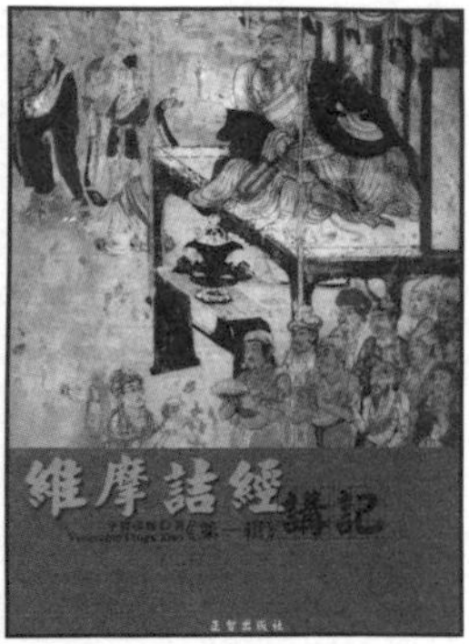

維摩詰經講記：本經係 世尊在世時，由等覺菩薩維摩詰居士藉疾病而演說之大乘菩提無上妙義，所說函蓋甚廣，然極簡略，是故今時諸方大師與學人讀之悉皆錯解，何況能知其中隱含之深妙正義，是故普遍無法為人解說；若強為人說，則成依文解義而有諸多過失。今由平實導師公開宣講之後，詳實解釋其中密意，令維摩詰菩薩所說大乘不可思議解脫之深妙正法得以正確宣流於人間，利益當代學人及與諸方大師。書中詳實演述大乘佛法深妙不共二乘之智慧境界，顯示諸法之中絕待之實相境界，建立大乘菩薩妙道於永遠不敗不壞之地，以此成就護法偉功，欲冀永利娑婆人天。已經圓滿整理成書流通，以利諸方大師及諸學人。全書共六輯，每輯三百餘頁，售價各250元。

真假外道：本書具體舉證佛門中的常見外道知見實例，並加以教證及理證上的辨正，幫助讀者輕鬆而快速的了知常見外道的錯誤知見，進而遠離佛門內外的常見外道知見，因此即能改正修學方向而快速實證佛法。游正光老師著 。成本價200元。

金剛經宗通：三界唯心，萬法唯識，是成佛之修證內容，是諸地菩薩之所修；般若則是成佛之道（實證三界唯心、萬法唯識）的入門，若未證悟實相般若，即無成佛之可能，必將永在外門廣行菩薩六度，永在凡夫位中。然而實相般若的發起，全賴實證萬法的實相；若欲證知萬法的眞相，則必須探究萬法之所從來，則須實證自心如來—金剛心如來藏，然後現觀這個金剛心的金剛性、眞實性、如如性、清淨性、涅槃性、能生萬法的自性性、本住性，名爲證眞如；進而現觀三界六道唯是此金剛心所成，人間萬法須藉八識心王和合運作方能現起。如是實證《華嚴經》的「三界唯心、萬法唯識」以後，由此等現觀而發起實相般若智慧，繼續進修第十住位的如幻觀、第十行位的陽焰觀、第十迴向位的如夢觀，再生起增上意樂而勇發十無盡願，方能滿足三賢位的實證，轉入初地；自知成佛之道而無偏倚，從此按部就班、次第進修乃至成佛。第八識自心如來是般若智慧之所依，般若智慧的修證則要從實證金剛心自心如來開始；《金剛經》則是解說自心如來之經典，是一切三賢位菩薩所應進修之實相般若經典。這一套書，是將平實導師宣講的《金剛經宗通》內容，整理成文字而流通之；書中所說義理，迥異古今諸家依文解義之說，指出大乘見道方向與理路，有益於禪宗學人求開悟見道，及轉入內門廣修六度萬行。講述完畢後結集出版，總共9輯，每輯約三百餘頁，售價各250元。

空行母—性別、身分定位，以及藏傳佛教：本書作者爲蘇格蘭哲學家，因爲嚮往佛教深妙的哲學內涵，於是進入當年盛行於歐美的假藏傳佛教密宗，擔任卡盧仁波切的翻譯工作多年以後，被邀請成爲卡盧的空行母（又名佛母、明妃），開始了她在密宗裡的實修過程；後來發覺在密宗雙身法中的修行，其實無法使自己成佛，也發覺密宗對女性歧視而處處貶抑，並剝奪女性在雙身法中擔任一半角色時應有的身分定位。當她發覺自己只是雙身法中被喇嘛利用的工具，沒有獲得絲毫應有的尊重與基本定位時，發現了密宗的父權社會控制女性的本質；於是作者傷心地離開了卡盧仁波切與密宗，但是卻被恐嚇不許講出她在密宗裡的經歷，也不許她說出自己對密宗的教義與教制下對女性剝削的本質，否則將被咒殺死亡。後來她去加拿大定居，十餘年後方才擺脫這個恐嚇陰影，下定決心將親身經歷的實情及觀察到的事實寫下來並且出版，公諸於世。出版之後，她被流亡的達賴集團人士大力攻訐，誣指她爲精神狀態失常、說謊……等。但有智之士並未被達賴集團的政治操作及各國政府政治運作吹捧達賴的表相所欺，使她的書銷售無阻而又再版。正智出版社鑑於作者此書是親身經歷的事實，所說具有針對「**藏傳佛教**」而作學術研究的價值，也有使人認清假藏傳佛教剝削佛母、明妃的男性本位實質，因此洽請作者同意中譯而出版於華人地區。珍妮·坎貝爾女士著，呂艾倫 中譯，每冊250元。

霧峰無霧—給哥哥的信：本書作者藉兄弟之間信件往來論義，略述佛法大義；並以多篇短文辨義，舉出釋印順對佛法的無量誤解證據，並一一給予簡單而清晰的辨正，令人一讀即知。久讀、多讀之後即能認清楚釋印順的六識論見解，與眞實佛法之牴觸是多麼嚴重；於是在久讀、多讀之後，於不知不覺之間提升了對佛法的極深入理解，正知正見就在不知不覺間建立起來了。當三乘佛法的正知見建立起來之後，對於三乘菩提的見道條件便將隨之具足，於是聲聞解脫道的見道也就水到渠成；接著大乘見道的因緣也將次第成熟，未來自然也會有親見大乘菩提之道的因緣，悟入大乘實相般若也將自然成功，自能通達般若系列諸經而成實義菩薩。作者居住於南投縣霧峰鄉，自喻見道之後不復再見霧峰之霧，故鄉原野美景一一明見，於是立此書名爲《霧峰無霧》；讀者若欲撥霧見月，可以此書爲緣。游宗明　老師著　售價250元。

假藏傳佛教的神話—性、謊言、喇嘛教：本書編著者是由一首名叫「阿姊鼓」的歌曲爲緣起，展開了序幕，揭開假藏傳佛教—喇嘛教—的神秘面紗。其重點是蒐集、摘錄網路上質疑「喇嘛教」的帖子，以揭穿「假藏傳佛教的神話」爲主題，串聯成書，並附加彩色插圖以及說明，讓讀者們瞭解西藏密宗及相關人事如何被操作爲「神話」的過程，以及神話背後的眞相。作者：張正玄教授。售價200元。

達賴真面目—玩盡天下女人：假使您不想戴綠帽子，請記得詳細閱讀此書；假使您不想讓好朋友戴綠帽子，請您將此書介紹給您的好朋友。假使您想保護家中的女性，也想要保護好朋友的女眷，請記得將此書送給家中的女性和好友的女眷都來閱讀。本書爲印刷精美的大本彩色中英對照精裝本，爲您揭開達賴喇嘛的眞面目，內容精彩不容錯過，爲利益社會大眾，特別以優惠價格嘉惠所有讀者。編著者：白志偉等。大開版雪銅紙彩色精裝本。售價800元。

喇嘛性世界—揭開假藏傳佛教譚崔瑜伽的面紗：這個世界中的喇嘛，號稱來自世外桃源的香格里拉，穿著或紅或黃的喇嘛長袍，散布於我們的身邊傳教灌頂，吸引了無數的人嚮往學習；這些喇嘛虔誠地爲大眾祈福，手中拿著寶杵（金剛）與寶鈴（蓮花），口中唸著咒語：「唵．嘛呢．叭咪．吽……」，咒語的意思是說：「我至誠歸命金剛杵上的寶珠伸向蓮花寶穴之中」！「喇嘛性世界」是什麼樣的「世界」呢？本書將爲您呈現喇嘛世界的面貌。當您發現眞相以後，您將會唸：「噢！喇嘛．性．世界，譚崔性交嘛！」作者：張善思、呂艾倫。售價200元。

末代達賴—性交教主的悲歌：簡介從藏傳僞佛教（喇嘛教）的修行核心—性力派男女雙修，探討達賴喇嘛及藏傳僞佛教的修行內涵。書中引用外國知名學者著作、世界各地新聞報導，包含：歷代達賴喇嘛的祕史、達賴六世修雙身法的事蹟，以及《時輪續》中的性交灌頂儀式……等；達賴喇嘛書中開示的雙修法、達賴喇嘛的黑暗政治手段；達賴喇嘛所領導的寺院爆發喇嘛性侵兒童；新聞報導《西藏生死書》作者索甲仁波切性侵女信徒、澳洲喇嘛秋達公開道歉、美國最大假藏傳佛教組織領導人邱陽創巴仁波切的性氾濫，等等事件背後眞相的揭露。作者：張善思、呂艾倫、辛燕。售價250元。

第七意識與第八意識？—穿越時空「超意識」「三界唯心，萬法唯識」是佛教中應該實證的聖教，也是《華嚴經》中明載而可以實證的法界實相。唯心者，三界一切境界、一切諸法唯是一心所成就，即是每一個有情的第八識如來藏，不是意識心。唯識者，即是人類各各都具足的八識心王——眼識、耳鼻舌身意識、意根、阿賴耶識，第八阿賴耶識又名如來藏，人類五陰相應的萬法，莫不由八識心王共同運作而成就，故說萬法唯識。依聖教量及現量、比量，都可以證明意識是二法因緣生，是由第八識藉意根與法塵二法爲因緣而出生，又是夜夜斷滅不存之生滅心，即無可能反過來出生第七識意根、第八識如來藏，當知不可能從生滅性的意識心中，細分出恆審思量的第七識意根，更無可能細分出恆而不審的第八識如來藏。本書是將演講內容整理成文字，細說如是內容，並已在〈正覺電子報〉連載完畢，今彙集成書以廣流通，欲幫助佛門有緣人斷除意識我見，跳脫於識陰之外而取證聲聞初果；嗣後修學禪宗時即得不墮外道神我之中，得以求證第八識金剛心而發起般若實智。平實導師 述，每冊300元。

黯淡的達賴—失去光彩的諾貝爾和平獎：本書舉出很多證據與論述，詳述達賴喇嘛不爲世人所知的一面，顯示達賴喇嘛並不是眞正的和平使者，而是假借諾貝爾和平獎的光環來欺騙世人；透過本書的說明與舉證，讀者可以更清楚的瞭解，達賴喇嘛是結合暴力、黑暗、淫欲於喇嘛教裡的集團首領，其政治行爲與宗教主張，早已讓諾貝爾和平獎的光環染污了。本書由財團法人正覺教育基金會寫作、編輯，由正覺出版社印行，每冊250元。

人間佛教—實證者必定不悖三乘菩提　「大乘非佛說」的講法似乎流傳已久，卻只是日本人企圖擺脫中國正統佛教的影響，而在明治維新時期才開始提出來的說法；台灣佛教、大陸佛教的淺學無智之人，由於未曾實證佛法而迷信日本人錯誤的學術考證，錯認爲這些別有用心的日本佛學考證的講法爲天竺佛教的眞實歷史；甚至還有更激進的反對佛教者提出「釋迦牟尼佛並非眞實存在，只是後人捏造的假歷史人物」，竟然也有少數人願意跟著「學術」的假光環而信受不疑，於是開始有一些佛教界人士造作了反對中國佛教而推崇南洋小乘佛教的行爲，使佛教的信仰者難以檢擇，導致一般大陸人士開始轉入基督教的盲目迷信中。在這些佛教及外教人士之中，也就有一分人根據此邪說而大聲主張「大乘非佛說」的謬論，這些人以「人間佛教」的名義來抵制中國正統佛教，公然宣稱中國的大乘佛教是由聲聞部派佛教的凡夫僧所創造出來的。這樣的說法流傳於台灣及大陸佛教界凡夫僧之中已久，卻非眞正的佛教歷史中曾經發生過的事，只是繼承六識論的聲聞法中凡夫僧依自己的意識境界立場，純憑臆想而編造出來的妄想說法，卻已經影響許多無智之凡夫僧俗信受不移。本書則是從佛教的經藏法義實質及實證的現量內涵本質立論，證明大乘佛法本是佛說，是從《阿含正義》尚未說過的不同面向來討論「人間佛教」的議題，證明「大乘眞佛說」。閱讀本書可以斷除六識論邪見，迴入三乘菩提正道發起實證的因緣；也能斷除禪宗學人學禪時普遍存在之錯誤知見，對於建立參禪時的正知見有很深的著墨。平實導師　述，內文488頁，全書528頁，定價400元。

童女迦葉考——論呂凱文〈佛教輪迴思想的論述分析〉之謬　童女迦葉是佛世率領五百大比丘遊行於人間的歷史事實，是以童貞行而依止菩薩戒弘化於人間的大菩薩，不依別解脫戒（聲聞戒）來弘化於人間。這是大乘佛教與聲聞佛教同時存在於佛世的歷史明證，證明大乘佛教不是從聲聞法中分裂出來的部派佛教的產物，卻是聲聞佛教分裂出來的部派佛教聲聞凡夫僧所不樂見的史實；於是古今聲聞法中的凡夫都欲加以扭曲而作詭說，更是末法時代高聲大呼「大乘非佛說」的六識論聲聞凡夫極力想要扭曲的佛教史實之一，於是想方設法扭曲迦葉菩薩為聲聞僧，以及扭曲迦葉童女為比丘僧等荒謬不實之論著便陸續出現，古時聲聞僧寫作的《分別功德論》是最具體之事例，現代之代表作則是呂凱文先生的〈佛教輪迴思想的論述分析〉論文。鑑於如是假藉學術考證以籠罩大眾之不實謬論，未來仍將繼續造作及流竄於佛教界，繼續扼殺大乘佛教學人法身慧命，必須舉證辨正之，遂成此書。平實導師 著，每冊180元。

中觀金鑑——詳述應成派中觀的起源與其破法本質　學佛人往往迷於中觀學派之不同學說，被應成派與自續派所迷惑；修學般若中觀二十年後自以為實證般若中觀了，卻仍不曾入門，甫聞實證般若中觀者之所說，則茫無所知，迷惑不解；隨後信心盡失，不知如何實證佛法；凡此，皆因惑於這二派中觀學說所致。自續派中觀所說同於常見，以意識境界立為第八識如來藏之境界，應成派所說則同於斷見，但又同立意識為常住法，故亦具足斷常二見。今者孫正德老師有鑑於此，乃將起源於密宗的應成派中觀學說，追本溯源，詳考其來源之外，亦一一舉證其立論內容，詳加辨正，令密宗雙身法祖師以識陰境界而造之應成派中觀學說本質，詳細呈現於學人眼前，令其維護雙身法之目的無所遁形。若欲遠離密宗此二大派中觀謬說，欲於三乘菩提有所進道者，允宜具足閱讀並細加思惟，反覆讀之以後將可捨棄邪道返歸正道，則於般若之實證即有可能，證後自能現觀如來藏之中道境界而成就中觀。本書分上、中、下三冊，每冊250元，已全部出版完畢。

實相經宗通：學佛之目的在於實證一切法界背後之實相，禪宗稱之為本來面目或本地風光，佛菩提道中稱之為實相法界；此實相法界即是金剛藏，又名佛法之祕密藏，即是能生有情五陰、十八界及宇宙萬有（山河大地、諸天、三惡道世間）的第八識如來藏，又名阿賴耶識心，即是禪宗祖師所說的眞如心，此心即是三界萬有背後的實相。證得此第八識心時，自能瞭解般若諸經中隱說的種種密意，即得發起實相般若——實相智慧。每見學佛人修學佛法二十年後仍對實相般若茫然無知，亦不知如何入門，茫無所趣；更因不知三乘菩提的互異互同，是故越是久學者對佛法越覺茫然，都肇因於尚未瞭解佛法的全貌，亦未瞭解佛法的修證內容即是第八識心所致。本書對於修學佛法者所應實證的實相境界提出明確解析，並提示趣入佛菩提道的入手處，有心親證實相般若的佛法實修者，宜詳讀之，於佛菩提道之實證即有下手處。平實導師述著，共八輯，全部出版完畢，每輯成本價250元。

真心告訴您（一）——達賴喇嘛在幹什麼？ 這是一本報導篇章的選集，更是「破邪顯正」的暮鼓晨鐘。「破邪」是戳破假象，說明達賴喇嘛及其所率領的密宗四大派法王、喇嘛們，弘傳的佛法是仿冒的佛法；他們是假藏傳佛教，是坦特羅（譚崔性交）外道法和藏地崇奉鬼神的苯教混合成的「喇嘛教」，推廣的是以所謂「無上瑜伽」的男女雙身法冒充佛法的假佛教，詐財騙色誤導眾生，常常造成信徒家庭破碎、家中兒少失怙的嚴重後果。「顯正」是揭櫫眞相，指出眞正的藏傳佛教只有一個，就是覺囊巴，傳的是 釋迦牟尼佛演繹的第八識如來藏妙法，稱為他空見大中觀。正覺教育基金會即以此古今輝映的如藏正法正知見，在眞心新聞網中逐次報導出來，將箇中原委「眞心告

如今結集成書，與想要知道密宗眞相的您分享。售價250元。

真心告訴您（二）——達賴喇嘛是佛教僧侶嗎？補祝達賴喇嘛八十大壽：這是一本針對當今達賴喇嘛所領導的喇嘛教，冒用佛教名相、於師徒間或師兄姊間，實修男女邪淫，而從佛法三乘菩提的現量與聖教量，揭發其謊言與邪術，證明達賴及其喇嘛教是仿冒佛教的外道，是「假藏傳佛教」。藏密四大派教義雖有「八識論」與「六識論」的表面差異，然其實修之內容，皆共許「無上瑜伽」四部灌頂爲究竟「成佛」之法門，也就是共以男女雙修之邪淫法爲「即身成佛」之密要，雖美其名曰「欲貪爲道」之「金剛乘」，並誇稱其成就超越於（應身佛）釋迦牟尼佛所傳之顯教般若乘之上；然詳考其理論，則或以意識離念時之粗細心爲第八識如來藏，或以中脈裡的明點爲第八識如來藏，或如宗喀巴與達賴堅決主張第六意識爲常恆不變之眞心者，分別墮於外道之常見與斷見中；全然違背 佛說能生五蘊之如來藏的實質。售價300元。

西藏「活佛轉世」制度——附佛、造神、世俗法：歷來關於喇嘛教活佛轉世的研究，多針對歷史及文化兩部分，於其所以成立的理論基礎，較少系統化的探討。尤其是此制度是否依據「佛法」而施設？是否合乎佛法眞實義？現有的文獻大多含糊其詞，或人云亦云，不曾有明確的闡釋與如實的見解。因此本文先從活佛轉世的由來，探索此制度的起源、背景與功能，並進而從活佛的尋訪與認證之過程，發掘活佛轉世的特徵，以確認「活佛轉世」在佛法中應具足何種果德。定價150元。

法華經講義：此書爲平實導師始從2009/7/21演述至2014/1/14之講經錄音整理所成。世尊一代時教，總分五時三教，即是華嚴時、聲聞緣覺教、般若教、種智唯識教、法華時；依此五時三教區分爲藏、通、別、圓四教。本經是最後一時的圓教經典，圓滿收攝一切法教於本經中，是故最後的圓教聖訓中，特地指出無有三乘菩提，其實唯有一佛乘；皆因眾生愚迷故，方便區分爲三乘菩提以助眾生證道。世尊於此經中特地說明如來示現於人間的唯一大事因緣，便是爲有緣眾生「開、示、悟、入」諸佛的所知所見——第八識如來藏妙眞如心，並於諸品中隱說「妙法蓮花」如來藏心的密意。然因此經所說甚深難解，眞義隱晦，古來難得有人能窺堂奧；平實導師以知如是密意故，特爲末法佛門四眾演述《妙法蓮華經》中各品蘊含之密意，使古來未曾被古德註解出來的「此經」密意，如實顯示於當代學人眼前。乃至〈藥王菩薩本事品〉、〈妙音菩薩品〉、〈觀世音菩薩普門品〉、〈普賢菩薩勸發品〉中的微細密意，亦皆一併詳述之，開前人所未曾言之密意，示前人所未見之妙法。最後乃至以〈法華大意〉而總其成，全經妙旨貫通始終，而依佛旨圓攝於一心如來藏妙心，厥爲曠古未有之大說也。平實導師述，共有25輯，每輯300元。

涅槃——解說四種涅槃之實證及內涵：眞正學佛之人，首要即是見道，由見道故方有涅槃之實證，證涅槃者方能出生死，但涅槃有四種：二乘聖者的有餘涅槃、無餘涅槃，以及大乘聖者的本來自性清淨涅槃、佛地的無住處涅槃。大乘聖者實證本來自性清淨涅槃，入地前再取證二乘涅槃，然後起惑潤生捨離二乘涅槃，繼續進修而在七地心前斷盡三界愛之習氣種子，依七地無生法忍之具足而證得念念入滅盡定；八地後進斷異熟生死，直至妙覺地下生人間成佛，具足四種涅槃，方是眞正成佛。此理古來少人言，以致誤會涅槃正理者比比皆是，今於此書中廣說四槃、如何實證之理、實證前應有之條件，實屬本世紀佛教界極重要之著作，令人對涅槃有正確無訛之認識，、依之實行而得實證。本書共有上下二冊，每冊各四百餘頁，對涅槃詳加解說，每冊各350元。

佛藏經講義：本經說明爲何佛菩提難以實證之原因，都因往昔無數阿僧祇劫前的邪見，引生此世求證時之業障而難以實證。即以諸法實相詳細解說，繼之以念佛品、念法品、念僧品，說明諸佛與法之實質；然後以淨戒品之說明，期待佛弟子四眾堅持清淨戒而轉化心性，並以往古品的實例說明，教導四眾務心滅除邪見轉入正見中，然後以了戒品的說明和囑累品的咐囑，期望末法時代的佛門四眾弟子皆能清淨知見而得以實證。平實導師於此經中有極深入的解說，總共21輯，每輯300元，已於2019/07/31發行。

解深密經講記：本經係 世尊晚年第三轉法輪，宣說地上菩薩所應熏修之唯識正義經典，經中所說義理乃是大乘一切種智增上慧學，以阿陀那識—如來藏—阿賴耶識爲主體。禪宗之證悟者，若欲修證初地無生法忍乃至八地無生法忍者，必須修學《楞伽經、解深密經》所說之八識心王一切種智；此二經所說正法，方是眞正成佛之道；印順法師否定第八識如來藏之後所說萬法緣起性空之法，是以誤會後之二乘解脫道取代大乘眞正成佛之道，尚且不符二乘解脫道正理，亦已墮於斷滅見中，不可謂爲成佛之道也。平實導師曾於本會郭故理事長往生時，於喪宅中從首七開始宣講，於每一七各宣講三小時，至第十七而快速略講圓滿，作爲郭老之往生佛事功德，迴向郭老早證八地、速返娑婆住持正法。茲爲今時後世學人故，將擇期重講《解深密經》，以淺顯之語句講畢後，將會整理成文，用供證悟者進道；亦令諸方未悟者，據此經中佛語正義，修正邪見，依之速能入道。平實導師述著，全書輯數未定，每輯三百餘頁，將於未來重講完畢後逐輯出版。

阿含經講記—小乘解脫道之修證：數百年來，南傳佛法所說證果之不實，所說解脫道之虛妄，所弘解脫道法義之世俗化，皆已少人知之；從南洋傳入台灣與大陸之後，所說法義虛謬之事，亦復少人知之；今時台灣全島印順系統之法師居士，多不知南傳佛法數百年來所說解脫道之義理已然偏斜、已然世俗化、已非眞正之二乘解脫正道，猶極力推崇與弘揚。彼等南傳佛法近代所謂之證果者多非眞實證果者，譬如阿迦曼、葛印卡、帕奧禪師、一行禪師……等人，悉皆未斷我見故。近年更有台灣南部大願法師，高抬南傳佛法之二乘修證行門爲「捷徑究竟解脫之道」者，然而南傳佛法縱使眞修實證，得成阿羅漢，至高唯是二乘菩提解脫之道，絕非**究竟**解脫，無餘涅槃中之實際尚未得證故，法界之實相尚未了知故，習氣種子待除故，一切種智未實證故，焉得謂爲「究竟解脫」？即使南傳佛法近代眞有實證之阿羅漢，尚且不及三賢位中之七住明心菩薩本來自性清淨涅槃智慧境界，則不能知此賢位菩薩所證之無餘涅槃實際，仍非大乘佛法中之見道者，何況普未實證聲聞果乃至未斷我見之人？謬充證果已屬逾越，更何況是誤會二乘菩提之後，以未斷我見之凡夫知見所說之二乘菩提解脫偏斜法道，焉可高抬爲「究竟解脫」？而且自稱「捷徑之道」？又妄言解脫之道即是成佛之道，完全否定般若實智、否定三乘菩提所依之如來藏心體，此理大大不通也！平實導師爲令修學二乘菩提欲證解脫果者，普得迴入二乘菩提正見、正道中，是故選錄四阿含諸經中，對於二乘解脫道法義有具足圓滿說明之經典，預定未來十年內將會加以詳細講解，令學佛人得以了知二乘解脫道之修證理路與行門，庶免被人誤導之後，未證言證，干犯道禁，成大妄語，欲升反墮。本書首重斷除我見，以助行者斷除我見而實證初果爲著眼之目標，若能根據此書內容，配合平實導師所著《識蘊眞義》《阿含正義》內涵而作實地觀行，實證初果非爲難事，行者可以藉此三書自行確認聲聞初果爲實際可得現觀成就之事。此書中除依二乘經典所說加以宣示外，亦依斷除我見等之證量，及大乘法中道種智之證量，對於意識心之體性加以細述，令諸二乘學人必定得斷我見、常見，免除三縛結之繫縛。次則宣示斷除我執之理，欲令升進而得薄貪瞋痴，乃至斷五下分結……等。平實導師述，共二冊，每冊三百餘頁。每輯300元。

修習止觀坐禪法要講記：修學四禪八定之人，往往錯會禪定之修學知見，欲以無止盡之坐禪而證禪定境界，卻不知修除性障之行門才是修證四禪八定不可或缺之要素，故智者大師云「性障初禪」；性障不除，初禪永不現前，云何修證二禪等？又：行者學定，若唯知數息，而不解六妙門之方便善巧者，欲求一心入定，未到地定極難可得，智者大師名之爲「事障未來」：障礙未到地定之修證。又禪定之修證，不可違背二乘菩提及第一義法，否則縱使具足四禪八定，亦不能實證涅槃而出三界。此諸知見，智者大師於《修習止觀坐禪法要》中皆有闡釋。作者平實導師以其第一義之見地及禪定之實證證量，曾加以詳細解析。將俟正覺寺竣工啓用後重講，不限制聽講者資格；講後將以語體文整理出版。欲修習世間定及增上定之學者，宜細讀之。平實導師述著。

★聲明★

本公司於2015/01/01開始調整本目錄中部分書籍之售價，以因應各項成本的持續增加。

＊喇嘛教修外道雙身法，墮識陰境界，非佛教＊

＊弘揚如來藏他空見的覺囊派才是真正藏傳佛教＊

總經銷： 聯合發行股份有限公司

231 新北市新店區寶橋路 235 巷 6 弄 6 號 4F

Tel.02－2917-8022（代表號） Fax.02－2915-6275（代表號）

零售：1.**全台連鎖經銷書局：**

三民書局、誠品書局、何嘉仁書店

敦煌書店、紀伊國屋、金石堂書局、建宏書局

諾貝爾圖書城、墊腳石圖書文化廣場

2.**台北市：**佛化人生 **大安區**羅斯福路 3 段 325 號 6 樓之 4 台電大樓對面

3.**新北市：**春大地書店 **蘆洲區**中正路 117 號

4.**桃園市：**御書堂 **龍潭區**中正路 123 號

5.**新竹市：**大學書局 **東區**建功路 10 號

6.**台中市：**瑞成書局 **東區**雙十路 1 段 4 之 33 號

佛教詠春書局 **南屯區**永春東路 884 號

文春書店 **霧峰區**中正路 1087 號

7.**彰化市：**心泉佛教文化中心 南瑤路 286 號

8.**高雄市：**政大書城 **前鎮區**中華五路 789 號 2 樓（高雄夢時代店）

明儀書局 **三民區**明福街 2 號

青年書局 **苓雅區**青年一路 141 號

9.**台東市：**東普佛教文物流通處 博愛路 282 號

10.**其餘鄉鎮市經銷書局：**請電詢總經銷**聯合**公司。

11.**大陸地區請洽：**

香港：樂文書店

旺角店 :香港九龍旺角西洋菜街 62 號 3 樓

電話 :(852) 2390 3723 email: luckwinbooks@gmail.com

銅鑼灣店 :香港銅鑼灣駱克道 506 號 2 樓

電話 :(852) 2881 1150 email: luckwinbs@gmail.com

廈門：廈門外圖臺灣書店有限公司

地址:廈門市思明區湖濱南路809 號 廈門外圖書城3 樓 郵編:361004

電話：0592-5061658（臺灣地區請撥打 86-592-5061658）

E-mail：JKB118@188.COM

12.**美國：世界日報圖書部：**紐約圖書部 電話 7187468889#6262

洛杉磯圖書部 電話 3232616972#202

13.**國內外地區網路購書：**

正智出版社 書香園地 http://books.enlighten.org.tw/

（書籍簡介、經銷書局可直接聯結下列網路書局購書）

三民 網路書局 http://www.sanmin.com.tw

誠品 網路書局 http://www.eslitebooks.com

博客來 網路書局　http://www.books.com.tw

金石堂 網路書局　http://www.kingstone.com.tw

聯合 網路書局　http:// www.nh.com.tw

附註：1.請儘量向各經銷書局購買：郵政劃撥需要八天才能寄到（本公司在您劃撥後第四天才能接到劃撥單，次日寄出後第二天您才能收到書籍，此六天中可能會遇到週休二日，是故共需八天才能收到書籍）若想要早日收到書籍者，請劃撥完畢後，將劃撥收據貼在紙上，旁邊寫上您的姓名、住址、郵區、電話、買書詳細內容，直接傳真到本公司 02-28344822，並來電 02-28316727、28327495 確認是否已收到您的傳真，即可提前收到書籍。 **2.** 因台灣每月皆有五十餘種宗教類書籍上架，書局書架空間有限，故唯有新書方有機會上架，通常每次只能有一本新書上架；本公司出版新書，大多上架不久便已售出，若書局未再叫貨補充者，書架上即無新書陳列，則請直接向書局櫃台訂購。 **3.**若書局不便代購時，可於晚上共修時間向正覺同修會各共修處請購（共修時間及地點，詳閱**共修現況表**。每年例行年假期間請勿前往請書，年假期間請見共修現況表）。 **4.** 郵購：郵政劃撥帳號 19068241。 **5.** 正覺同修會會員購書都以八折計價（戶籍台北市者爲一般會員，外縣市爲護持會員）都可獲得優待，欲一次購買全部書籍者，可以考慮入會，節省書費。入會費一千元（第一年初加入時才需要繳），年費二千元。**6.尚未出版之書籍，請勿預先郵寄書款與本公司，謝謝您！** **7.**若欲一次購齊本公司書籍，或同時取得正覺同修會贈閱之全部書籍者，請於正覺同修會共修時間，親到各共修處請購及索取；**台北市讀者**請洽：103 台北市承德路三段 267 號 10 樓（捷運淡水線 圓山站旁）請書時間：週一至週五爲 18.00~21.00，第一、三、五週週六爲 10.00~21.00，雙週之週六爲 10.00~18.00 請購處專線電話：25957295-分機 14（於請書時間方有人接聽）。

吉大陸讀者：

大陸讀者購書、索書捷徑（尚未在大陸出版的書籍，以下二個途徑都可以購得，電子書另包括結緣書籍）：

1.**廈門外國圖書公司**：廈門市思明區湖濱南路 809 號 廈門外圖書城 3F
郵編：361004 電話：0592-5061658 網址：http://www.xibc.com.cn/

2.**電子書**：正智出版社有限公司及正覺同修會在台灣印行的各種局版書、結緣書，已有『**正覺電子書**』陸續上線中，提供讀者於手機、平板電腦上購書、下載、閱讀正智出版社、正覺同修會及正覺教育基金會所出版之電子書，詳細訊息敬請參閱『正覺電子書』專頁：http://books.enlighten.org.tw/ebook

關於平實導師的書訊，請上網查閱：

成佛之道 http://www.a202.idv.tw

正智出版社 書香園地 http://books.enlighten.org.tw/

中國網採訪佛教正覺同修會、正覺教育基金會訊息：

http://big5.china.com.cn/gate/big5/fangtan.china.com.cn/2014-06/19/content_32714638.htm

http://pinpai.china.com.cn/

★ 正智出版社有限公司售書之稅後盈餘，全部捐助財團法人正覺寺籌備處、佛教正覺同修會、正覺教育基金會，供作弘法及購建道場之用；懇請諸方大德支持，功德無量。

★ 聲 明 ★

本社於 2015/01/01 開始調整本目錄中部分書籍之售價，以因應各項成本的持續增加。

＊ 喇嘛教修外道雙身法、墮識陰境界，非佛教 ＊

＊ 弘揚如來藏他空見的覺囊派才是真正藏傳佛教 ＊

售後服務—換書啓事（免附回郵）　2017/12/05

《楞伽經詳解》第三輯初版免費調換新書啓事：茲因 平實導師弘法早期尚未回復往世全部證量，有些法義接受他人的說法，寫書當時並未察覺而有二處（同一種法義）跟著誤說，如今發現已將之修正。茲爲顧及讀者權益，已開始免費調換新書；敬請所有讀者將以前所購第三輯（不論第幾刷），攜回或寄回本公司免費換新；郵寄者之回郵由本公司負擔，不需寄來郵票。因此而造成讀者閱讀、以及換書的不便，在此向所有讀者致上萬分的歉意，祈請讀者大眾見諒！

《楞嚴經講記》第 14 輯初版首刷本免費調換新書啓事：本講記第 14 輯出版前因 平實導師諸事繁忙，未將之重新閱讀而只改正校對時發現的錯別字，故未能發覺十年前所說法義有部分錯誤，於第 15 輯付印前重閱時才發覺第 14 輯中有部分錯誤尚未改正。今已重新審閱修改並已重印完成，煩請所有讀者將以前所購第 14 輯初版首刷本，寄回本公司免費換新（初版二刷本無錯誤），本公司將於寄回新書時同時附上您寄書來換新時的郵資，並在此向所有讀者致上最誠懇的歉意。

《心經密意》初版書免費調換二版新書啓事：本書係演講錄音整理成書，講時因時間所限，省略部分段落未講。後於再版時補寫增加 13 頁，維持原價流通之。茲爲顧及初版讀者權益，自 2003/9/30 開始免費調換新書，原有初版一刷、二刷書籍，皆可寄來本公司換書。

《宗門法眼》已經增寫改版爲 464 頁新書，2008 年 6 月中旬出版。讀者原有初版之第一刷、第二刷書本，都可以寄回本公司免費調換改版新書。改版後之公案及錯悟事例維持不變，但將內容加以增說，較改版前更具有廣度與深度，將更能助益讀者參究實相。

換書者**免附回郵**，亦無截止期限；舊書請寄：111 台北郵政 73-151 號信箱 或 103 台北市承德路三段 267 號 10 樓 正智出版社有限公司。舊書若有塗鴨、殘缺、破損者，仍可換取新書；但缺頁之舊書至少應仍有五分之三頁數，方可換書。所有讀者不必顧念本公司是否有盈餘之問題，都請踴躍寄來換書；本公司成立之目的不是營利，只要能眞實利益學人，即已達到成立及運作之目的。若以郵寄方式換書者，免附回郵；並於寄回新書時，由本公司附上您寄來書籍時耗用的郵資。造成您不便之處，再次致上萬分的歉意。

正智出版社有限公司 啓

國家圖書館出版品預行編目資料

楞嚴經講記／平實導師述. —初版—
臺北市：正智，2009.11— 〔民98— 〕
冊； 公分

ISBN 978-986-6431-04-3（第1輯：平裝）
ISBN 978-986-6431-05-0（第2輯：平裝）
ISBN 978-986-6431-06-7（第3輯：平裝）
ISBN 978-986-6431-08-1（第4輯：平裝）
ISBN 978-986-6431-09-8（第5輯：平裝）
ISBN 978-986-6431-10-4（第6輯：平裝）
ISBN 978-986-6431-11-1（第7輯：平裝）
ISBN 978-986-6431-13-5（第8輯：平裝）
ISBN 978-986-6431-15-9（第9輯：平裝）
ISBN 978-986-6431-16-6（第10輯：平裝）
ISBN 978-986-6431-17-3（第11輯：平裝）
ISBN 978-986-6431-22-7（第12輯：平裝）
ISBN 978-986-6431-23-4（第13輯：平裝）
ISBN 978-986-6431-25-8（第14輯：平裝）
ISBN 978-986-6431-28-9（第15輯：平裝）

1.秘密部
221.94 98019505

楞嚴經講記——第十輯

著 述 者：平實導師
音文轉換：曾邱賢 劉惠莉
校 對：章乃鈞 陳介源 蔡禮政 傅素嫻 王美伶
出 版 者：正智出版社有限公司
電話：〇二 28327495 28316727（白天）
傳眞：〇二 28344822
111台北郵政 73-151號信箱
郵政劃撥帳號：一九〇六八二四一
正覺講堂：總機〇二 25957295（夜間）
總 經 銷：聯合發行股份有限公司
231新北市新店區寶橋路235巷6弄6號4樓
電話：〇二 29178022（代表號）
傳眞：〇二 29156275
初版首刷：二〇一一年五月三十日 二千冊
初版六刷：二〇一九年十二月 二千冊
定 價：三〇〇元